Auxiliando a humanidade a encontrar a Verdade

Série
Memórias do Espiritismo

Fotos e ilustrações da página anterior (de cima para baixo, a partir da esquerda):
Gabriel Delanne, Bezerra de Menezes, Allan Kardec, Leon Denis; William Crookes, Alfred Russel Wallace, Alexander Aksakof, Oliver Lodge; Yvonne do Amaral Pereira, Alfred Binet, Ernesto Bozzano, Arthur Conan Doyle; Hercílio Maes, Caibar Schutel, Gustavo Geley, Eurípedes Barsanulfo; Victor Hugo, Charles Robert Richet, Cesare Lombroso, Pierre Gaetan Leymarie; Andrew Jackson Davies, Camille Flammarion, Francisco Cândido Xavier, Emanuel Swedenborg.

Reconhecemos a ausência de inúmeros expoentes do espiritismo nesta galeria de imagens. Em razão do limitado espaço, escolhemos apenas algumas personalidades ilustres para representar todos aqueles que gostaríamos de homenagear.

Gabriel Delanne

A ALMA É IMORTAL

Série
Memórias do Espiritismo
Volume 2

© 2008 – Conhecimento Editorial Ltda.

A Alma é Imortal
L'Âme est Immortelle (1897)
Gabriel Delanne

Todos os direitos desta edição reservados à
CONHECIMENTO EDITORIAL LTDA
www.edconhecimento.com.br
conhecimento@edconhecimento.com.br
Caixa Postal 404 – CEP 13480-970
Limeira – SP – Fone: 19 34510143

Nos termos da lei que resguarda os direitos autorais, é proibida a reprodução total ou parcial, de qualquer forma ou por qualquer meio — eletrônico ou mecânico, inclusive por processos xerográficos, de fotocópia e de gravação — sem permissão por escrito do editor.

Tradução:
Julieta Leite
Projeto Gráfico:
Sérgio Carvalho
Colaborou nesta edição:
Mariléa de Castro

ISBN 978-85-7618-147-7
1ª Edição – 2008

• Impresso no Brasil • *Presita en Brazilo*

Dados Internacionais de Catalogação na Publicação (CIP)
(Câmara Brasileira do Livro, SP, Brasil)

Delanne, Gabriel, 1857-1926
A Alma é Imortal / Gabriel Delanne; [tradução Julieta Leite]. — 1ª ed. — Limeira, SP : Editora do Conhecimento, 2008.

Título original: *L'Âmé est immortelle*
ISBN 978-85-7618-147-7

1. Alma 2. Espiritismo 3. Imortalidade I. Título

08-06745   CDD – 133.9013

Índices para catálogo sistemático:
1. Imortalidade da alma : Doutrina espírita : 133.9013

Gabriel Delanne

A ALMA É IMORTAL

1ª edição
2008

EDITORA DO
CONHECIMENTO

SÉRIE MÉMÓRIAS DO ESPIRITISMO

Volume 1	Evolução Anímica	Gabriel Delanne
Volume 2	A Alma Imortal	Gabriel Delanne
Volume 3	O Espiritismo, a Magia e as Sete Linhas de Umbanda	Antonio Eliezer Leal de Souza
Volume 4	O Espiritismo Perante a Ciência	Gabriel Delanne
Volume 5	Pesquisas sobre a Mediunidade	Gabriel Delanne
Volume 6	As Forças Naturais Desconhecidas	Camille Flamarion
Volume 7	A Crise da Morte	Ernesto Bozzano
Volume 8	No Mundo dos Espíritos	Antonio Eliezer Leal de Souza
Volume 9	Urânia	Camille Flamarion
Volume 10	Tratado de Metapsíquica	Charles Richet
Volume 11	O Problema do Ser e do Destino	Leon Denis
Volume 12	O Mundo Invisível e a Guerra	Leon Denis
Volume 13	O Gênio Celta e o Mundo Invisível	Leon Denis
Volume 14	Viagem Espírita em 1862	Allan Kardec
Volume 15	Que é o Espiritismo	Allan Kardec

Sumário

Prefácio 11
Primeira parte
1 – **Breve panorama histórico** 19
• As antigas crenças • A Índia • O Egito • A China • A Pérsia• A Grécia • Os primeiros cristãos • A escola neoplatônica • Os poetas

2 – **O estudo da alma pelo magnetísmo** 40
• A vidente de Prévost • A correspondência entre Billot e Deleuze • Relatos de Chardel • Outros depoimentos • As experiências de Cahagnet • Uma evocação

3 – **Testemunhos de médiuns e espíritos em favor da existência do perispírito** 62
• A visão espiritual ou dupla visão • Evocação do dr. Glass • Um avarento no espaço • Evocação • Visão de uma criança • Experiências do prof. Rossi-Pagnoni e do dr. Moroni • Tiptologia e vidência • Um belo caso de identidade • O retrato de Virgílio • Uma aparição • Algumas reflexões

4 – **O desdobramento do ser humano** 88
• A Sociedade de Pesquisas Psíquicas • Aparição espontânea • Goethe e seu amigo • Depoimento de Cromwel Varley • Aparições múlti-

7

plas do mesmo indivíduo • Desdobramento involuntário, mas consciente • Aparição tangível de um estudante • Aparição objetiva num momento de perigo • Um duplo materializado • Aparição falante • Efeitos físicos produzidos por uma aparição • Algumas observações • O adivinho da Filadélfia • Uma viagem perispiritual • Santo Afonso de Liguori

5 – O corpo fluídico após a morte 122
• O perispírito descoberto em 1804 • Impressões produzidas pelas aparições nos animais • Aparição do espírito de um índio • Aparição a uma criança e à sua tia • Aparição coletiva de três espíritos • Aparição coletiva de um morto

Segunda parte
1 – Estudos experimentais sobre o desprendimento da alma humana 139
• Aparição voluntária • Efeitos físicos produzidos por espíritos de vivos • Fotografias de duplos • O caso do sr. Stead • Outras fotografias de duplos • Materialização de um desdobramento • Evocação do espírito de pessoas vivas • Espíritos de vivos manifestando-se pela encarnação • Outras materializações de duplos vivos

2 – As pesquisas do sr. De Rochas e do dr. Luys 158
• Pesquisas experimentais sobre as propriedades do perispírito • Hipótese • Fotografia de uma exteriorização • Repercussão da ação do perispírito desligado sobre o corpo • Ação dos medicamentos à distância

3 – Fotografias e moldes de formas de espíritos desencarnados 171
• A fotografia dos espíritos • Impressões e moldes de formas materializadas • História de Katie King • Primeiras fotografias de Katie King • As experiências de Crookes • A última sessão • O caso da sra. Livermore • Resumo • Conclusão • As conseqüências

Terceira parte
1 – Estudo do perispírito 207
• Princípios gerais • O ensinamento dos espíritos • O que é preciso estudar

8 Gabriel Delanne

2 – O tempo – o espaço – a matéria primordial 216
• O espaço • Justificação dessa teoria • O tempo • A unidade da matéria • O estado molecular • As famílias químicas • A isomeria

3 – O mundo espiritual e os fluidos........................230
• As forças • O mundo espiritual • A energia e os fluidos • Estudo sobre os fluidos • A ponderabilidade

4 – Discussão sobre os fenômenos das materializações...255
• Exame da hipótese de que os fatos relatados sejam falsos • As fraudes dos médiuns • A aparição é um desdobramento do médium? • Materializações múltiplas e simultâneas • Resumo • Estudo sobre a identidade dos espíritos • A identidade pode ser demonstrada por provas intelectuais? • Mecanismo da materialização • A imortalidade da alma

Quarta parte
Capítulo único
Ensaio sobre as criações fluídicas
da vontade 293
• A vontade • Ação da vontade sobre o corpo • Ação da vontade à distância • Ação da vontade sobre os fluidos • Conclusão

A Alma é Imortal   9

Prefácio

O espiritismo veio projetar uma nova luz sobre o problema da natureza da alma. Ao recorrer à experimentação na filosofia, ou seja, numa ciência que empregava como instrumento apenas o senso íntimo, permitiu ver o espírito de um modo efetivo, e perceber que até então ele tinha sido muito mal compreendido.

O estudo do eu, isto é, o estudo do funcionamento da sensibilidade, da inteligência e da vontade, permite entender a atividade da alma no momento em que se exerce, mas nada nos informa a respeito do lugar onde se passam esses fenômenos, que parecem não ter entre si outra relação a não ser a da continuidade. Os recentes progressos da psicologia fisiológica, contudo, provaram que existe uma estreita dependência entre a vida psíquica e as condições orgânicas de suas manifestações. A cada estado da alma corresponde uma modificação molecular da substância cerebral, e vice-versa. Mas as observações param por aí, e a ciência é incapaz de explicar-nos por que a matéria que substitui a que é destruída pelo desgaste vital conserva as impressões anteriores do espírito.

A experiência espírita vem, no momento oportuno, preencher essa lacuna: ela nos prova que a alma não é uma identidade imaginária, uma substância imaterial intangível, e, sim, que é provida de um corpo sutil, no qual os fenômenos da vida mental são registrados, corpo esse a que se deu o nome de perispírito.

Assim como no homem vivo deve-se distinguir o espírito da matéria que o incorpora, também não se deve confundir o perispírito com a alma. O eu pensante é completamente diferente do seu invólucro, e não poderia identificar-se com ele mais do que a roupa com o corpo físico; entretanto, entre o espírito e o perispírito existem as mais estreitas ligações, pois, como adiante veremos, ambos são inseparáveis.

Isso significa que descobrimos a verdadeira natureza da alma? Não, pois para nós ela ainda continua inacessível, aliás tão inacessível quanto a essência da matéria; mas descobrimos uma condição, um modo de ser do espírito, que explica uma quantidade de problemas até então insolúveis.

As concepções sobre a natureza da alma humana evoluíram no correr dos tempos, indo da mais grosseira materialidade à espiritualidade absoluta. Os textos dos filósofos, assim como os ensinamentos religiosos, habituaram-nos a considerar a alma uma pura essência, uma chama imaterial. Essas interpretações tão diferentes devem-se à maneira como se considera a alma. Se a estudamos objetivamente, fora do organismo humano, durante as aparições, às vezes ela parece tão material como o corpo físico. Se a observamos em si mesma, parece que sua única característica seja o pensamento. Todas as observações da primeira categoria foram relegadas entre as superstições populares, e a idéia de uma alma sem corpo prevaleceu. Nessas condições, era impossível compreender por que procedimento essa entidade podia atuar sobre a matéria do corpo, ou dele receber impressões. Como imaginar que uma substância imponderável, e conseqüentemente etérea, pudesse agir sobre o tangível, isto é, sobre corpos materiais?

Ensinam-nos, ao mesmo tempo, a espiritualidade e a imortalidade da alma. Como entender que essa alma conserve lembranças? Aqui na Terra, temos um corpo definido pela forma do nosso invólucro físico, um cérebro que parece registrar os arquivos da nossa vida mental; mas, quando o corpo morre, quando esse substrato físico é destruído, que acontecerá com as recordações da nossa existência atual, onde, então, se localizarão as conquistas da nossa atividade psíquica, sem as quais não há vida intelectual possível? A alma está destinada a dissolver-se na erraticidade, a dissipar-se no grande Todo, perdendo sua personalidade? As conclusões são rigorosas, pois a alma não conseguiria subsistir no espaço sem uma forma que a individualizasse. Uma gota de água no oceano não se distingue das suas vizinhas, ela só se diferencia das outras partes do líquido se estiver contida em algo que a delimite, ou se, isolada, tomar a forma esférica, sem o que, se perde na massa, e deixa de ter existência distinta.

O espiritismo leva-nos a constatar que a alma sempre é inseparável de uma certa substancia material, mas numa modalidade especial, infinitamente rarefeita, cujo estado físico tentaremos definir. Essa matéria possui formas variáveis, segundo o grau de evolução do espírito, e conforme habite a Terra ou o espaço. O caso mais comum é a alma conservar temporariamente, após a morte, o tipo que o corpo físico tinha neste mundo. Esse ser invisível e imponderável pode às vezes, em determinadas circunstâncias, assumir um caráter de objetividade capaz de afetar os sentidos e impressionar uma placa fotográfica, deixando, assim, traços duráveis da sua ação, o que põe fora de discussão qualquer tentativa de explicação desse fenômeno pela ilusão ou pela alucinação.

Nosso objetivo, neste volume, é apresentar algumas das provas que hoje possuímos da existência desse invólucro, a que se deu o nome de **perispírito** (de *peri* = ao redor, em torno, e *spiritus* = espírito).

Para essa demonstração, recorreremos não só aos espíritas propriamente ditos, mas também aos magnetizadores espiritualistas e aos sábios independentes, que recentemente começaram a explorar esse campo; ao mesmo tempo, nos será possível constatar que a corporalidade da alma não é uma idéia nova, que teve inúmeros adeptos desde que a humanidade se preocupa com a natureza do princípio pensante.

Veremos, inicialmente, que quase toda a antiguidade admitia, mais ou menos, essa doutrina; mas os conhecimentos que se possuía sobre o corpo etéreo eram vagos e incompletos. Depois, à medida que se cavava o fosso entre a alma e o corpo, que as duas substâncias mais se diferenciavam, inúmeras teorias tentaram explicar sua ação recíproca. Tais são as almas mortais de Platão, as almas animais e vegetativas de Aristóteles, o *ochema* e o *eïdolon* dos gregos, o *nephesh* dos hebreus, o *baï* dos egípcios, o corpo espiritual de São Paulo, os espíritos animais de Descartes, o mediador plástico de Cudworth, o organismo sutil de Leibnitz, ou sua harmonia preestabelecida; o influxo físico de Euler, o fogo central (princípio da vida), de Van Helmont, o corpo aromal de Fourier, as idéias-força de Fouillée etc... Todas essas hipóteses, que em alguns pontos se aproximam da realidade, não têm o grau de certeza admitido pelo espiritismo, porque o espiritismo não imagina: constata.

Só empenhando-se em especulações, o espírito humano nunca adquire a certeza de ter chegado a uma solução. Precisa do auxílio da ciência, ou seja, da observação e da experiência, para firmar sua convicção. Portanto, não é guiados por idéias preconcebidas que os espíritas explicam a existência do perispírito; é pura e simplesmente porque isso, para eles, é resultado da observação.

Seguindo outros métodos, os magnetizadores já haviam chegado ao mesmo resultado. Veremos, pela correspondência trocada entre Billot e Deleuze, bem como pelas pesquisas de Cahagnet, que a alma, após a morte, conserva uma forma corporal que a identifica. Os médiuns, isto é, as pessoas que, no estado normal, gozam da faculdade de ver os espíritos, confirmam categoricamente o testemunho dos sonâmbulos.

Esses relatos constituem uma série de documentos de grande valor, mas que ainda não nos fornecem uma prova material; também constataremos que os espíritas empenharam todos os seus esforços para produzir essa prova incontestável, e conseguiram. As fotografias de espíritos desencarnados, as marcas deixadas por eles em substâncias moles ou friáveis, os moldes de formas perispirituais são provas autênticas, absolutas, irrecusáveis da existência da alma unida ao perispírito, e hoje são em tão grande número, que não há mais lugar para dúvidas.

Mas, se a alma verdadeiramente possui um invólucro, deve ser possível constatar-lhe a realidade durante a vida terrena. É o que efetivamente acontece. Os fenômenos de desdobramento do ser humano, às vezes chamados de bicorporalidade, nos mostraram o rumo a seguir. Sabe-se em que consistem. Por exemplo, se um indivíduo está em Paris, sua imagem, sua réplica, pode aparecer em outra cidade, de modo a ser reconhecido. Existem, atualmente, mais de dois mil casos, bem constatados, de aparições de vivos. No decorrer do nosso estudo, veremos que essas visões não são todas alucinatórias; veremos, também, através de que características especiais é possível ter certeza da objetividade de algumas dessas curiosas manifestações psíquicas.

Os pesquisadores não se limitaram à observação pura e simples desses fenômenos; chegaram a reproduzi-los experimentalmente. Constataremos, com o sr. de Rochas, que a exteriorização da motricidade é, de certo modo, o esboço do que se produz completamente durante o desdobramento do ser humano. Chegaremos, enfim, à demonstração física da distinção entre a alma e o corpo, ao fotografar a alma de um ser vivente fora dos limites do seu organismo material.

Para todo pesquisador imparcial, esse vasto conjunto de documentos estabelece solidamente a existência do perispírito. Mas nossa ambição não deve limitar-se a isso. Devemos nos perguntar de que matéria esse corpo é formado. Aqui, ficamos reduzidos à hipótese: mas veremos, pelo estudo das circunstâncias que acompanham as aparições de vivos e mortos, que, nas últimas descobertas científicas sobre a matéria radiante e os raios X, é possível encontrar preciosas analogias que nos permitirão compreender o estado dessa substância imponderável e invisível. Esperamos demonstrar, cientificamente, que nada se opõe à concepção de tal invólucro da alma; conseqüentemente, este estudo entra no âmbito das ciências ordinárias, e não pode ser acusado de estar contaminado pelo sobrenatural ou prodigioso.

Insistiremos longamente na identidade entre os fenômenos produzidos pela alma de um vivo, saído momentaneamente do corpo, e os fenômenos constatados por parte dos espíritos. Veremos que se assemelham de tal forma que é impossível diferenciá-los, a não ser por suas características psíquicas. Portanto, e este é um dos pontos mais importantes, existe uma continuidade real, absoluta, nas manifestações do espírito, esteja ele encarnado, ou não, num corpo terrestre. Por conseguinte, é inútil atribuir os fatos espíritas a seres fictícios, demônios, elementais, cascas astrais, egrégoras etc.: deve-se reconhecer que são produzidos por almas que viveram na Terra.

Estudando os elevados fenômenos do espiritismo, nos será fácil constatar que o organismo fluídico contém todas as leis organogênicas segundo as quais o corpo é formado. Aqui, o espiritismo apresenta uma idéia nova, ao explicar como a forma típica do indivíduo pode manter-se durante a vida toda, apesar da incessante renovação de todas as partes do corpo. Ao mesmo tempo, do ponto de vista psíquico, fica fácil compreender onde e como se conservam nossos atributos intelectuais. Em outra obra (*A Evolução Anímica*), já deixamos clara nossa concepção sobre o papel desempenhado pelo perispírito durante a encarnação; bastará dizermos que, graças à descoberta desse corpo fluídico, podemos explicar, cientificamente, de que maneira a alma conserva sua identidade na imortalidade.

Que esses primeiros delineamentos de uma fisiologia psicológica transcendental possam incitar os cientistas a escrutar esse domínio maravilhoso! Se nossos trabalhos conseguirem trazer para as nossas fileiras alguns espíritos independentes, não teremos desperdiçado nosso tempo; seja qual for o resultado, porém, temos certeza de que se aproxima o tempo em que a ciência oficial, acuada em seus últimos redutos, ver-se-á obrigada a ocupar-se com o assunto que constitui o objeto das nossas pesquisas. Nesse dia, o espiritismo mostrará o que realmente é: a Ciência do Futuro.

Gabriel Delanne

Primeira parte
A observação

Capítulo I
Breve panorama histórico

As antigas crenças

A natureza íntima da alma nos é desconhecida. Quando se diz que ela é imaterial, é preciso entender esta palavra num sentido relativo, não absoluto, pois a imaterialidade perfeita seria o nada; ora, a alma, ou o espírito,[1] é algo que pensa, que sente, que quer; pela expressão "imaterial", portanto, deve-se entender que sua essência é de tal modo diferente do que conhecemos fisicamente, que não tem qualquer analogia com a matéria.

Não se pode conceber a alma sem ser acompanhada por uma matéria qualquer que a individualize, porque, sem isso, ser-lhe-ia impossível relacionar-se com o mundo exterior. Aqui na Terra, o corpo humano é o intermediário que nos põe em contato com a natureza; após a morte, porém, estando destruído o organismo vivo, é preciso que a alma tenha um outro invólucro para relacionar-se com o novo meio que deve habitar. Em todos os tempos, essa conclusão lógica foi intensamente percebida, principalmente porque as aparições de pessoas mortas, ao mostrar-se com sua forma terrestre, vinham firmar essa crença.

O corpo espiritual reproduz, na maioria das vezes, o tipo que o espírito tinha na sua última encarnação; e, provavelmente, as primeiras noções de imortalidade devem-se a essa semelhança da alma.

Quando nos dispomos a pensar, exatamente como nos sonhos, freqüentemente revemos parentes e amigos que morreram há muito tempo; talvez possamos encontrar, nesses fatos, as causas da crença geral em outra vida, que era a crença dos nossos ancestrais

Na verdade, constata-se que os homens da época pré-histórica, época chamada megalítica, sepultavam os mortos e punham nas tumbas armas e adereços. Deve-se supor, portanto, que aqueles povos primitivos tinham intuição de uma segunda existência, que se sucederia à vida terrestre. Ora, se há uma concepção que se oponha ao testemunho dos sentidos, é exatamente a concepção de uma vida futura.. Quando se observa o corpo físico permanecer insensível, inerte, apesar de todos os estímulos que se possa utilizar, quando se constata que fica gelado, depois se decompõe, é difícil imaginar que alguma coisa sobreviva à desagregação total. Mas se, apesar dessa destruição, observa-se a reaparição completa do mesmo ser; se, por atos e palavras, ele mostra que continua vivo, então, até para os seres mais rudes, a conclusão de que o homem não está totalmente morto impõe-se com grande autoridade. Foi provavelmente após muitas observações desse tipo que se estabeleceram o culto prestado aos despojos mortais e a crença de que uma outra vida seria a continuação desta.

A Índia

Atualmente, os povos mais selvagens ainda crêem numa certa imortalidade do ser pensante,[2] e todas as narrativas dos viajantes constatam que, em todos os pontos do globo, a sobrevivência é unanimemente sustentada. Remontando aos mais antigos testemunhos que possuímos, isto é, até aos hinos do Rig-Veda, vemos que os homens que viviam no sopé do Himalaia, em Sapta Sindhou (região dos sete rios), tinha claras intuições sobre o pós-morte.

Provavelmente baseando-se em aparições naturais, e nas visões dos sonhos, os sacerdotes, muitos séculos depois, chegaram a codificar a vida futura.. Que existência será essa? Um poeta *arya* descreve vigorosamente o céu védico: "Mansão definitiva dos deuses imortais, sede da luz eterna, origem e base de tudo o que existe, morada da alegria constante, de prazeres sem fim, onde os desejos são satisfeitos assim que nascem, onde o *arya* fiel viverá uma vida eterna." Como o céu védico foi concebido como morada divina habitável pelo ser humano, tratava-se de saber como o homem poderia "elevar-se tão alto", e como, com faculdades limitadas, seria "capaz de viver uma vida celeste sem fim." É possível que o corpo humano, tão firmemente apegado à Terra, alçando vôo, tornando-se leve como uma nuvem, cruze o espaço para chegar, por si mesmo, à maravilhosa cidade dos deuses? Só por milagre. Ora, esse milagre jamais se produziu visivelmente. Então, a morada divina ainda não teria hóspedes? Sem um prodígio, que corpo físico pode perder seu peso? Desse mistério, dessa vaga idéia, surgiu, de algum modo, a preocupação positiva da destinação da matéria após a morte, da sobrevivência de uma parte do ser. Eis a mais antiga explicação que se conhece sobre o misterioso além.

O corpo humano, golpeado pela morte, volta integralmente aos diversos elementos que participaram da sua formação. A visão do olhar, matéria luminosa, é retomada pelo Sol; a respiração, emprestados pelos ares, retorna aos ares; o sangue, seiva universal, vai vivificar as plantas; os músculos e os ossos, reduzidos a pó, voltam a ser terra. "O olhar volta para o Sol; a respiração volta para Vayou, o céu e a terra recebem, cada qual, o que lhes é devido; as águas e as plantas retomam as partes do corpo humano que lhes pertencem." O cadáver do homem se dispersa. As matérias que constituíam o corpo vivo, privadas do calor vital, de volta ao grande Todo, servirão para formar outros corpos: nada fica perdido, nada é tomado pelo céu.

E, no entanto, o *arya* morto santamente receberá sua recompensa; elevar-se-á a alturas inacessíveis; fruirá da sua glorificação. Como? Eis a resposta: a pele é apenas o invólucro do corpo, e quando Agni, o deus quente,[3] abandona o moribundo, respeita o invólucro corporal, pele e músculos. As carnes, sob a pele, não passam de matérias espessas, grosseiras, que constituem um segundo invólucro voltado ao trabalho, sujeito a funções determinadas. Sob esse duplo invólucro, da pele e do corpo, há o verdadeiro homem, o homem puro, o homem propriamente dito, emanação divina capaz de retornar aos deuses, como a visão do olho volta para o Sol, a respiração para o ar, a carne para a terra. Essa alma, após a morte, revestida de novo corpo, névoa luminosa, resplandecente, de forma esplendorosa, "e cujo esplendor escapa à frágil visão dos vivos", essa alma é transportada para a divina morada.[4] Se o deus ficou satisfeito com as oferendas do *arya* golpeado pela morte, vem pessoalmente trazer o "invólucro luminoso" no qual a alma será transportada. Um hino exprime resumidamente a mesma idéia, sob a forma de oração: "Expande, oh Deus, teus esplendores, e dá ao morto, assim, o novo corpo no qual a alma será transportada segundo tua vontade!"[5]

Quando pensamos que esses hinos foram escritos há mais ou menos 3.500 anos, na mais rica e harmoniosa língua que algum dia existiu, não podemos calcular a que remotas épocas remontam essas noções, tão precisas e quase justas, sobre a alma e seu invólucro. Seria preciso toda a ignorância de nossa época grosseiramente materialista para contestar uma verdade tão antiga quanto o pensamento humano, e que é encontrada em todos os povos. Nossas modernas experiências a respeito dos espíritos, que se deixam fotografar, ou que se materializam momentaneamente, como mais tarde veremos, mostram que o perispírito é uma realidade física tão incontestável quanto o próprio corpo material. Essa já era uma crença dos antigos habitantes do vale do Nilo, e chama a atenção o fato de que, na aurora de todas as civilizações, encontram-se crenças fundamentalmente semelhantes, quando quase não existiam meios de comunicação entre povos tão distantes.

O Egito

Tão distante quanto seja possível inquirir os egípcios, pode-se ouvi-los afirmar sua crença na segunda vida do homem, num lugar de onde ninguém pode voltar, onde vivem os ancestrais. Essa idéia, imutável, atravessou intacta todas as civilizações egípcias; nada pode destruí-la. Ao contrário, o que não resiste às diversas influências vindas de todas as partes é o "como" dessa imortalidade. Qual é, no homem, a parte duradoura, que resiste à morte ou que, revivificada, vai continuar outra existência? A mais antiga das crenças, a das origens (5000 anos a. C.), via a morte como sendo apenas uma suspensão da vida; o corpo, imóvel durante algum tempo, recuperava o "sopro", ia viver bem longe, no poente deste mundo. A seguir, mas em época ainda muito remota, e talvez até antes das primeiras dinastias históricas, foi formulada a idéia de só uma "parte do homem" indo viver uma segunda vida. Não era uma alma, era um corpo, diferente do corpo primitivo, mas proveniente dele, mais leve, menos material. O corpo quase invisível, oriundo do primeiro corpo mumificado, estava sujeito a todas as exigências da existência; era preciso abrigá-lo, alimentá-lo, vesti-lo; sua forma no outro mundo, pela semelhança, reproduzia o primeiro corpo. É o *ka*, ou duplo, ao qual, no antigo Império, dedicava-se o culto aos mortos (5000-3064 a. C.).

Uma primeira modificação fez do "duplo" – do *ka* – um corpo menos grosseiro que o da primeira concepção. O segundo corpo não passava de uma "substância" – *ba* – de uma "essência" – *baï* – e, enfim, de uma centelha, de uma "parcela de chama", de luz. Essa fórmula generalizou-se nos templos e nas escolas. Quanto ao povo, atinha-se à crença simples, original, do homem composto de duas partes: o corpo e a inteligência – *khou* – separáveis. Houve então um momento, especialmente próximo à XVIII dinastia, em que crenças diferentes coexistiram. Acreditava-se, ao mesmo tempo: no duplo corpo, ou *ka*, na substância luminosa, ou *baï*, *ba*, na inteligência, ou *khou*, ou seja, em três almas.

E assim continuou, sem problemas, até o momento em que a formação de um corpo sacerdotal, necessitando de uma doutrina, impondo uma escolha, obrigou a tomar uma decisão. Foi no fim da XVIII dinastia (3064 – 1703 a. C.) que os sacerdotes, muito habilmente, para não melindrar nenhuma crença, para harmonizar-se com todas as opiniões, conceberam um sistema onde todas as hipóteses puderam encaixar-se.

Disseram que a pessoa humana se compunha de quatro partes: o corpo, o duplo (*ka*), a substância inteligente (*khou*) e a essência luminosa (*ba* ou *baï*); mas essas quatro partes, realmente, formavam duas apenas, uma vez que o duplo, ou *ka*, era parte integrante do corpo durante a vida, como a essência luminosa, ou *ba*, estava contida na substância inteligente, ou *khou*. E foi assim que, no final da XVIII dinastia, o Egito, embora sem compreender a verdadeira teoria, teve realmente, pela primeira vez, noção do ser humano composto de uma única alma e de um só corpo. A nova teoria simplificou-se ainda mais quando o corpo, com seu duplo, foi considerado como jazendo para sempre na tumba, ao passo que a alma-inteligência,"servindo de corpo à essência luminosa", ia viver a segunda vida com os deuses. A imortalidade da alma substituía, assim, a imortalidade do corpo, que tinha sido a primeira concepção egípcia.[6]

A China

Talvez em nenhum outro povo o sentimento da sobrevivência tenha sido tão vivo como entre os chineses. Desde a mais remota antiguidade o culto aos espírito se impôs entre esses povos. Acreditavam no *Thian* ou *Chang-si*, nomes que davam, indiferentemente, ao céu; mas reverenciavam, principalmente, os espíritos e as almas dos ancestrais. Confúcio respeitou essas antigas crenças, e um dia, entre as pessoas que o cercavam, admirou máximas escritas há mais de quinhentos anos sobre uma estátua de ouro, no Templo da Luz, entre as quais estava esta:

"Ao falar, ao agir, embora estejais sós, não penseis que não sois vistos, nem ouvidos: os espíritos são testemunhas de tudo."[7]

Vê-se que, no Celeste Império, os céus eram povoados como a Terra, não apenas por gênios, mas também pelas almas dos homens que viveram neste mundo. Paralelamente ao culto dos espíritos, havia o culto dos ancestrais."Tinha como objetivo não apenas conservar a preciosa lembrança dos antepassados e reverenciá-los, mas também atrair-lhes a atenção para seus descendentes, que lhes pediam conselhos em todas as circunstâncias importantes da vida, e sobre os quais achava-se que exerciam uma influência decisiva, aprovando-lhes ou censurando-lhes a conduta."[8]

Nessas condições, é evidente que a natureza da alma devia

ser bem conhecida dos chineses. Confúcio não concebia a existência de espíritos puros, atribuía-lhes um invólucro semimaterial, um corpo aeriforme, como prova esta citação do grande filósofo:
"Como são vastas e profundas as faculdades de Koûci-Chin (espíritos diversos)! Procuramos vê-los, e não os vemos, tentamos ouvi-los, e não os ouvimos; identificados com a substância dos seres, não podem ser separados deles. Estão por toda parte, acima de nós, à nossa esquerda, à nossa direita; cercam-nos por todos os lados. No entanto, por mais sutis e imperceptíveis que sejam, os espíritos se manifestam sob as formas corporais dos seres; sendo sua essência uma essência real, verdadeira, não pode esta manifestar-se sob uma forma qualquer."[9]

O budismo penetrou na China e identificou-se com as antigas crenças; continuou as relações estabelecidas com os mortos.

Eis, a seguir, um exemplo das suas invocações e da aparência assumida pela alma para tornar-se visível aos olhos mortais. O sr. Stanislas Julien, que traduziu do chinês a história de Hiouen-Thsang, que viveu por volta do ano 650 da nossa era, narra assim a aparição de Buda, graças à prece formulada pelo santo personagem:

"Após ter penetrado na caverna onde vivera o grande iniciador, animado de uma fé profunda, Hiouen-Thsang confessou seus pecados com o coração pleno de sinceridade; recitou devotamente suas preces, prosternando-se após cada estrofe. Quando completou, assim, cem saudações, viu um clarão aparecer na parede oriental.

"Tomado de alegria e de dor, recomeçou suas saudações, e de novo viu uma luz, da extensão de um chafariz, que brilhou e sumiu como um relâmpago. Então, num transporte de alegria e amor, jurou não deixar aquele lugar antes de ter visto a sombra augusta do Buda. Prosseguiu com suas homenagens, e, depois de duzentas saudações, de repente toda a gruta ficou inundada de luz, e o Buda apareceu, desenhando-se majestosamente sobre a parede, com uma alvura radiosa. Um brilho deslumbrante iluminava os contornos da sua divina face. Hiouen-Thsang, arrebatado em êxtase, contemplou por longo tempo o sublime e incompreensível objeto da sua admiração. Prosternou-se com respeito, cantou louvores a Buda, e espalhou flores e perfumes, após o que a luz celeste se extinguiu. O brâmane que o tinha acompanhado ficou enlevado e assombrado ao mesmo tempo com aquele milagre. – Mestre, disse-lhe, sem a sinceridade da vossa fé e a energia dos vossos votos, não teríeis conseguido ver um prodígio como esse."

Essa aparição lembra a transfiguração de Jesus quando Moisés e Elias apareceram. Os espíritos superiores têm um corpo espiritual de um esplendor incomparável, pois sua substância fluídica é mais luminosa do que as mais rápidas vibrações do éter, como poderemos confirmar mais tarde.

A Pérsia

No antigo Irã, encontramos uma concepção completamente particular da alma. Zoroastro pode reivindicar a paternidade da invenção do que hoje chamamos eu superior, a consciência subliminar, e, de outro ponto de vista, da teoria dos anjos guardiães.

Conhecemos a doutrina do grande legislador: abaixo do Ser que não foi criado, eterno, existem duas emanações opostas, tendo cada uma delas uma missão determinada: Ormuz, está encarregado de criar e conservar o mundo; Ahriman deve combater Ormuz e destruir o mundo, se puder. Existem gênios celestes, emanados do Eterno, para auxiliar Ormuz no trabalho da criação; mas existe também uma série de espíritos, de "gênios", de *féroüers*, pelos quais o homem pode considerar-se como tendo em si algo divino. O *féroüer*, inevitável a cada ser, dotado de inteligência, era ao mesmo tempo um inspirador e um guardião; inspirador que soprava o pensamento de Ormuz no cérebro do homem; vigia, guardião da criatura amada pelo deus. Parece que os *féroüers* imateriais existiam por vontade divina antes da criação do homem, e cada um deles conhecia, antecipadamente, o corpo humano que lhe estava destinado.[10] A missão do *féroüer* era combater os maus gênios produzidos por Ahriman, era conservar a humanidade.

Após a morte, o *féroüer* continua unido "à alma e à inteligência"para submeter-se a um julgamento, receber sua recompensa ou seu castigo. Cada homem, cada Ized (gênio celeste), e o próprio Ormuz, tinha seu *féroüer*, seu *fravarski*, que velava por ele, que se dedicava à sua conservação.[11]

A partir de certas passagens do Avesta, pudemos deduzir que, após a morte do homem, o *féroüer* retornava ao céu para lá gozar de um poder independente, maior, ou menor, conforme a criatura que lhe fora confiada tivesse sido mais, ou menos pura e virtuosa. Perfeitamente independente do corpo humano e da alma humana, o *féroüer* é um gênio imaterial, responsável e imortal. Todo ser teve, ou terá, seu *féroüer*. Há infalivelmente um *féroüer*, isto é, algo divino em tudo que existe. O Avesta invoca os *féroüers* dos santos, do fogo, da congregação de sacerdotes, de Ormuz, dos *arnschaspands* (anjos celestes), dos *izeds*, da "palavra excelente", dos "seres puros", da água, da terra, das árvores, dos rebanhos, do touro-germe, de Zoroastro, "em quem Ormuz primeiro pensou, a quem instruiu pelo ouvido e formou com superioridade no seio das províncias do Irã".[12]

A idéia de uma alma era completamente desconhecida dos hebreus na Judéia do tempo de Moisés.[13] Foi necessário que esse povo fosse para o cativeiro na Babilônia para adquirir, com seus conquistadores, a noção da imortalidade.

A Grécia

Desde a mais remota antiguidade, os gregos conheciam a verdade sobre o mundo espiritual. Em Homero, freqüentemente, os moribundos profetizam e a alma de Pátrocles vai visitar Aquiles na sua tenda. "Segundo a doutrina da maioria dos filósofos gregos, cada homem tinha por guia um demônio particular (*daimon*, nome dado aos espíritos), no qual achava-se personificada sua individualidade moral".[14] Os humanos comuns eram guiados por espíritos vulgares, os sábios mereciam ser visitados por espíritos superiores. Tales, que viveu há seis séculos e meio antes da nossa era, ensinava, como na China, que o Universo era povoado por demônios e gênios, testemunhas secretas de nossos atos, de nossos pensamentos até, e por nossos guias espirituais.[15] Fazia mesmo, desse artigo, um dos principais pontos da sua moral, reconhecendo que nada era mais apropriado para inspirar a cada homem essa espécie de vigilância sobre si mes-

mo, que Pitágoras, mais tarde, chama de sal da vida.[16]
Epimênides, contemporâneo de Sólon, era guiado pelos espíritos e freqüentemente recebia inspirações divinas. Era muito apegado ao dogma da metempsicose, e, para convencer o povo, contava que ressuscitara muitas vezes, e que, particularmente, tinha sido Éaco.[17]
Sócrates,[18] e sobretudo Platão, achando grande demais a distância entre Deus e o homem, enchiam o intervalo de espíritos, que consideravam gênios tutelares dos povos e dos indivíduos e inspiradores dos oráculos. A alma preexistia ao corpo, e chegava ao mundo dotada do conhecimento das idéias eternas. Como a criança, que no dia seguinte esquece o que se passou na véspera, esse conhecimento, por sua união com o corpo, adormecia nela, para revelar-se pouco a pouco, com o tempo, com o trabalho, com o uso da razão e dos sentidos. Aprender, era relembrar; morrer, era retornar ao ponto de partida e voltar ao seu estado primitivo: de felicidade, para os bons; de sofrimento, para os maus.

Toda alma possui um demônio, um espírito familiar que a inspira, que se comunica com ela, cuja voz fala à consciência de cada um de nós, advertindo-o sobre o que deve fazer ou evitar. Firmemente convencido de que, por intermédio dos espíritos, podia estabelecer-se uma comunicação entre o mundo dos vivos e o que chamamos mundo dos mortos, Sócrates tinha um demônio, um espírito familiar que lhe falava sem cessar, e cuja voz o orientava em todas as suas iniciativas.[19]

"Sim, diz Lamartine, ele é inspirado; no-lo diz, no-lo repete, e por que nos recusaríamos a crer na palavra do homem que dava a vida por amor à verdade? Existem muitos testemunhos que avalizam as palavras de Sócrates moribundo. Sim, ele estava inspirado... A verdade e a sabedoria, absolutamente, não vêm de nós; elas descem do céu em corações escolhidos, que são suscitados por Deus, segundo as necessidades do tempo."[20]

O brilhante gênio dos gregos compreendeu a necessidade de um intermediário entre a alma e o corpo. Para explicar a união da alma imaterial com o corpo terrestre, os filósofos da Hélade haviam reconhecido a existência de uma substância mista a que chamavam *Ochema*, que lhe servia de invólucro, e que os oráculos designavam como veículo leve, corpo luminoso, carne sutil. Ao falar do que move a matéria, Hipócrates diz que o movimento se deve a uma força imortal, *ignis*, a que dá o nome *enormon*, ou corpo fluídico.

Os primeiros cristãos

Foi à obrigação lógica de explicar a ação da alma sobre o invólucro físico que os primeiros cristãos obedeceram, ao crer na existência de uma substância mediadora. Aliás, é incompreensível que o espírito seja puramente imaterial, pois, então, não teria qualquer ponto de contato com a matéria física, e, caso não estivesse mais individualizado no corpo terrestre, não poderia existir.

No conjunto das coisas, o indivíduo sempre se distingue por suas relações com outros seres; no espaço, pela forma corporal; no tempo, pela memória.

Em várias ocasiões, o grande apóstolo São Paulo fala em corpo espiritual,[21] imponderável, incorruptível, e Orígenes, nos seus comentários sobre o Novo Testamento, afirma que esse corpo espiritual, dotado de uma propriedade plástica, acompanha a alma em todas as suas existências e peregrinações, para impregnar e dar forma aos corpos mais ou menos grosseiros e materiais de que a alma se reveste, e que lhe são necessários no exercício das suas diversas vidas.

Eis, a seguir, segundo Pezzani, a opinião de alguns doutores da Igreja sobre este assunto:[22]

Orígenes e os clérigos alexandrinos, que sustentavam, o primeiro, a certeza, os outros, a possibilidade de novas provações após a prova terrena, precisavam resolver a questão de saber que corpo devia ressuscitar no juízo final. Solucionaram o problema atribuindo a ressurreição somente ao corpo espiritual, como fizeram São Paulo, e, mais tarde, o próprio Santo Agostinho, descrevendo os corpos dos eleitos como incorruptíveis, sutis, tênues e extremamente ágeis.[23]

Então, uma vez que esse corpo espiritual, companheiro inseparável da alma, representava, por sua substância apurada, todos os outros invólucros grosseiros de que a alma talvez se tivesse revestido transitoriamente, e que tivera que deixar entregue à decomposição e aos vermes dos mundos por ela percorridos, já que esse corpo havia impregnado com sua energia todas as matérias informadas por um uso perecível e transitório, o dogma da ressurreição da carne substancial recebia, com essa sublime concepção, uma confirmação incontestável. O corpo espiritual, assim concebido, representava todos os outros, que só mereciam o nome de corpo por sua associação com o princípio vivificante da carne real, isto é, com o que os espíritas denominaram perispírito.[24]

Tertuliano diz[25] que os anjos têm um corpo que lhes é próprio, e que, podendo transfigurar-se numa carne humana, podem, por algum tempo, mostrar-se aos homens e comunicar-se visivelmente com eles. São Basílio falava dos anjos da mesma maneira. Pois, embora tenha dito em algum lugar que os anjos não têm corpo, no tratado que escreveu sobre o Espírito Santo, contudo, ele afirma que se tornam visíveis pelas qualidades do seu próprio corpo, aparecendo aos que são dignos disso.

Não há na criação, quer se trate de coisas visíveis ou invisíveis, nada que não seja corporal, ensina-nos Santo Hilário. As próprias almas, quer estejam, ou não, unidas a um corpo, também têm uma substância corporal inerente à sua natureza, pela simples razão de que é preciso que toda coisa esteja em alguma coisa. E, segundo São Cirilo de Alexandria, unicamente Deus, sendo incorpóreo, não pode ficar circunscrito, ao passo que todas as outras criaturas podem, embora seus corpos em nada se pareçam com os nossos.

Se, como Apuleio, chamamos os demônios de animais aéreos, é, segundo Santo Agostinho, o grande bispo de Hipona, porque eles têm natureza corpórea, sendo uns e outros da mesma essência.[26]

São Gregório dizia que o anjo era um animal racional,[27] e São Bernardo assim falava: Outorgamos somente a Deus a imortalidade, assim como a imaterialidade, pois só tem sua natureza, que não precisa, nem para si mesma, nem para outra, da ajuda de um instrumento corporal.[28] E, de certo modo, era a mesma doutrina do grande Ambrósio de Milão, cujos termos eram estes: Não imaginamos, absolutamente, que qualquer ser seja isento de matéria em sua composição, exceto, única e exclusivamente, a substância da adorável Trindade.²⁹

O mestre das sentenças, Pierre Lombard, deixava a questão indefinida, e, no entanto, expunha esta opinião de Santo Agostinho: Os anjos devem ter um corpo ao qual não estão submetidos, mas que governam como se lhes fosse subordinado, modificando-o e sujeitando-o às formas que desejam dar-lhe para torná-lo adequado aos seus atos.

A escola neoplatônica

Sob muitos pontos de vista, a escola neoplatônica de Alexandria foi notável. Tentou a fusão das filosofias do Oriente com a dos gregos, e dos trabalhos de Proclo, Plotino, Pórfiro saíram idéias novas sobre uma enorme quantidade de questões. Sem dúvida, pode-se censurar nesses pesquisadores uma tendência exagerada para o misticismo, mas eles se aproximaram, mais do que outros, da verdade que hoje conhecemos experimentalmente.

As vidas sucessivas e o perispírito faziam parte dos seus ensinamentos. Tanto em Plotino como em Platão, à separação da alma e do corpo liga-se a da metempsicose, ou metamorfose (pluralidade das vidas corporais).

"Perguntamo-nos o que é, nos animais, o princípio que os anima. Se é verdade, como dizem, que os corpos dos animais têm em si almas humanas que pecaram, a parte dessas almas que é separável não pertence a esses corpos como propriedade particular; embora acompanhando-os, propriamente falando, ela não está presente. Neles, a sensação é comum à imagem da alma e ao corpo, mas ao corpo como algo organizado e moldado pela imagem da alma. Quanto aos animais, em cujo corpo não se teria introduzido uma alma humana, são gerados por uma iluminação da alma universal."³⁰

A passagem da alma humana por corpos de seres inferiores é apresentada aqui sob uma forma dubitativa. Sabemos, agora, que não há recuo possível na eterna via do futuro, porque nenhum progresso estaria garantido se viéssemos a perder o que adquirimos por nosso esforço pessoal. A alma que conseguiu derrotar um vício, está livre dele para sempre, e é isso que assegura a perfectibilidade do espírito e garante a felicidade futura ao ser que conseguiu libertar-se das más paixões inerentes à sua inferioridade. Plotino afirma claramente a reencarnação, isto é, a passagem da alma humana de um corpo humano por outros corpos.

"É crença universalmente admitida que a alma comete faltas, que as expia, que sofre punições nos infernos, e a seguir passa por novos corpos."

"Quando nos desencaminhamos na multiplicidade que o Universo contém, já somos punidos por nosso extravio, e conseqüentemente por um futuro menos feliz."

"Os deuses dão a cada um o destino que lhe convém e que esteja de acordo com seus antecedentes nas suas sucessivas existências."[31]

Isso é profundamente justo e verdadeiro, pois, em nossas múltiplas vidas, somos colocados frente a frente com dificuldades que precisamos superar para promover nosso aperfeiçoamento moral ou intelectual; isto, porém, seria falso se aplicássemos esse princípio às condições sociais, porque então o rico seria rico por merecimento, e pobre estaria aqui em punição, o que contraria o que geralmente se pode constatar, isto é, que a virtude não é privilégio de nenhuma classe social.

"Para a alma, há duas maneiras de ser num corpo: uma acontece quando, estando já num corpo celeste, passa por uma metensomatose, isto é, quando passa de um corpo aéreo ou ígneo para um corpo terrestre, migração que, normalmente, não se chama metensomatose, porque não se vê de onde vem a alma; outro ocorre quando a alma passa do estado incorpóreo para um corpo qualquer, entrando assim, pela primeira vez, em comunhão com o corpo. As almas descem do mundo inteligível para o primeiro céu; alí, tomam um corpo (espiritual), e, em virtude desse corpo, passam para corpos terrestres, conforme se aproximem mais, ou menos, do mundo inteligível."

Essa doutrina é longamente explanada por Porfírio em sua *Teoria dos Inteligíveis* (parágrafo 82), em que assim se exprime: "Quando a alma sai do corpo sólido, ela não se separa do espírito que recebeu das esferas celestes".

Voltamos a encontrar a mesma idéia em Proclo, que chama

esse espírito de veículo da alma.

Estudando atentamente essas doutrinas, conclui-se que os neoplatônicos sentiram que a alma necessitava de um invólucro sutil em que se registrassem, se incorporassem, os estados de espírito. Na verdade, é realmente necessário que o espírito, através de suas sucessivas vidas, conserve o progresso adquirido, sem o que, a cada encarnação, estaria como estava na primeira, e recomeçaria perpetuamente a mesma vida.

Os poetas

Como se pode constatar na seguinte passagem de Dante, a Idade Média herdou algumas dessas concepções:
"Chegando ao lugar que lhe foi destinado (após a morte), a força que lhe deu origem torna a envolvê-la, do mesmo modo que o fazia em seus membros vivos. E como a atmosfera, quando está carregada de chuva, e os raios nela se refletem, mostra-se ornada de cores variadas, assim também o ambiente que a envolve toma a forma que a alma virtualmente lhe imprimiu. E, semelhante à chama que acompanha o fogo aonde quer que vá, a nova forma acompanha a alma por toda parte. Essa espécie de visibilidade é chamada sombra, e, uma vez formada, organiza todos os sentidos, inclusive o da visão."[32]

Para a inteligência, é realmente uma obrigação unir o espírito à matéria, que os maiores poetas jamais ignoraram; eles sempre revestiram de formas corpóreas os seres celestes, cuja pura essência não pode ser percebida pelos órgãos dos sentidos. Milton, em *Guerra dos Anjos*, não hesitou em atribuir um corpo, por mais sutil e aéreo que tenha pretendido pintá-lo, aos seres extra-humanos que concebia como puramente espirituais por sua natureza particular. Eis como, no seu poema *Paraíso Perdido*, ele se expressa a respeito dos anjos:

"Eles vivem inteiramente coração, inteiramente cabeça, inteiramente visão, inteiramente audição, inteiramente inteligência, inteiramente sentidos; conforme sua vontade, outorgam-se membros, e tomam a cor, a forma e o volume, denso ou rarefeito, que mais lhes agrada."

Ossian também revestiu de formas sensíveis os espíritos aéreos que pensava ver nos vapores da noite e ouvir nos bramidos da tempestade.

Klopstock, em sua *Messíada*, representou o corpo do serafim Elohé como se formado por uma luz matinal, e o do anjo da Morte como uma vaga claridade nas nuvens tenebrosas. Ele especifica sua idéia na dissertação que colocou na abertura do sexto livro da sua epopéia; sustenta "que é bem provável que os espíritos perfeitos, cuja ocupação habitual é meditar sobre os corpos de que o mundo físico se compõe, são, eles próprios, revestidos de corpo", e que se deve crer, particularmente, que os anjos "de que Deus tão freqüentemente se serve para conduzir os mortais à felicidade, também teriam recebido alguma espécie de corpo que corresponda ao dos eleitos, que Deus chama para a suprema felicidade".

O gênio penetrante de Leibnitz não se enganou quanto a isso:

"Como a maioria dos antigos – diz ele –, creio que todos os gênios, todas as almas, todas as substâncias simples criadas estão sempre unidas a um corpo... Acrescento, ainda, que nenhuma alteração dos órgãos visíveis é capaz de levar as coisas a uma confusão completa no animal, ou destruir todos os órgãos e privar a alma de todo seu corpo orgânico e dos restos inapagáveis de todos os vestígios anteriores. Porém, a facilidade com que se abandonou a antiga teoria dos corpos sutis unidos aos anjos (que se confundia com a corporalidade dos próprios anjos) e a introdução de pretensas inteligências separadas das criaturas (para o que muito contribuíram as que fazem ruir os céus de Aristóteles), e, finalmente, a idéia mal-entendida em que se persistiu de que não se poderia conservar as almas dos animais sem cair na metempsicose, fizeram, segundo me parece, com que se negligenciasse a maneira natural de explicar a subsistência, ou conservação, da alma".[33]

Foi preciso chegar a Charles Bonnet[34] para se ter uma teoria que, embora não se apóie em fatos, aproxima-se notavelmente da que o espiritismo nos permitiu construir, baseando-nos na experiência. Citaremos livremente as passagens mais importantes das suas obras relativas ao assunto. Admiraremos a vigorosa lógica desse profundo pensador que descobriu, há mais de cento e cinqüenta anos, as verdadeiras condições da imortalidade.

"Estudando-se com certa atenção as faculdades do homem, diz ele, observando-se suas mútuas dependências, ou a subordinação que submete umas às outras, e aos seus objetivos, conseguimos descobrir facilmente quais são os meios naturais através dos quais essas faculdades se desenvolvem e se aperfeiçoam neste mundo. Podemos conceber, então, meios análogos mais eficazes, que as levarão a um grau de perfeição mais elevado.

"O grau de perfeição a que o homem pode chegar na Terra é compatível com os meios de aprender e agir que lhe são proporcionados. Esses meios relacionam-se diretamente com o mundo por ele habitado no momento.

"Um estágio mais elevado das faculdades humanas, portanto, não se harmonizaria com o mundo em que o homem devesse passar os primeiros momentos da sua existência. Mas suas faculdades são indefinidamente perfectíveis, e acreditamos que todos os meios naturais que as aperfeiçoarão um dia podem existir desde já no homem.

"Assim, sendo o homem chamado a habitar sucessivamente dois mundos diferentes, sua constituição original devia conter coisas relativas a esses dois mundos. O corpo animal devia ter relação direta com o primeiro mundo, o corpo espiritual, com o segundo.

"Dois meios principais poderão aperfeiçoar, no mundo vindouro, todas as faculdades do homem: sentidos mais aguçados e sentidos novos. Os sentidos são a causa primeira de todos os nossos conhecimentos. Nossas idéias mais reflexíveis, mais abstratas, sempre derivam de nossas idéias sensíveis. O espírito nada cria, mas atua sem cessar sobre a quantidade quase infinita de percepções variadas que adquire pela mediação dos sentidos."

"Dessas operações do espírito, que sempre são comparações, combinações, abstrações, nascem, por geração espontânea, todas as ciências e todas as artes.

"Os sentidos, destinados a transmitir ao espírito as impressões dos objetos, estão em contato com os objetos. A visão tem ligação com a luz, o ouvido, com o som etc."[35]

Quanto mais perfeitas, numerosas, variadas forem as relações que os sentidos mantêm com os objetos, mais eles manifestam ao espírito qualidades dos objetos, e as percepções dessas qualidades tornam-se ainda mais claras, vivas, completas.

Quanto mais viva e completa for a noção sensível que o espírito adquire de um objeto, mais clara é a idéia que ele forma a seu respeito.

É fácil compreendermos que nossos sentidos atuais são suscetíveis de um grau de perfeição muito superior ao que aqui na Terra conhecemos, e que nos surpreende em alguns indivíduos. Podemos, mesmo, ter uma nítida idéia desse aumento de perfeição, pelos efeitos prodigiosos dos instrumentos de óptica e de acústica.

Imaginemos Aristóteles observando uma traça com um microscópio, ou contemplando, com um telescópio, Júpiter e suas luas; quais não seriam sua surpresa e seu encantamento! Quais não serão os nossos quando, revestidos de nosso corpo espiritual, nossos sentidos tiverem atingido toda a perfeição que podem receber do benfazejo autor do nosso ser!

Imaginemos que nossos olhos reunirão, então, todas as vantagens dos microscópios e dos telescópios, e que se ajustarão exatamente a todas as distâncias. Como as lentes desses novos óculos serão superiores às lentes de que a arte se vangloria! Deve-se aplicar aos outros sentidos o que acaba de ser dito quanto à visão. Como não seriam rápidos, então, os progressos das nossas ciências físico-matemáticas, se nos fosse dado descobrir os primeiros princípios dos corpos, tanto fluidos, como sólidos! Veríamos então, por intuição, o que tentamos adivinhar com a ajuda de raciocínios e cálculos, tanto mais vagos quanto mais imperfeito é nosso conhecimento direto. Que quantidade imensa de informações nos escapam, exatamente porque não conseguimos perceber a imagem, as proporções, o ordenamento dos corpúsculos infinitamente minúsculos, sobre os quais, no entanto, repousa o grande edifício da natureza.

Não nos é difícil, tampouco, conceber que o germe do corpo espiritual pode conter, desde já, os elementos orgânicos de novos sentidos, que só se desenvolverão no momento da ressurreição.[36]

Esses novos sentidos nos evidenciarão nos corpos propriedades que aqui na Terra continuarão a ser-nos desconhecidas.

Quantas qualidades sensíveis ainda ignoramos, e que não descobriríamos sem espanto. Desconhecemos as diferentes forças espalhadas na natureza, de cuja existência sequer chegamos a suspeitar, porque não há qualquer relação entre as noções que adquirimos por nossos cinco sentidos e as que podemos adquirir através de outros sentidos![37]

Elevemos nosso olhar para a abóbada estrelada; contemplemos a imensa coleção de sóis e mundos disseminados no espaço, e admiremos que esse vermezinho chamado homem tenha uma inteligência capaz de penetrar na existência desses mundos e arrojar-se, assim, às extremidades da criação.

Prosseguindo, logicamente, o que para ele era uma hipótese, e, para nós, uma certeza experimental, o autor acrescenta:

"Se nosso conhecimento ponderado deriva essencialmente do nosso conhecimento intuitivo; se nossas riquezas intelectuais aumentam pelas comparações que fazemos entre nossas idéias sensíveis de toda espécie; se quanto mais conhecemos mais comparamos; se, enfim, nossa inteligência se desenvolve e aperfeiçoa à medida que nossas comparações se ampliam, se diversificam, se multiplicam, como não serão o aumento e o aperfeiçoamento dos nossos conhecimentos naturais, quando não mais nos limitarmos a comparar os indivíduos, as espécies às espécies, os reinos aos reinos, e nos for dado comparar os mundos aos mundos!

"Se, neste mundo, a inteligência modificou todas as suas obras; se nada criou de idêntico; se uma progressão harmônica reina entre todos os seres terrestres; se uma mesma cadeia enlaça todos, quão provável é que essa maravilhosa cadeia se prolongue por todos os mundos planetários, que os una todos, e que eles sejam apenas as partes consecutivas e infinitesimais da mesma série.[38]

"De que sentimentos nossa alma não será inundada quando, após ter estudado a fundo a constituição deste mundo, voarmos para outro, e compararmos a constituição de ambos! Qual não será então a perfeição da nossa cosmologia! Quais não serão a generalização e a fecundidade dos nossos princípios, o encadeamento, a imensidão e a exatidão das nossas conclusões! Que luz não brotará de tantos e tão diversos objetos sobre os outros ramos dos nossos conhecimentos, sobre nossa astronomia, sobre nossas ciências racionais, e, principalmente, sobre esta divina ciência que se ocupa com o Ser dos seres!" Essas ilações, tão bem fundamentadas pelo raciocínio, foram plenamente justificadas em nossa época. O corpo destinado a uma vida superior já existe no organismo humano, onde desempenha um papel de primeira ordem, e é graças a ele que podemos conservar o tesouro de nossas aquisições intelectuais. Adiante constataremos que o perispírito é uma realidade física tão certa quanto a do organismo material: pode-se vê-lo, tocá-lo, fotografá-lo. Em resumo, o que era apenas uma teoria filosófica, grandiosa e consoladora, é verdade, mas ainda assim contestável, tornou-se um fato científico, que dá aos vôos do espírito a inatacável consagração da experiência.

Notas

1. Prevenimos o leitor de que consideramos as palavras alma e espírito como expressões equivalentes.
2. Denis, Ferdinand, *Universe pittoresque*. – Para o estudo dessas crenças, ver os trabalhos publicados sobre as tribos da Oceania, da América e da África, t. 64-65.
– Consultar também Taylor, *Civilisations primitives*, t. 1. pág. 485; Taplin, *Folklore Manners of Australian Aborigenes*.
3. Fogo aéreo. O fogo era representado sob três modalidades: Agni, fogo terrestre; Surya ou Indra, o Sol; Vayou, fogo aéreo, *Rig-Véda*. 513, no. 4.
4. Fontanes, Marius, *Inde Védique*, pág. 327 e segs.
5. "Os hinos védicos exprimem, em sua origem, uma confiança ingênua, um otimismo natural, um sentimento de verdade que pouco a pouco se alteram sob a influência sacerdotal."A. Langlois, *Rig-Véda*, t. 1, pág. 24.
6. Maspéro, *Archéologie égyptienne*, pág. 108, e *Histoire ancienne des peuples de l'Orient*, pág. 40.
7. Pauthier, G., *La Chine*, VI, pág. 136.
8. Carre, Léon, *L'Ancient Orient*, pág. 386.
9. Pauthier, G., op. cit., VII, pág. 369.
10. Lafond, G. de, *Le Mazdéïsme et PA Vesta*, págs. 137 e 159.
11. Fontanes, Marius, *Les Iraniens*, págs. 163 e 164.
12. Burnouf, Eugène, *La Science des Religions*, pág. 270. Ver também, para maiores informações, Antequil-Duperron, *Zend-Avesta*, t. 11, pág. 83.
13. Maury, A., *La Terre et l'Homme*, pág. 595: "Os hebreus não acreditavam nem na alma pessoal, nem na sua imortalidade": *Levítico*, XVII, Reuss, E., *L'Histoire*, t. 11, pág. 151.
14. Maury, A., *La Magie et l'Astrologie*, pág. 263.
15. Diógenes Laertius, livro 1, no. 27.
16. *Dictionnaire Universel, Historique, Critique et Biographique*, t. XVII. Ver Thalès.

17. Fénelon, *Vie des Philosophes de l'Antiquité*.
18. Fédon, *Timeu Fedro*.
19. Bonnemère, E., *L'Âme e ses Manifestations à travers l'Histoire*, pág. 109 e segs. Ver também Rossi e Gustiniani, *Le Démon de Socrat*.
20. Lamartine, *La Mort de Socrate*, poema.
21. *Coríntios*, XV, 35.
22. Pezzani, jornal *La Verité*, 5 de abril de 1863.
23. Santo Agostinho, *Manual*, cap. XXVI.
24. Bourdeau, *Le Problème de la Mort*, pág. 36 e segs. e pág. 62 e segs.
25. Tertuliano, *De Carne Christine*, VI.
26. Santo Agostinho, Scsp. Cen, ad. Litt., 1, 111; cap. X.
27. *Homilia* X, *in* Evangelho.
28. Sup. Quantie, *Homilia* X.
29. Abraham, t. II, cap.XIII, no. 58.
30. Plotino, *Enéade*, primeira, livro I.
31. Plotino, *Enéade*, segunda.
32. *A Divina Comédia* (Purgatório, XXV).
33. Leibnitz, *Novos Ensaios* (prefácio).
34. Bonnet, Charles, *Essai Analytique*, pág. 528 e segs. Ver, também, *Palingénésie*, t. II.
35. A teoria da evolução permite compreender perfeitamente como a função criou o órgão. Ver *A Evolução Anímica*, de Delanne, Gabriel, cap. III (Como o perispírito pôde adquirir suas propriedades funcionais).
36. O perispírito contém, por conseguinte, todos os sentidos. O corpo apenas possui os instrumentos que servem ao exercício das faculdades. Não é o olho que vê, é a alma; o ouvido não ouve, ele é só o instrumento da audição, pois se a comunicação entre o cérebro e o olho, ou ouvido, for interrompida, embora o aparelho continue intato, não há percepção. Aliás, a visão ou a audição, podem funcionar sem a participação do olho ou do ouvido, como na lucidez sonambúlica.
37. A matéria radiante, os raios X e o espectroscópio justificam plenamente essas intuições de gênio.
38. Hoje, os estudos e as fotografias dos canais de Marte permitem acreditar que esse mundo seja habitado. Isso confirma plenamente as judiciosas deduções de Charles Bonnet, e nos incita a crer que todos os mundos são, foram, ou serão povoados por seres inteligentes.

Capítulo II
Estudo da alma pelo magnetismo

Acabamos de ver, no capítulo anterior, que a noção de uma certa corporalidade, inseparável da alma, foi a crença quase geral da antiguidade e de muitos pensadores até a nossa época. É evidente que essa concepção resulta da dificuldade que temos de imaginar uma entidade puramente espiritual. Nossos sentidos só nos permitem conhecer a matéria, e é preciso exercer a visão interior para sentir que existe, em nós, outra coisa além desse princípio. Só o pensamento, pela ausência de caracteres físicos, nos leva a admitir que existe algo que difere do que é captado pelos sentidos.

Mas, a idéia de um corpo fluídico resulta principalmente das aparições. É evidente que, quando se vê a alma de uma pessoa morta, é indispensável que ela tenha uma certa objetividade, sem o que, permaneceria invisível. Ora, esse fenômeno produziu-se em todos os tempos, e as histórias religiosas e profanas estão crivadas de exemplos de manifestações do além.

Não ignoramos que a crítica contemporânea desprezou esses fatos, atribuindo-os, maciçamente, a ilusões, a alucinações, ou à credulidade supersticiosa dos nossos ancestrais. Strauss, Taine, Littré, Renan etc., omitem, sistematicamente, todos os casos que poderíamos evocar. Mas essa atitude não se justifica, pois, hoje, é possível constatarmos aparições iguais, e agora com todos os processos que permitem um controle severo. A partir disso, podemos admitir que esses sábios se equivocaram e que convém prestar atenção aos relatos do passado.

É incontestável, aliás, que os fenômenos do espiritismo não são novos; aconteceram em todas as épocas. Sempre houve casas assombradas e aparições; vê-se, assim, que a idéia de que a alma não é totalmente imaterial conseguiu manter-se, apesar do ensinamento contrário dos filósofos e das religiões.

Mas a noção de um invólucro da alma era muito vaga, muito indeterminada. O corpo fluídico formava-se subitamente, no momento da morte terrestre? A alma revestia-se dessa substância sutil por algum tempo, ou para sempre? Ou será que essa aparência vaporosa era apenas uma ação momentânea, transitória, da alma sobre a atmosfera, devendo cessar com a causa que a produzira? Eram algumas das questões insolúveis, já que não era possível observar calmamente as aparições.

A vidente de Prévorst

O magnetismo veio fornecer o primeiro meio de penetrar nesse domínio inacessível do pós-morte. O sonambulismo, descoberto pelo sr. Puységur, constituiu o instrumento de investigação desse novo mundo. Os sonâmbulos, submetidos a esse estado nervoso, conseguiram comunicar-se com as almas desencarnadas, descrevê-las minuciosamente, de modo a convencer os assistentes de que realmente conversavam com espíritos.

O dr. Kerner, respeitado tanto por seu saber como por sua perfeita honestidade, escreveu a biografia de Mme. Hauffe, mais conhecida como a Vidente de Prévorst. Não precisava estar adormecida para ver espíritos; seu organismo, frágil e apurado pela doença, permitia-lhe ver formas que para outras pessoas eram invisíveis. Sua primeira visão aconteceu numa cozinha do castelo de Lowenstein. Era o fantasma de uma mulher que, anos mais tarde, voltou a ver em outro lugar.

Contava, mas só quando insistiam em interrogá-la, jamais espontaneamente, ter sempre perto dela, como tiveram Sócrates, Platão e outros, um anjo, ou *daimon*, advertindo-a sobre perigos a evitar, não só quanto a ela, mas também com relação

A Alma é Imortal 41

a outras pessoas. Era o espírito de sua avó, Mme. Smidt Gall. Usava, como todos os espíritos femininos que lhe apareciam, uma veste branca ajustada à cintura e um longo véu, igualmente branco.

A vidente de Prévorst dizia que, após a morte, a alma conserva um espírito nérveo, que é um molde seu. Por esse invólucro é que ela tinha a faculdade de ver sem estar dormindo, e bem melhor na claridade do sol ou da lua do que no escuro. "As almas – dizia ela – não têm sombra. Sua imagem é pardacenta; sua roupa, a que usavam neste mundo, mas pardacenta como elas. Só as melhores têm longas vestes brancas e parecem flutuar, enquanto as más andam com dificuldade. Seus olhos são cintilantes. Podem não apenas falar, mas produzir sons, como suspiros, farfalhar de seda ou de papel, pancadas em paredes ou móveis, ruídos de areia, de seixos ou de sapatos arrastados no chão. Também são capazes de mover objetos, por mais pesados que sejam, e de abrir ou fechar portas."

Essas visões seriam objetivas? Isto é, aconteceriam além e não apenas no cérebro de Mme. Hauffe? O dr. Kerner fez várias investigações para certificar-se da realidade desses espíritos, só perceptíveis para a doente.

Em Oberstenfald, uma dessas almas, a do conde Weiler, que tinha assassinado seu irmão, apareceu a Mme. Hauffe sete vezes. Só ela a via, mas vários de seus parentes ouviam explosões, viam ladrilhos, móveis e candelabros saírem do lugar sem que ninguém lhes tocasse, toda vez que o fantasma voltava.

A alma de outro assassino, usando um hábito de frade, perseguiu a vidente por um ano, pedindo-lhe, tal como o conde Weiler fizera, preces e lições de catecismo. Essa alma abria e fechava violentamente as portas, remexia nos utensílios domésticos, derrubava pilhas de lenha, dava fortes pancadas nas paredes, e parecia mudar de lugar a toda hora. Vinte pessoas respeitáveis ouviram, tanto na casa, como na rua, e, se necessário, confirmarão o fato.

O fantasma de uma mulher, trazendo uma criança nos braços, apareceu-lhe várias vezes. Como geralmente isso acontecia na sua cozinha, Mme. Hauffe mandou levantar algumas lajes, e, a grande profundidade, foi encontrato o cadáver de uma criança.

Em Weinsperg, a alma de um guarda-livros que cometera algumas deslealdades durante a vida apareceu, com uma sobrecasaca negra puída, pedindo-lhe que dissesse à sua viúva que não devia esconder mais os livros em que se encontravam suas falsas escriturações, indicando-lhe o local onde se encontravam, para que os entregasse à justiça. Ela obedeceu. Graças a esses livros, algumas injustiças foram reparadas.

Em Lenach, foi a alma de um burgomestre chamado Bellon, falecido em 1740, aos setenta e nove anos, que veio pedir-lhe conselhos para livrar-se da perseguição de dois órfãos. Ela lhe deu conselhos, e, passados seis meses, a alma não voltou mais.

Há nos registros da paróquia de Lenach, referência a essa morte, com uma nota dizendo que o burgomestre havia lesado várias crianças de quem era tutor.

O dr. Kerner acrescenta que poderia citar umas vinte aparições cuja autenticidade foi posteriormente comprovada. Sendo a respeitabilidade do doutor perfeitamente assentada, e estando Mme. Hauffe quase sempre acamada, não havia possibilidade de fraude. Portanto, os fatos são reais, e, embora tenham acontecido muito antes que se falasse de espiritismo, têm grandes analogias com os que hoje são observados.

A correspondência entre Billot e Deleuze

Vejamos agora uma segunda testemunha, o respeitável Billot, médico e homem extremamente honesto, afirmar sua crença nos espíritos, na correspondência que manteve com Deleuze:

"Um fenômeno que constatasse indiscutivelmente a existência dos espíritos, desses seres imateriais que, segundo as almas fortes, não podem de maneira alguma mostrar-se claramente, sem dúvida seria bem apropriado para excitar a curiosidade pública e, principalmente, para atrair a atenção dos sábios de todos os países, fosse qual fosse a opinião deles a este respeito... Pois bem, esse fenômeno existe. Esta afirmação, que à primeira vista pode parecer um paradoxo, para não dizer uma extravagância, não deixa de ser uma grande verdade."

Nosso autor conta que, por muito tempo, fez parte de uma

associação de magnetizadores, onde observou fenômenos de comunicação com os espíritos, o que determinou sua crença num mundo invisível, povoado pelas almas de pessoas falecidas.

"As sessões começavam com a parte mística, isto é, com a atanotofania, ou aparição de espíritos, e terminava com a parte médica, ou seja, com o rafaelismo, ou medicina angélica. Quando digo aparição, não significa que os espíritos se tornassem visíveis aos associados; só os sonâmbulos os viam. Contudo, sua presença era marcada por algum sinal incontestável, fato que pude constatar, visto que estava encarregado de escrever tudo o que acontecia nas sessões."

As inteligências que dirigem os sonâmbulos quase sempre tomam a forma de anjos. Usam túnicas brancas, cintos de prata, e às vezes têm asas. Acontece, também, que os lúcidos reconheçam passoas da região, mortas há muito, ou pouco tempo. Mesmo no estado normal, os pacientes muitas vezes percebem a voz dos guias invisíveis.

"Inicialmente, diz um deles, sinto um leve sopro, como o de uma brisa ligeira, que resfria e gela minha orelha. A partir daí, perco a audição e começo a perceber um zumbido parecido com o de um mosquito. Prestando, então, a máxima atenção, ouço uma vozinha que me diz o que eu em seguida repito."

Alucinação auditiva, dirá um doutor moderno ao ler esse relato, provavelmente provocado por auto-sugestão ou por uma sugestão inconsciente do dr. Billot. Mas essa explicação não terá mais sentido se constatarmos que o ser invisível exerce uma ação física sobre o sonâmbulo, sem que este imagine o que vai acontecer, sendo que a primeira vez aconteceu na ausência do doutor.

Na verdade, esses guias espirituais podem agir sobre o corpo dos pacientes, pois o doutor testemunhou uma sangria, que estancou espontaneamente quando a quantidade de sangue que saiu era suficiente. Não houve, nesse caso, necessidade de fazer ligaduras.

A todo instante observamos, nas cartas desse sábio, que por muitos anos ele teve oportunidade de assistir a visões de espíritos, que eram meticulosamente descritos pelos sonâmbulos. Com notável senso crítico, Billot submeteu seus pacientes a inúmeras experiências, e só depois de ter longamente estudado é que se pronunciou categoricamente. Não estamos diante de um crente que aceita cegamente todas as dutrinas. Ele raciocina friamente e só se rende à evidência. Tem suficiente bom senso para atribuir a ação do espírito sobre a matéria a causas sobrenaturais; vê nisso apenas o efeito de leis ainda desconhecidas, mas que um dia serão descobertas: "Quanto às operações dos espíritos sobre o corpo, se há algumas que se parecem com prodígios, nem por isso são contra a natureza, mas contra o que se conhece da natureza. Ora, como ainda existem na natureza muitas coisas que os homens desconhecem, não é de admirar que se considerem sobrenaturais determinados fenômenos que, no entanto, entram na ordem das coisas criadas; e, se certas leis da natureza nos são desconhecidas, é porque ainda não estudamos o homem como se deve, isto é, em todas as suas relações com a criação."

É curioso observar, nessa correspondência, o caráter peculiar de cada um dos interlocutores; Deleuze, frio e desconfiado, a custo se rende às insistentes censuras do "solitário", como se intitula Billot. No entanto, concorda, no final, que pôde observar pacientes que se comunicavam com as almas dos mortos.

"O magnetismo, diz ele, demonstra a espiritualidade da alma e sua imortalidade; prova a possibilidade da comunicação de inteligências separadas da matéria com as que ainda estão unidas a ela, mas nunca me apresentou fenômenos que me convencessem de que essa possibilidade ocorre com freqüência."

Pouco depois, mais condescendente, escreveu ao dr. Billot:

"O único fenômeno que parece estabelecer a comunicação com as inteligências imateriais é o das aparições. Há muitos exemplos disso, e, como estou convencido da imortalidade da alma, não vejo motivo para negar a possibilidade da aparição de pessoas que, tendo deixado esta vida, se preocupam com os que lhes foram caros e se comunicam com eles para dar-lhes conselhos benéficos. Acabo de ter um exemplo disso; ei-lo:

"Uma jovem sonâmbula, que perdera o pai, viu-o distintamente por três vezes. Viera dar-lhe conselhos importantes. Depois de elogiar sua conduta, disse-lhe que ia surgir um pretendente à sua mão; que o rapaz lhe pareceria adequado, que não lhe desagradaria, mas que não seria feliz com ele, aconselhando-lhe a recusá-lo. Acrescentou que, se não o aceitasse, logo surgiria outro pretendente, e tudo estaria decidido antes do fim do ano. Estávamos no mês de outubro.

"O primeiro rapaz foi apresentado à mãe. Porém a filha, impressionada com o que o pai lhe dissera, recusou-o.

"Outro rapaz, recém-chegado da província, foi apresentado à mãe por pessoas amigas; pediu a mão da jovem, e o casamento foi marcado para 30 de dezembro.

"Não pretendo tomar esse fato como prova irrefutável da realidade das aparições; pelo menos, porém, torna essa realidade verossímil, tanto mais que se sabe que há muitos outros fatos semelhantes."

Para convencer completamente seu amigo, Billot resolveu falar-lhe a respeito dos fenômenos de transporte que havia testemunhado. Aqui, não se pode duvidar de que uma inteligência estranha aos assistentes não esteja em comunicação com o sonâmbulo, uma vez que uma prova tangível de uma ação extraterrena permanece.

Eis como o fenômeno foi relatado pelo nosso doutor:

"Tomo Deus por testemunha da verdade do conteúdo das observações que se seguirão... a causa ressaltará das simples demonstrações materiais, e se tornará evidente pela continuação da observação e da experiência."

Primeira observação:
"Uma senhora, acometida há tempos por uma cegueira parcial, solicitava, dos nossos sonâmbulos, ajuda para deter o avanço da amaurose, que logo não lhe permitiria mais distinguir a claridade das trevas. Quando num dia de sessão (17 de outubro de 1820), a sonâmbula consultada disse:

– Uma virgem está me mostrando uma planta... está toda florida... não a conheço... não me dizem seu nome... mas é necessária para a sra. J....

– Onde se pode encontrá-la? – perguntei. – Nesta estação fria, não há nenhuma planta em flor. Teremos de procurá-la longe daqui?

– Não se preocupe com isso – respondeu a sonâmbula –, se for preciso, a conseguirão para nós.

Enquanto insistíamos em saber se a jovem virgem poderia indicar-nos onde encontrá-la, a senhora cega, que estava diante da sonâmbula, exclamou:

– Mas, meu Deus! Estou apalpando uma toda florida, acabam de deixá-la aqui, no meu avental... Olhe, Virgínia, (era o nome da sonâmbula)... olhe, é a mesma que lhe mostraram há pouco?

– Sim, senhora, é exatamente a mesma – respondeu Virgínia. – Louvemos e bendigamos a Deus por esta graça.

Examinei, então, a planta. Era um pequeno arbusto, parecido com um pé de tomilho. As flores labiadas, em espigas, exalavam um aroma delicioso. Parecia-me tomilho de Creta. De onde vinha aquela planta? Da sua terra natal, ou de alguma estufa? Não o soubemos. O que sei muito bem, porém, é que possuo uma haste dela, que a jovem virgem só me deu após ter-lhe implorado insistentemente."

Para quem pôde, pela leitura do seu livro, convencer-se da boa fé e da lealdade do dr. Billot, não é possível duvidar da sinceridade desse relato. Então, com ele, diremos: "Essa primeira observação não prova de maneira incontestável o espiritualismo? Precisa de comentários? Ela não destrói toda teoria diferente da que expomos (intervenção dos espíritos)? Estaremos errados ao dizer que é a única que pode explicar um fenômeno tão extraordinário?"

Deve-se observar que não havia possibilidade de fraude, já que a planta era desconhecida na região, e ainda mais florida, quando a estação não era propícia. Não nos esqueçamos, também, do aroma delicioso que se espalhou no aposento quando a planta apareceu. Este único detalhe bastaria para atestar a autenticidade do fenômeno. Citamos esse fato não só para confirmar a realidade da visão, mas também para provar o poder que têm os espíritos de agir sobre a matéria, através de processos que ainda desconhecemos completamente.

Deleuze não pôs em dúvida o fenômeno, pois muitas vezes lhe contaram outros semelhantes. Respondeu:

"Recebi, esta manhã, a visita de um médico muito considerado, homem inteligente, que fez várias dissertações na Academia de Ciências. Vinha para falar-me sobre magnetismo. Contei-

A Alma é Imortal 47

lhe alguns fatos que soube por seu intermédio, sem no entanto, mencionar seu nome. Respondeu-me que isso não o espantava, e citou-me muitos fatos análogos ocorridos com vários sonâmbulos. O senhor deve imaginar que fiquei bastante surpreso, e que nossa conversa foi muito interessante. Entre outros fenômenos, citou-me o dos objetos materiais que o sonâmbulo fazia surgirem diante dele, que pertence à mesma categoria do ramo de tomilho de Creta..."

Vê-se, por esse testemunho, que já no início do século passado os fenômenos de transporte eram conhecidos. Isto prova, mais uma vez, a continuidade das manifestações espíritas que constantemente acontecem, mas que o público rejeitava como diabólicas, ou considerava apócrifas e produzidas por charlatães.

Se nosso espaço não fosse limitado, descreveríamos como Billot entrava em comunicação com os espíritos por intermédio do dedo do seu paciente, então perfeitamente desperto, adotando uma espécie de tiptologia particular. Contentar-nos-emos a remeter o leitor a essa interessante correspondência, para dar a palavra a outras tesmunhas.

Relatos de Chardel

Eis alguns trechos de Chardel que nos dão, ao mesmo tempo, esclarecimentos sobre as relações dos sonâmbulos com o mundo desencarnado e sobre o estado da alma do paciente durante o sonambulismo:

"Um dia, quando a sonâmbula Lefrey ditava ao seu magntizador algumas prescrições terapêuticas, ele lhe perguntou em tom estranho:

– A senhora ouve perfeitamente quem está receitando?

– O senhor não o ouve?

– Não, não ouço, nem vejo ninguém.

– Ah, claro! – retrucou ela –. O senhor está dormindo, ao passo que eu estou acordada...

– Como a senhora delira, minha cara; afirma que estou dormindo enquanto estou de olhos perfeitamente abertos, enquanto a tenho sob a minha influência magnética, e só depende da minha vontade reconduzi-la ao estado em que há pouco se encontrava. A senhora pensa que está acordada porque está falando comigo e, até certo ponto, conserva seu livre-arbítrio. Só que não consegue abrir as pálpebras.

– O senhor está dormindo, repito; eu, ao contrário, estou quase tão completamente acordada como todos estaremos um dia. Explico-me: tudo que o senhor pode ver atualmente é grosseiro, material; o senhor só lhe distingue a forma aparente, mas as belezas reais lhe escapam; ao passo que eu, em quem as sensações corporais estão momentaneamente suspensas, em quem a alma está quase totalmente livre dos seus entraves ordinários, eu vejo o que aos seus olhos é invisível, ouço o que seus ouvidos não podem ouvir, compreendo o que para o senhor é incompreensível.

Por exemplo, quando senhor me magnetiza, não vê o que sai de si para vir a mim, mas eu vejo muito bem. A cada passe que o senhor me aplica, vejo algo que se parece com pequenas colunas de poeira de fogo que saem da ponta dos seus dedos, e vêm incorporar-se a mim, e, quando o senhor me isola, fico quase toda rodeada por uma atmosfera ardente dessa mesma poeira de fogo. Quando quero, ouço um ruído produzido ao longe, sons que partem e se espalham a cem léguas daqui; resumindo, não preciso que as coisas venham a mim, posso ir até elas, onde quer que estejam, e fazer delas uma apreciação muito mais correta do que outra pessoa, que não estivesse num estado igual ao meu, poderia fazer."

O autor de *Physiologie du Magnétisme* também conta que uma sonâmbula tinha, à noite, durante o sono natural, uma espécie de êxtase, que explicava nestes termos:

"Entro, então – dizia ela –, num estado semelhante ao que o magnetizador me provoca, e percebo meu corpo dilatando-se pouco a pouco, vejo-o muito claramente longe de mim, imóvel e frio como um morto; quanto a mim, pareço-me com um corpo luminoso e sinto-me pensando separada do corpo; nesse estado, compreendo e vejo muito mais coisas do que no sonambulismo, quando a faculdade de pensar se exerce sem que eu esteja separada dos meus órgãos; porém, passados alguns minutos, um quarto de hora no máximo, o vapor luminoso da minha alma se aproxima cada vez mais do meu corpo, perco os sentidos, e o êxtase cessa."

O autor acrescenta que, nesse grau de expansão do sistema nervoso, o homem espiritualizado, ou, se preferirem, fluidificado em todo seu ser, goza de todas as faculdades de que gozam os chamados espíritos, e é somente nesse estado que a centralização da sensibilidade nervosa fica como se rompida e totalmente difusa.

Veremos que o relato dessa sonâmbula, a respeito do vapor luminoso, que ela reveste uma vez saída do corpo, é confirmado experimentalmente pelos trabalhos do sr. Rochas sobre a exteriorização da sensibilidade.

Prossigamos.

Uma outra sonâmbula que, como esta, tinha, durante a noite, visões que em nada se pareciam com sonhos comuns, e que a deixavam numa fadiga extrema, disse certa vez ao mesmo doutor:

"Parecia-me estar suspensa no ar, sem forma material, inteiramente vapor e luz; mostrei-lhe meu corpo, de que eu havia saído, estendido na minha cama: não passava de um cadáver. Veja, disse-lhe, morreu, e estará assim dentro de trinta dias. Depois, insensivelmente, a luz que eu sentia ser eu se aproximou do cadáver, entrou nele, e recobrei os sentidos, tão cansada como depois de um longo e penoso sonho magnético."

Outros depoimentos

Para quem crê na imortalidade da alma, está claro que, se podemos nos comunicar com os espíritos, deve ser colocando-nos na posição que mais se aproxima da que teremos após a morte.

Ora, em determinados indivíduos, o sonambulismo parece eminentemente apropriado para produzir esse resultado. O espírito, momentaneamente livre, pelo menos em parte, do laço fisiológico, acha-se num estado próximo daquele que um dia se tornará permanente. Além do mais, se admitirmos que as almas desencarnadas se comunicam entre si, o que parece evidente, claro está que poderão manifestar-se aos sonâmbulos quando estiverem no sono magnético.

É o que a maioria dos magnetizadores foram obrigados a reconhecer. Apesar do seu ceticismo, o dr. Bertrand nos diz, falando de uma sonâmbula perfeitamente lúcida:

"Aquela mulher expressava-se sempre como se um ser distinto, separado dela, e cuja voz se fazia ouvir na boca do estômago, lhe revelasse todas as noções extraordinárias que ela adquiria durante o sonambulismo. Vi o mesmo fenômeno na maioria dos sonâmbulos que observei. O caso mais comum é aquele em que o sonâmbulo tem a impressão de que os acontecimentos que anuncia lhe são revelados por uma voz."

O barão du Potet, incrédulo durante muito tempo, foi, por sua vez, forçado a reconhecer a verdade. Ele nos conta como, no magnetismo, tornou a encontrar a espiritologia antiga, e através de que exemplos foi levado a acreditar no mundo dos espíritos "que o sábio, diz ele, rejeita como um dos maiores erros do passado; hoje, porém, o homem observador é levado a crer por um exame sério dos fatos."

Em outra obra, ele afirma que é possível entrar em comunicação com os espíritos desprendidos da matéria, a ponto de obter deles aquilo de que necessitamos.

Poderíamos multiplicar as citações extraídas da rica bibliografia sobre o magnetismo espiritualista, e mostrar que Champignon, Ricard, o abade Loubet, Teste, Aubin, Gauthier, Delage etc. acreditaram nas comunicações entre vivos e desencarnados. Não esqueçamos, porém, que o nosso objetivo específico é o estudo do perispírito, e por isso passamos, de imediato, a Cahagnet, pesquisador consciencioso, homem de boa fé, que foi quem melhor estudou esses fenômenos.

As experiências de Cahagnet

Até aqui, ouvimos vários magnetizadores sustentando a existência de relações com um mundo supranormal. Na maioria das vezes os pacientes vêem "seu guia" ou "anjo guardião", que quase sempre descrevem como um belo jovem vestido de branco. As visões são freqüentemente místicas: às vezes quem aparece é a Virgem; formulam-se preces para afastar os maus espíritos. Raramente o personagem descrito é um defunto.

Será que os pacientes sempre vêem personagens reais? Não cremos nisso; eles são, com muita freqüência, sugestionados

A Alma é Imortal 51

pelo experimentador e também por sua imaginação; portanto, é preciso abster-se cuidadosamente de atribuir algum crédito às suas afirmações, quando não se apoiarem em provas absolutas, como as que relatamos baseados no dr. Billot.

A visão de um espírito só tem valor positivo quando se tem certeza de que não é uma auto-sugestão do sonâmbulo, ou uma transmissão de pensamento da parte do operador. O fato que se segue, citado pelo dr. Bertrand numa de suas conferências, e reproduzido pelo Gen. Noizet, é uma prova convincente disso:

Um magnetizador, firmemente imbuído de idéias místicas, tinha um sonâmbulo que, durante o sono, via apenas anjos e espíritos de toda espécie. Aquelas visões só serviam para confirmar ainda mais o magnetizador na sua crença religiosa. Como, em apoio do seu sistema, sempre citava os sonhos do seu sonâmbulo, outro magnetizador encarregou-se de dissuadi-lo, mostrando-lhe que o sonâmbulo só tinha as visões que descrevia porque o tipo existia na sua própria cabeça. Propôs, para provar o que dizia, fazê-lo ver todos os anjos do paraíso reunidos à mesa, e comendo um peru. Então, adormeceu o sonâmbulo e, ao fim de algum tempo, perguntou-lhe se não estava vendo nada de extraordinário; este respondeu que via uma grande reunião de anjos. – E que estão fazendo? – perguntou o magnetizador. – Estão ao redor de uma mesa e estão comendo – respondeu ele. Só não conseguiu indicar a iguaria que estava diante deles.

Portanto, é preciso ser extremamente cauteloso na aceitação de relatos de sonâmbulos, uma vez que sabemos que eles são, às vezes, muito sugestionáveis, mesmo mentalmente. Duvidamos dessas descrições do paraíso e do inferno, como tantas feitas por indivíduos e místicos de todos os países e de todas as épocas.

Com Cahagnet, tudo muda. Não são mais seres angelicais que aparecem, mas espíritos que vivem entre nós. Pode-se reconhecê-los porque sua aparência é a mesma que tinham neste mundo, vestem roupas iguais às que usavam; suas recordações são nítidas e precisas, e mostram que têm discernimento, vontade, como se ainda estivessem na Terra. Não são simples imagens reproduzindo seres desaparecidos: essas aparições são individualidades que falam, se movem, vivem, e afirmam categoricamente que a morte não as atingiu. Era uma antecipação do verdadeiro espiritismo; por isso, houve uma onda de protestos quando o primeiro volume de *Les Arcanes de la Vie Future Dévoilés* (Os Arcanos da Vida Futura Revelados) foi publicado. Tudo que a ignorância, o fanatismo e a estupidez reeditaram depois contra nossa doutrina, desabou então sobre o infeliz magnetizador. Ouçamos seu desolado lamento:

"Quando publicamos o primeiro volume da obra, nosso adversário, o barão du Potet, disse-nos estas palavras, que foram proféticas: 'O senhor está tratando dessas questões com vinte anos de antecedência; o homem não está preparado para compreendê-las'.

"Ai de mim, repliquei então, por que continuar a vê-lo banhar com suas lágrimas as cinzas daqueles que considera perdidos para sempre? Qual o momento mais oportuno da existência humana para chegar e dizer a esse homem: consola-te, irmão, aquele que pensas que está separado para sempre de ti está aqui, ao teu lado, mais feliz do que era na Terra, e, pela minha voz, assegura-te que está vivo e te espera em esferas próximas, para continuar seu relacionamento contigo. Se não quiseres acreditar na minha palavra, olha, vê esse lindo rosto infantil chorando porque te vê chorar, porque lhe dizes que não voltará a ver sua querida mãe; põe tua mão na sua fronte, e, dentro de alguns minutos, verás a criança sorrindo para aquela que pensas que está morta: ela vai te contar o que é, onde está e o que faz. Não poderás duvidar um instante sequer de que esse mármore que te apavora é a porta do templo da imortalidade, onde todos viveremos eternamente, para eternamente nos amarmos.

"Disse isso ao infeliz irmão, e, longe de apertar-me a mão em sinal de gratidão, olhou-me com desprezo, exclamando: Este homem está louco!"

Mas, esse obreiro era um extraordinário lutador, que teve a honra de tornar-se o que foi: um dos pioneiros da verdade. Combateu vigorosamente seus contestadores, que foram reduzidos ao silêncio. Os dois primeiros volumes dos Arcanos contêm relatos de experiências realizadas com oito extáticos que possuíam a faculdade de ver espíritos desencarnados. O ponto culminante

A Alma é Imortal 53

foi atingido com um deles, Adèle Maginot, que obteve uma longa série de evocações. A obra registra mais de 150 depoimentos de testemunhas que afirmam ter reconhecido os espíritos descritos pela sonâmbula. Aí está um fato capital, a respeito do qual nunca seria demais chamar a atenção. Racionalmente, não se pode supor que homens pertencentes a todas as classes sociais, de indiscutível respeitabilidade, tenham emprestado seu nome para atestar falsidades. Há, pois, nessas experiências, um caminho novo, um fértil manancial a ser explorado por pesquisadores ávidos de conhecimentos sobre o além. Eis, a seguir, um exemplo que mostra como habitualmente aconteciam as coisas:

Uma evocação

"O sr. B., magnetizador e assinante dos Arcanos, deseja uma sessão de aparição; assim que Adèle está em condições, pedimos a presença do sr. Ernest Paul B., falecido irmão do sr. B., cuja mãe estava presente à sessão. Adèle diz:
– Ei-lo!
– Dê-nos uma descrição das suas características.
– Vejo-lhe os cabelos castanho-claros, a fronte bela e descoberta, olhos tendendo para o castanho-escuro, sobrancelhas bem arqueadas, nariz meio afilado, boca média; tem bigodes mais claros do que os cabelos; pele clara, pálida e delicada, queixo arredondado, constituição frágil, embora deva ter sido bem forte; a doença o debilitou; usa um terno de cor escura (oliva, creio); tem um ar triste, calmo e sofredor; deve ter sofrido do coração e do peito, e sentia cansaço nas pernas. Tinha suas mágoas, torturava-se interiormente sem nada deixar transparecer; às vezes ficava meditativo, absorto em pensamentos sombrios; amava uma pessoa, o que era causa de boa parte do seu desgosto; era muito sensível.
– Que idade lhe parece ter?
– Mais ou menos vinte e cinco anos; seu estômago foi prejudicado por excessos da juventude...
– Por quem foi recebido no céu?
– Pelo avô.
– Seu pai teve uma visão na qual viu o filho perto da avó.

– Essa visão foi verdadeira, mas a primeira pessoa que o recebeu foi seu avô paterno, que ele conheceu na Terra; o avô estendeu-lhe os braços e ele precipitou-se neles; a avó estava entre os outros, não faltava gente esperando-o... Mal teve agonia. Não acreditava no magnetismo; pede-me que diga ao senhor seu irmão que agora acredita.
– Quem velou seu corpo?
– A família.
– Onde foi enterrado?
– No Père Lachaise.
– Ficou no mesmo túmulo?
– Não; levaram-no para junto do avô, daquele que foi o primeiro a recebê-lo no céu.
– Quem eram as pessoas que acompanhavam o cortejo fúnebre mais de perto?
– Entre todas, a que melhor distinguiu foi seu irmão.
Adèle está cansada; paramos.
O sr. B. está maravilhado com a experiência; a senhora sua mãe mergulha em profunda dor; através de Adèle, o filho manda dizer-lhe que não chore, que está mais feliz do que ela; gostaria que seu tempo de prova tivesse acabado; várias vezes visitou-a durante seu sono para consolá-la; não lhe ignorando o amargor dos remorsos, não lhe fez relembrar para não aumentar-lhe a dor. Apareceu do mesmo modo ao irmão, e voltará a aparecer-lhe; agradece-lhe por tê-lo sepultado.
O sr. B. acha que não há uma só sílaba a ser eliminada dessa quantidade de detalhes; a senhora sua mãe tem uma única dúvida: é quanto à cor dos olhos; não consegue se lembrar do tom exato. Deus permitiu que nossa fé se fortalecesse ainda mais. O sr. B., desejando omitir seu nome por razões familiares, assinou a cópia da ata desta sessão para, futuramente, garantir-me contra as insinuações que alguns homens, esquecidos e ardilosos, poderiam levantar sobre a realidade do que ouviram e reconheceram como verdadeiro.
Um dia após a sessão, o sr. B. veio à minha casa para dizer que, depois da aparição, solicitara uma reunião de família para confirmar a cor exata dos olhos do irmão; na sua totalidade, as lembranças coincidiram com a cor descrita por Adèle. Essa

A Alma é Imortal 55

particularidade me deixou muito satisfeito, porque, quando o sr. B. dissera a Adèle:

– A senhora está enganada; minha mãe acha que os olhos são azuis. A senhora continua a vê-los castanhos?

Adèle respondeu-lhe:

– Seria muito fácil para mim dizer o que sua mãe diz, porque ela acha que são assim, e isso daria mais credibilidade a tudo que lhes falei; mas estaria mentindo se não dissesse o que vejo; para mim, são castanhos.

Foi depois dessa afirmação que ele convocou a reunião de família, e achou-se no dever de informar-me o resultado."

A cada passo encontramos nesses volumes provas semelhantes. Mas, imaginar que esses relatos tenham o dom de estabelecer uma convicção, seria conhecer muito mal nossa época. A boa fé de Cahagnet jamais foi contestada, seus contemporâneos reconheceram-no como um homem honesto, incapaz de adulterar a verdade; mas sustentavam que todos esses fenômenos podiam ser explicados por uma transmissão de pensamento, que ocorreria entre o consultado e o consulente.

Se refletirmos acerca das circunstâncias que acompanharam a aparição, poderemos perceber a insignificância dessa objeção neste caso. A aparição fala, e, através de Adèle, manda dizer à mãe que não se martirize. Se fosse uma mera imagem, não falaria. E por que estaria ela associada à do avô paterno, quando, segundo pensam a mãe e o irmão, quem diz tê-lo recebido no céu é a avó?

Aliás, para responder a essa objeção, que foi a arma predileta dos incrédulos, o autor narra algumas aparições, às quais essa explicação é ainda menos aplicável.

Entre tantas outras, eis aqui uma:

"O sr. abade Almignana, já citado, parecendo não estar convencido com os detalhes que tinham sido fornecidos por Adèle sobre a aparição do senhor seu irmão, que havia solicitado na segunda sessão, veio comunicar-me suas dúvidas a respeito. Naquele momento, Adèle estava em estado de insensibilidade; ele me propôs evocar a irmã da sua criada, chamada Antoinette Carré, falecida há alguns anos. Assim o fiz. Adèle disse:

– Vejo uma mulher de porte médio, cabelos castanho-claros,

com mais ou menos 45 anos, não é bonita, olhinhos acinzentados, nariz grosso, meio largo na ponta, tez amorenada, boca sem graça; não tem os dentes da frente, os poucos que lhe restam são caquinhos escuros; veste um traje caseiro, como se diz no campo: blusa marrom, saia listrada, meio curta; avental de campanha envolvendo-lhe o corpo; tem um lenço quadriculado no pescoço; as mãos revelam trabalhos árduos: ela trabalhava nos campos; tinha um irmão que morreu depois dela, mas não está no mesmo plano que ela, porque, sem ser um mau sujeito, não era muito ajuizado. Esta mulher me dá a impressão de ter sido muito boa.

O sr. Almignana levou esses detalhes por escrito, e respondeu-me por escrito, também; extraio as seguintes passagens: 'Após ter lido quatro vezes para Marie-Françoise Rosalie Carré a descrição acima, ela declarou que era tão exata que não podia deixar de reconhecer sua própria irmã, Antoinette Carré, na pessoa que apareceu para a sonâmbula; quanto ao irmão, declarou que tinha falecido depois da irmã, como Adèle disse. Ela acrescenta uma circunstância que não deixa de chamar a atenção: diz ter sonhado, na noite de 30 para 31 de janeiro (véspera da sessão), que estava junto aos túmulos da sua irmã e do seu irmão, mas sua atenção estava mais voltada para o túmulo da irmã (nunca tinha sonhado com ela desde que morrera). Assinado: Almignana.'

Quanto a mim, quero deixar claro que tanto o abade Almignana, como sua criada, não sabiam, no dia da sessão, que evocaríamos aquela mulher. Foi de improviso que lhe perguntei:

– O senhor conhece alguém falecido cuja aparição poderia convencê-lo?

Ele respondeu:

– Chame a irmã da minha criada; assim não haverá qualquer influência, nem transmissão de pensamento, pois ela não está aqui e nada sabe sobre o que vai acontecer.

Como acabamos de ver, o resultado foi perfeito; a criada, para melhor provar ao patrão que era verdade o que ele tinha ouvido, disse que ela mesma havia dado à irmã o lenço descrito. A aparição de Antoinette Carré deve acabar com a maldosa objeção da transmissão de pensamento, ou, então, somos todos

A Alma é Imortal 57

loucos querendo provar a asnos a existência de uma alma."
Um último detalhe relativo a essa aparição:
"Alguns dias após a sessão, o sr. Almignana veio à minha casa e contou-me que, na véspera, sua criada encontrara um homem da sua região, ao qual tinha lido a descrição da sua irmã, que tinha nas mãos, perguntando-lhe se conhecia aquela pessoa. O homem respondeu-lhe:
– Mas, o retrato que a senhora está me fazendo é o da sua irmã que morreu; não há engano possível.
A criada fê-lo notar que a descrição mencionava uma verruga no rosto, que ela nunca vira. O homem respondeu-lhe:
– A senhora está enganada, ela tinha uma aqui – e mostrou-lhe onde.
A mulher então se lembrou, e ficou mais do que convencida, assim como o sr. Almignana, que desejava uma exatidão perfeita, que não desse margem a qualquer dúvida.
Foi preciso que uma terceira pessoa viesse para estabelecer a autenticidade desse detalhe particular que, sendo assim, não podia encontrar-se no pensamento de qualquer um de nós. (Havia esquecido de mencioná-lo na descrição acima apresentada.)."
São fatos dessa natureza que firmam a convicção. Reportando-se aos Arcanos, o leitor encontrará muitos deles. São relatos que constituem documentos preciosos, por terem assinaturas autenticadas; eles nos mostram que o espírito conserva, ou pode retomar no espaço, a forma que tinha na Terra, podendo reproduzi-la com extraordinária fidelidade, de modo a ser reconhecido até por estranhos. Esses seres, que aparecem ao vidente, afirmam sua personalidade por uma linguagem idêntica à que empregavam aqui na Terra e pela revelação de detalhes, de acontecimentos da sua vida passada, que só eles poderiam conhecer.

Mais um ponto deve chamar-nos a atenção. Se podemos compreender que a alma humana é imortal, já que difere do corpo, já que é uma unidade que não se decompõe, não compreendemos bem como ela pode aparecer revestida de roupa. Onde consegue essa roupa? Evidentemente, a roupa não é imortal. Estudaremos mais a fundo esta questão, e esperamos elucidá-la perfeitamente. Vejamos como Cahagnet responde a isso: "Na apreciação do primeiro volume dessa obra, o sr. du Potet ridiculariza o que dizemos a respeito das vestes usadas pelos espíritos que são evocados por nós em nossas sessões de aparições, perguntando: – Estais vendo aquele espírito com uniforme da guarda nacional? Outro indivíduo, cuja opinião era idêntica, chegou a negar-nos a possibilidade de conversar com os espíritos no dialeto que falamos: também não quis admitir que usassem roupas terrestres.

O *Jornal do Magnetismo*, em seu número 162, contém um relato muito curioso sobre as manifestações espirituais que acontecem atualmente na América, através das quais os espíritos travam relações com os homens, conversam com eles e, por meio de toques, de transportes de móveis e de ruídos que todos os espectadores ouvem, tornam sua presença perceptível.

O autor desse artigo, seguindo os processos habituais do sr. du Potet, parece não admitir que os espíritos se cubram com as vestes que os espectadores dizem ver.

Perguntaremos a esses escritores se prefeririam que os espíritos se mostrassem a nós em trajes de Adão.

Perguntaríamos, também, que lhes provaria que são seres pensantes, se não falassem? Que lhes provaria que não passam de meras imagens de falecidos, estampadas na memória do evocador, se não respondessem às suas perguntas, no dialeto que falamos, naturalmente, para serem compreendidos por nós?

Se não possuíssem uma linguagem tanto representativa como terrestre, diriam que não se pode interrogá-los.

Se nos respondessem numa linguagem musical, aromal ou sensitiva, diriam que são lingüistas orgulhosos, que não querem macular sua língua com frases e sons de que se utilizavam na Terra.

Se se vestem como se vestiam na Terra, acham-nos esquisitos, fora de moda.

Se estão mais elegantemente vestidos, acham-nos excessivamente apegados ao ideal das Mil e uma Noites.

Se estão nus, dizem que são despudorados, e querem saber como se vestiam na Terra.

Então, com que querem cobri-los? Pois o tecido, por mais

espiritualizado que seja, será sempre um tecido, e exige um tecelão."

A verdade é que, espontaneamente ou não, o espírito cria suas vestes fluídicas, como mais adiante veremos.

Em resumo, a idéia de um corpo espiritual da alma livrou-se de uma parte da sua obscuridade. A partir de agora, pelo sonambulismo, dispomos de um meio de ver os espíritos e confirmar que se mostram com uma forma corporal que reproduz fielmente o corpo físico que possuíam na Terra. Isso deixou de ser uma hipótese; é um fato que resulta da observação experimental. Deve-se ler os numerosos testemunhos que se encontram no final do segundo volume para persuadir-se de que os trabalhos de Cahagnet não são isolados. Foram retomados e verificados por vários magnetizadores, que afirmaram ter obtido os mesmos resultados. Isso para nós é ponto pacífico, e é fácil repetirmos esses fenômenos, bastando para tanto que nos coloquemos nas condições indicadas pelo autor.

Veremos agora, pelas experiências feitas em companhia de médiuns, como também pelas aparições espontâneas, que a lei segundo a qual a alma se mostra, após a morte, com aparência idêntica à que possuía quando viveu, é uma lei geral.

Notas

1. Pezzani, *La Pluralité des Existences de l'Âme*. Ver os numerosos escritores modernos que afirmam sua crença no perispírito: Dupont de Nemours, Pierre Leroux, Ballanche, Fourier, Jean Reynaud, Esquiros, Flammarion etc.
2. Todos ouviram falar das aparições públicas de Castor e Pólux, do fantasma de Brutus, da casa assombrada de Alexandria, de que nos fala Plínio etc.
3. Steki, *Le Spiritisme dans la Bible*.
4. Ver a tradução francesa da obra do dr. Kerner.
5. Correspondência a respeito do magnetismo vital etc., por G. Billot, doutor em Medicina, Paris, 1839.
6. Billot, *Correspondance*, t. I, pág. 37.
7. *Correspondance*, t. I, pág. 93.
8. *Correspondance*, t. I, nota H, pág. 305.
9. *Correspondance*, t. II, págs. 18 e 137.
10. Chardel, *Physiologie du Magnetisme*, págs. 85, 87 e 328.
11. Não se dirá, aqui, que a sonâmbula estivesse sugestionada por seu magnetizador, já que este ignorava a existência dos eflúvios. Consultar Rochas, *Extériorisation de la Sensibilité*. Ver a experiências que estabelecem a objetividade desse fenômeno, num paciente cuja visão era controlada pelo estudo espectroscópico da refração e da polarização dos eflúvios saídos dos dedos do magnetizador. Os comprimentos de ondas indicados pelo vidente eram correspondentes ao vermelho e ao violeta, cores vistas como se realmente emanassem do magnetizador.
12. Bertrand, *Traité du Somnambulisme*, caps. 3 e 5.
13. Du Potet, *Journal du Magnétisme*, 1852, primeira semana.
14. Du Potet, *La Magie Dévoilée*.
15. Gen. Noizet, *Mémoires*, pág. 128. Citado por Ochorowicz, pág. 279.
16. Cahagnet, *Les Arcanes de la Vie Future Dévoilés*, t. III, págs. 80-81.
17. Antes da conversão.
18. Cahagnet, *Les Arcanes...* t. II, pág. 94 e segs.
19. A palavra céu, aqui, significa erraticidade, ou seja, o espaço que rodeia a Terra.
20. Cahagnet, *Arcanes V*, pág. 98.
21. Cahagnet, *Arcanes*, t. III, pág. 75 e segs.

Capítulo III
Testemunhos de médiuns e espíritos em favor da existência do perispírito

Constatamos que alguns sonâmbulos, mergulhados no sonho magnético, podem ver os espíritos e descrevê-los fielmente. Mas esta é uma faculdade pertencente também a pessoas não adormecidas, às quais se deu o nome de médiuns videntes. Para bem compreender o que acontece então, não se deve esquecer que, na vida normal, não é o olho que vê, como também não é a orelha que ouve. O olho é um instrumento destinado a receber as imagens trazidas pela luz, mas seu papel se limita a isso; por si só, ele é incapaz de fazer-nos distinguir os objetos. É fácil fornecer uma prova disso. Se o nervo óptico for cortado ou paralisado, o mundo exterior continua a refletir-se na retina, mas o indivíduo não o enxerga mais; ficou cego, embora seu órgão visual esteja intacto. Portanto, a visão é uma faculdade do espírito; pode exercer-se sem a colaboração do corpo, uma vez que os sonâmbulos, naturais ou artificiais, vêem à distância e de olhos fechados.[1] É quando esses fenômenos se produzem que é possível constatar a existência de um novo sentido, que se pode chamar de sentido espiritual.

O sonambulismo e a mediunidade são diferentes graus da atividade desse sentido; apresentam, como se sabe, incontáveis nuances, e constituem aptidões especiais. Allan Kardec evidenciou muito bem este fato.[2] Ele observa que, excetuando-se essas duas faculdades, mais conhecidas por serem mais aparentes, seria um erro pensar que o sentido espiritual exista apenas excepcionalmente. Como os outros sentidos, ele é mais, ou menos desenvolvido, mais, ou menos sutil, conforme os indivíduos; mas todos o possuem, e não é o menos importante, pela natureza muito especial das percepções de que é a causa. Longe de ser a regra, sua atrofia é exceção, e pode ser considerada uma enfermidade, assim como a ausência da visão ou da audição.

É por este sentido que percebemos os eflúvios fluídicos[3] dos espíritos; que, sem percebê-lo, nos inspiramos com seus pensamentos; que temos o pressentimento ou a intuição de coisas futuras ou ausentes; que se exercem a fascinação, a ação magnética inconsciente e involuntária, a clareza de idéias etc. Essas percepções pertencem ao homem, da mesma forma que as da visão, do tato, da audição, do paladar e do olfato são fenômenos comuns, a que, por habito, ele mal presta atenção, e de que até hoje não se deu conta, devido ao seu desconhecimento das leis do princípio espiritual, da negação, até, por muitos sábios, da existência desse princípio. Mas quem quer que volte sua atenção para os fenômenos que acabamos de citar, e para tantos outros da mesma natureza, verá como são freqüentes, e, além disso, completamente independentes das sensações percebidas pelos órgãos do corpo.

A visão espiritual, ou dupla visão

A visão espiritual, comumente chamada dupla visão, ou vidência, lucidez, clarividência, telestesia, e, atualmente, criptestesia, é um fenômeno menos raro do que geralmente se pensa; muitas pessoas têm essa faculdade sem suspeitá-lo; apenas é mais ou menos desenvolvida, e é fácil verificar que é alheia aos órgãos da visão, uma vez que se exerce sem a participação dos olhos, durante o sonambulismo natural, ou provocado. Em determinadas pessoas ela existe no mais perfeito estado normal, sem o menor indício aparente de sono ou estado extático. Quanto a isso, eis aqui um testemunho de Allan Kardec:[4]

"Conhecemos, em Paris, uma senhora cuja visão espiritual é permanente, e tão natural quanto a visão comum; sem esforço e sem concentração, ela vê o caráter, os hábitos, os antecedentes de quem quer que dela se aproxime; descreve doenças e prescreve tratamentos eficazes com mais facilidade do que muitos sonâmbulos comuns; basta que se pense numa pessoa ausente para que ela a veja e diga como se chama. Estávamos um dia na casa dela, quando vimos passar na rua uma pessoa com quem nos relacionamos e que ela nunca tinha visto. Sem ser provocada por qualquer pergunta, descreveu-lhe o perfil moral com exatidão e nos deu sábios conselhos a seu respeito.

No entanto, essa senhora não é sonâmbula; fala sobre o que vê, como falaria de outra coisa qualquer, sem desviar-se das suas ocupações. Seria médium? Nem ela sabe, pois até bem pouco nem tinha ouvido falar em espiritismo."

Ao testemunho do Mestre, podemos juntar o nosso. Há vinte anos mais ou menos, estivemos em contato com uma tal sra. Bardeau, que gozava dessa faculdade. Ela conseguiu descrever exatamente pessoas residentes na província, bem longe do Midi, que nunca vira, e dar detalhes circunstanciados a respeito delas. Fez algumas predições que se realizaram. No entanto, estava em estado normal, de olhos abertos, e continuava a falar sobre outros assuntos, interrompendo-se de quando em quando para acrescentar alguns pormenores que completavam a fisionomia ou o caráter das pessoas ausentes.

Atualmente, conhecemos também uma parteira, a sra. Renardat, que pode ver à distância. Tivemos uma prova incontestável disso, porque ela descreveu fielmente um de nossos tios, que morava em Gray, indicou sua doença, que os médicos desconheciam, e predisse sua morte, sem jamais tê-lo visto. Essa senhora vê os espíritos como vê os vivos. Pelas afirmações de nossos amigos, muitas vezes pudemos convencer-nos de que ela estava em contato com almas que tinham deixado a Terra, pois os retratos que delas fazia eram muito parecidos e sua linguagem lembrava a que tinham durante sua vida terrestre.

Há quinze anos temos tido numerosas ocasiões de estudar a mediunidade. Ela não se apresenta sempre com esse cunho de constância que observamos nos relatos precedentes; na maioria das vezes ela é fugidia, momentânea, mas, seja como for, permite que nos certifiquemos de que a crença na imortalidade não é uma vã ilusão do nosso espírito desconfiado, mas uma realidade grandiosa, consoladora e sobejamente demonstrada. Aliás, citaremos algumas experiências que estabelecem que a visão dos espíritos é objetiva, pois sua explicação coincide com fenômenos físicos que são evidentes e que todos podem verificar. Quando uma mesa se move e um médium vidente descreve o espírito que está atuando; quando esse médium chega a anunciar o que vai ser ditado por intermédio do móvel, é uma insensatez imaginar que ele não enxergue realmente, uma vez que sua predição se realiza e o espírito, por sua ação sobre a matéria, dá provas da sua presença.

Se nos dispusermos a refletir que investigações espíritas prosseguem no mundo todo há cinqüenta anos; que ocorrem nos mais diferentes meios; que foram fiscalizadas milhões de vezes por investigadores pertencentes às classes mais instruídas e, conseqüentemente, menos crédulas, da sociedade, será preciso admitir que é absurdo supor que esses fenômenos não sejam produzidos pelos espíritos. Portanto, foi mediante incessantes comunicações com o mundo do além, por ininterruptos contatos com os habitantes do espaço, que acabamos por adquirir conhecimentos seguros quanto às condições da vida no alémtúmulo.

Lembremo-nos de que existem mais de duzentos jornais publicados em todas as línguas faladas no globo, que os trabalhos de cada um prosseguem isoladamente, e que, apesar da prodigiosa diversidade das fontes de informações, o ensinamento geral, em suas partes fundamentais, é o mesmo. Deve-se concluir que semelhante conformidade foi bem capaz de assentar a convicção que se produziu em cada um dos investigadores, após terem estudado por conta própria.

Portanto, divulguemos sem cessar os resultados obtidos, não deixemos de mostrar ao público os documentos que possuímos e, talvez lenta, mas seguramente, consigamos fazer penetrar nas massas os conhecimentos indispensáveis ao seu progresso e à sua felicidade.

O invólucro da alma foi objeto de perseverantes estudos por parte de Allan Kardec. Ele próprio confessa que, antes de conhecer o espiritismo, jamais tivera preocupações especiais sobre o assunto. Foram suas conversas com os espíritos que o levaram a tomar conhecimento do corpo fluídico, permitindo-lhe compreender seu papel e sua utilidade. Convidamos os que queiram assistir ao início dessa descoberta a ler a *Revista Espírita*, de 1858 a 1869. Verão como, pouco a pouco, esse ensinamento foi compilado, de modo a fornecer uma teoria racional que explicasse todos os fatos com uma lógica irrepreensível.

Não podendo estender-nos demasiadamente sobre este ponto, limitamo-nos a citar uma evocação que poderá servir de modelo a todos os investigadores desejosos de verificar por si mesmos esses ensinamentos.

Evocação do dr. Glas[5]

As perguntas são feitas por Allan Kardec, as respostas são dadas por um médium escrevente.

– O senhor faz alguma distinção entre o seu espírito e o seu periespírito, e que diferença estabelece entre essas duas coisas?

– Penso, logo existo e tenho uma alma, como disse um filósofo: não sei mais do que ele sobre este ponto.

– Acha que a faculdade de pensar reside no periespírito; em suma, que a alma e o periespírito sejam uma única e mesma coisa?

– É absolutamente como se me perguntasse se o pensamento reside no nosso corpo; um, vê-se, o outro, sente-se e concebe-se.

– Assim, o senhor não é um ser vago e indefinido, mas um ser limitado e circunscrito?

– Limitado, sim, mas rápido como o pensamento.

– Pode, por favor, precisar o ponto onde se encontra?

– À sua esquerda e à direita do médium.

Nota: O sr. Allan Kardec está no lugar indicado pelo espírito.

– O senhor foi obrigado a deixar seu lugar para ceder-mo?

– Absolutamente; nós passamos através de tudo, como tudo passa através de nós, é o corpo espiritual.

– Então, estou dentro do senhor?

– Sim.

– Mas, por que não o sinto?

– Porque os fluidos que compõem o perispírito são demasiado etéreos; para vós, não são suficientemente materiais; mas, pela prece, pela vontade, pela fé, enfim, os fluidos podem tornar-se mais ponderáveis, mais materiais, chegando a impressionar o tato, o que acontece nas manifestações físicas.

Observação: Imaginemos um raio luminoso penetrando num lugar escuro; pode-se atravessá-lo, imergir nele, sem alterar-lhe a forma ou a natureza; embora esse raio seja uma espécie de matéria, esta é tão rarefeita que não constitui qualquer obstáculo à passagem da matéria mais compacta.

Evidentemente, a melhor maneira de saber se os espíritos têm um corpo, era perguntar-lhes. Ora, desde que se evoca, jamais se constatou que os desencarnados tenham dado uma resposta negativa. Todos afirmam que invólucro perispiritual tem para eles a mesma realidade que nosso corpo físico tem para nós. Este é, portanto, um ponto firmado pelo testemunho unânime de todos os espíritos interrogados. Isto explica e confirma as visões dos sonâmbulos e dos médiuns. Chegamos a uma ordem de testemunhos que, de repente, afastam o perispírito das concepções puramente filosóficas para dar-lhe uma existência positiva.

Um avarento no espaço

Desde a origem das manifestações espíritas, organizaram-se grupos de estudos em quase todas as cidades da França. Entregavam-se a repetidas pesquisas, e os resultados obtidos eram geralmente consignados em atas, cujo resumo era enviado à imprensa.

Nossa doutrina, portanto, não foi inventada; foi lentamente, e graças a esses documentos, que se constituiu.

Em Angoulême, todos conheciam um homem de uma avareza sórdida, apesar da sua fortuna, que sabiam ser considerável. Esse homem, chamado L., morando no celeiro da sua casa, que estava desabitada, e não sendo visto por vários dias pelos vizinhos, foi encontrado pela polícia, que mandou arrombar a porta para ver o que acontecera. Acharam-no num estado beirando a morte. Com um boné de papel meio queimado na cabeça, apoiado numa mesa empoeirada, parecia estar admirando algumas moedas de ouro em cima dela. A justiça, no interesse desse homem, que há muito se afastara da família, mandou recolher todo o dinheiro que estava escondido aqui e ali na casa e depositá-lo no arquivo do tribunal, depois levou o pobre abandonado para o hospício, onde morreu pouco depois.

Alguns dias depois da sua morte, foi feita uma primeira evocação; ele veio e declarou que não estava morto, mas queria o dinheiro que lhe tinham tomado. Passaram-se vários meses, e, a 25 de setembro de 1863, foi feita nova evocação, no mesmo grupo, com a colaboração de um médium escrevente e de um médium vidente em estado de sonambulismo. Este último, que não o conhecera quando vivia, descreveu a fisionomia e a traje do evocado, conversou com ele, ou transmitiu-lhe as perguntas feitas por seu intermédio. Por sua vez, e ao mesmo tempo, o médium escrevente obtinha, sob o impulso do espírito, a comunicação que se segue, posta lado a lado com a proveniente da sonâmbula, para facilitar a compreensão da simultaneidade.

Evocação

Médium escrevente: sr. Guimberteau
– Que mais querem de mim? Peço que me deixem ir; isto começa a me aborrecer. Fariam melhor devolvendo-me o dinheiro que me foi roubado. Acham que não é abominável; eu, que trabalhei toda minha vida para juntar um peculiozinho honesto... Pois bem, senhores, me tiraram tudo, me arruinaram, estou na rua, estou na miséria. Não sei onde descansar a cabeça. Oh! Façam o favor de mandar devolver-me tudo. Eu lhes ficarei grato se conseguirem.

Médium vidente: sra. B.
– Vejo um velho escrevendo aqui. É muito feio, como é feio! Não tem um dente sequer. Tem lábios enormes, pendentes. Usa um boné de algodão sujo, uma bata branca, suja também. É horrível, meu Deus!

O evocador diz ao espírito que nada deve ter-lhe faltado desde que deixou a Terra.

– O senhor diz que nada me faltou; que atrevimento. E meu dinheiro, **não é nada**?
– Onde estás?
– Pode ver, estou ao seu lado.
– Mas, por que continuar procurando teu tesouro terrestre? Deverias, antes, pensar em conquistar um tesouro no céu.
– Oh! Enquanto isso o senhor deveria dizer-me onde está o que preciso encontrar. O senhor é um mau farsante, ouviu?
– Então não conheces Deus?
– Não tenho essa honra. Quero meu dinheiro.
– Foste forçado a vir?
– Pode crer que sim, e se não me forçassem a ficar aqui, exposto aos seus interrogatórios, há muito teria ido embora.
– Então, ficas aborrecido conosco?
– Muito. (O lápis bate com tal ímpeto e tal violência na mesa, que se parte.)
– É ele que faz o sr. Guimberteau escrever?
– Sim, está ao lado dele, parece ofendido. É um velho tigre!
– Está sendo forçado a vir?
– Alguém o está empurrando.
– Por que não se vai, já que fica enfastiado entre nós?
– O senhor o chamou. Isso pode servir para conhecer sua situação.

No prosseguimento da sessão, o médium adormecido descreve outros espíritos; depois vê um padre que vem manifestar-se. Ao mesmo tempo, o médium escrevente recebia uma comunicação do abade C., que algumas pessoas conheciam. O abade mandou escrever: "Vejamos, farei com que escreva algumas linhas calmamente, para que seu médium vidente tenha tempo suficiente para examinar-me em todos os sentidos. É importante que todos me reconheçam graças a detalhes fornecidos sobre a minha pessoa. Isto fará com que acrediteis que os espíritos que evocais realmente atendem ao vosso chamado".

Aqui, vemos, a ação do desencarnado é evidente; ele se empenha, esforça-se para estabelecer claramente sua personalidade. Sua tentativa é coroada de êxito; os assistentes reconhecem um clérigo da cidade, recentemente falecido, e a sra. B. responde a alguém que a interroga:

– Sim, vi esse homem antes, é um pároco; é gordo, corado; não sei seu nome; tem cabelos ralos e brancos.

A visão sonambúlica confirma a autenticidade do agente que faz o médium escrever, e demonstra o pouco mérito da teoria que sustenta que as comunicações sempre emanam do inconsciente do escrevente.

A história que se segue permite constatar que o médium vidente é totalmente incapaz de enganar, e que, se a verdade sai da boca da inocência, aqui se aplica este provérbio.

Visão de uma criança

O relatório a seguir foi feito a 20 de outubro de 1863, na Sociedade de Estudos Espíritas de Turim, pelo prof. Morgari.[7]

O autor conta que, achando-se no mês de outubro em Fossano, foi apresentado ao prof. P., homem muito culto, profundamente amargurado com a morte da sua jovem esposa, que o deixara viúvo com três crianças pequenas. Tentando amenizar-lhe a dor, o sr. Morgari falou-lhe do espiritismo: *Il miser suole dar facile credenza quel che vuole.*[8]

Ficou decidido, então, que se tentaria conseguir uma comunicação da cara falecida. O sr. Morgari, com dois colegas de estudos, pôs-se à mesa na companhia do prof. P. e de sua irmã. Obtiveram o nome de um de seus parentes, um certo Agostinho. Após o que, veio outro espírito, o de seu pai, Luís, que além do nome, disse a idade exata que tinha ao morrer. É escusado observar que eram nomes que o sr. Morgari, recém-chegado a Fossano, desconhecia.

Agora, passamos a palavra ao autor do relato:

"Se a experiência tivesse parado por aí, não vos falaria dela, já que é uma coisa comum entre nós; mas, aqui começa o extraordinário.

O espírito da falecida esposa, que acaba de dirigir comoventes palavras ao marido, manifesta o desejo de ver os filhos, que estão dormindo em quartos próximos, e, de repente, a mesa se move com uma rapidez que nunca vi igual, sai deslizando e girando tão vivamente, que a custo dois ou três de nós, tocando-a com a ponta dos dedos de quando em quando, conseguimos segui-la. Entra a seguir no quarto ao lado, onde a filha de três anos dorme profundamente no seu berço; aproximando-se do berço, como se fosse dotada de vida e sentimento, a mesa se levanta e se inclina, ficando suspensa sobre a criança que, sempre dormindo, estende as mãozinhas para ela e exclama com a tranqüila surpresa que tanto nos encanta nas crianças: – Mamãe! Oh, mamãe! O pai e a tia, emocionados até às lágrimas, perguntam-lhe se está mesmo vendo a mãe. – Sim, estou vendo. Como ela é bonita! Oh, como é bonita! E quando lhe perguntam onde a vê, responde: – Numa grande claridade; vejo-a no Paraíso. Nesse momento, vimos a criança fazer um círculo com os dois braços, como se quisesse envolver o pescoço da mãe, e, coisa surpreendente, entre os braços e o corpo da criança havia exatamente o espaço necessário para receber a cabeça da mãe. Enquanto isso, a menina movia delicadamente os lábios, como se quisesse beijar, até que finalmente a mesa voltou ao chão e aquele anjinho ficou de mãos postas, com um sorriso encantador.

Eis a verdade pura, simples e fiel, que atesto, tanto em meu nome como no de meus colegas, que estão prontos, caso necessário, a confirmar com suas assinaturas este relato, como eu mesmo o faço."

Esse testemunho, de uma criança de três anos reconhecendo a mãe, não poderia ser posto em dúvida, mesmo pelos mais cépticos.

Também não se poderia ver aí qualquer sugestão, uma vez que a criança estava dormindo e o pai e a tia estavam tomando contato com o espiritismo pela primeira vez. É realmente uma confirmação da crença de que a mãe sobrevivera no espaço e continuava a prodigalizar seu amor ao marido e aos filhos.

Eis outros exemplos que apóiam o que acabamos de citar.

Experiências do prof. Rossi-Pagnoni e do dr. Moroni

Foi publicada, em 1889, uma obra muito séria[9] relatando as experiências espíritas desses senhores, levadas a efeito em Pezaro (Itália), envolvendo uma preocupação muito grande com a observação científica.

O dr. Moroni servia-se de uma mulher chamada Isabela

Cazetti, excelente agente hipnótico, para controlar os espíritos que iam manifestar-se pela mesa. Em várias ocasiões, foi-lhe possível constatar que as indicações fornecidas pela sonâmbula eram contrárias à convicção dos assistentes; ela descrevia um espírito que, absolutamente, não era o que fora evocado, e a mesa soletrava um nome bem diferente do verdadeiro nome do espírito que fora chamado. Eis um exemplo disso:

"Dois amigos meus sentaram-se à mesa tiptológica, colocada a alguns metros da hipnotizada, para evocar o espírito de uma amiga deles chamada Lívia, evocação que já fora obtida pelo mesmo meio. Enquanto isso, a hipnotizada fazia sinais peculiares à sua faculdade, assim que via um espírito.

Moroni, eu e os outros assistentes estávamos afastados. Moroni perguntou-lhe o que estava vendo; ela respondeu:

– Uma senhora, parenta da menor das pessoas sentadas à mesa.

Temíamos que estivesse enganada, porque, sabíamos, eles estavam evocando uma amiga e não uma parenta; de repente a mesa bateu: "Sou tua tia Lúcia, estou aqui porque te amo".

Realmente, o assistente de menor estatura tinha, entre seus mortos, uma tia com esse nome, em quem não estava pensando e que o outro assistente desconhecia. A seguir, o médium murmurou ao ouvido de Moroni que um rapaz, cujo nome começava por R, estava à mesa; com efeito, a mesa bateu R, a primeira letra do nome do jovem amigo, que nos cumprimentou. Depois, ouvimos um barulho forte na biblioteca, e o médium, sorrindo, disse-nos que aquele espírito quisera avisar-nos da sua partida.

Chamamos a atenção do leitor para essas experiências em especial, porque elas provam claramente que são mesmo os espíritos que se manifestam, e não entidades vagas. Não se pode admitir aqui nenhuma das pretensas explicações que têm por base a transmissão do pensamento do evocador ao médium – uma vez que este anuncia com antecedência um nome de que os assistentes não cogitam – nem um ser híbrido, formado pelo pensamento de todos os assistentes, e muito menos, aliás, se deve ver nisso elementais, elementares e influências demoníacas.

É a alma dos mortos que atesta sua sobrevivência através de ações mecânicas sobre a matéria. Sua forma não é uma for-

Gabriel Delanne

ma qualquer, ela reproduz a do corpo terrestre durante a encarnação. A inteligência continua lúcida e viva, revela-se com toda sua atividade após a morte. Estamos diante do mesmo ser que outrora vivia aqui na Terra; ele só mudou de estado físico, mas, da sua personalidade passada, nada se perdeu.

Como não seria demais insistir nesses fatos, narraremos mais alguns. Eis o relato de uma outra sessão:

Dois amigos nossos sentaram-se à mesa de tiptologia, evocando Lúcia. A primeira letra fê-los pensar que teriam êxito, mas o médium murmurou ao ouvido de Moroni (que anotou num pedaço de papel, dobrou-o e, sem nada dizer, colocou-o sobre uma mesa) que, em vez de Lúcia, era o espírito de Lívia que estava batendo a palavra *obrigada*; tudo aconteceu como havia anunciado, e a mesma palavra, realmente, estava escrita no pedaço de papel.

O médium convidou Moroni a tomar o lugar de um dos homens que estavam à mesa; ele obedeceu, e uma outra pessoa se colocou ao lado do médium, perguntando-lhe o que estava vendo. Este respondeu-lhe, de modo a não ser ouvido pelos outros: "É a irmã do doutor". Realmente, a mesa bateu Assunta, nome de uma falecida irmã, que lhe pediu que continuasse na mesa. O médium sussurrou ao ouvido do amigo que estava ao seu lado que o pai de Moroni queria comunicar-se; a mesa bateu estas palavras: "Sou teu pai e posso dizer que é um momento feliz este em que estou contigo".

Eis um outro relato, em que a evidência não é menor do que nos últimos casos citados:

Fizemos o sr. L. levantar e o convidamos a tentar escrever numa outra mesa, porque um espírito queria comunicar-se por seu intermédio, e ficamos em torno dele para ajudá-lo naquela primeira experiência. Dois dos presentes se aproximaram do médium e lhe perguntaram quantos espíritos via ao redor de nós naquele momento. Respondeu que via três: o primeiro, já indicado, e duas mulheres. Uma era tia do interrogador que, tendo consigo uma fotografia dela, misturou-a com vários outros retratos de mulheres que conseguimos reunir; o maço foi posto nas mãos do médium que, sem olhar para as fotografias, nem podendo fazê-lo devido à penumbra que reinava naquele

A Alma é Imortal 73

canto da sala, e nem podendo estar, como dissemos, sugestionado pelo interrogador, já que não as via e não sabia em que ordem o acaso as havia disposto, o médium, como ia dizendo, descartou uma a uma as fotografias estranhas e entregou-lhe a da sua parenta. O médium deu ao sr. L. detalhes particulares sobre assuntos familiares. O referido senhor, que era estrangeiro, residia há pouco na cidade; seu pai falecera há uns vinte anos."

Para encerrar as breves citações sobre esse importante trabalho, eis como o dr. Moroni foi levado a estudar os fenômenos espíritas:

Um dos primeiros fatos que fizeram com que ele, até então simples magnetizador, começasse a acreditar que todas as imagens que a sonâmbula dizia ver não eram alucinações, foi o seguinte:

"Uma noite, estando adormecida magneticamente, Isabela Cazzeti (médium) de repente gritou, sacudindo um braço: – Ai! Moroni perguntou-lhe: – Que houve? Ela respondeu: – Isidore me beliscou. Isidore era o irmão do médico, falecido há alguns anos. O médico descobriu o braço de Isabela e, realmente, viu uma marca igual à deixada pela pressão de dois dedos; até aí nada de estranho, aquilo podia ser efeito de auto-sugestão da senhora. Moroni disse-lhe então: – Se é verdade que meu irmão está aqui, que ele me dê alguma prova disso. Sorrindo, a sonâmbula disse: – Olhe ali. (Apontou para a parede bem longe dele.) O médico olhou e viu um cabide, preso à parede por um prego, agitar-se vivamente para a direita e para a esquerda, como se uma mão invisível o estivesse puxando.

Aqui, o testemunho do médium é confirmado, apoiado por uma manifestação material. Pelos exemplos precedentes, podemos constatar que os fenômenos não se devem a uma exteriorização do médium, porque o ser que se manifesta revela coisas que o médium ignora.

Tampouco se pode alegar a transmissão de pensamento, porque:

1° Os movimentos da mesa se produzem sem que o indivíduo toque nela; esses movimentos, previamente anunciados, indicam um nome em que os assistentes sequer estão pensando;

2° Como a transmissão de pensamento não podia acontecer

entre o hipnotizador e seu paciente, como relata o dr. Moroni,[10] que não conseguiu fazê-lo pronunciar o nome Trapani, no qual estava pensando firmemente. Com mais razão ainda não se pode conceber que o médium lesse no pensamento dos assistentes, que lhe são completamente estranhos, não se tendo estabelecido uma ligação magnética entre eles.

Em novembro último, um estrangeiro ilustre assistiu a algumas sessões do nosso círculo, e, após algumas experiências mediúnicas, quis outras, de clarividência terrestre. O pedido aborreceu-me, porque tais experiências não faziam mais parte do nosso campo de estudos; tinha o natural receio de que, neste assunto, nosso médium fosse inferior a cem outros, embora o considerasse superior a mil outros em matéria de mediunidade. Vendo que o dr. Moroni concordava de bom grado, afasteime, recusando-me a participar da experiência, que não acreditava ser bem-sucedida.

O estrangeiro apresentou um estojo onde havia um papel com algumas palavras escritas e pediu que a sonâmbula tentasse lê-las; perderam uma hora nessa tentativa, sem o menor resultado.

Depois ele tentou uma prova de transmissão de pensamento; escreveu separadamente, num pedaço de papel, o nome Trapani, e, depois de tê-lo mostrado ao hipnotizador, pediu-lhe que, por sugestão mental, o transmitisse à sonâmbula. Isso durou quase uma hora, e, vendo que desse modo perdia-se um tempo que poderia ser mais utilmente empregado, propus que se abandonasse a experiência. A sonâmbula insistia, mas não conseguia adivinhar o nome e, vencida pelo cansaço, desistiu.

Diante de tais fenômenos, os incrédulos devem acalmar-se, se forem sinceros. Mas há indivíduos dominados a tal ponto pelo orgulho, que teriam vergonha de admitir um erro. Tanto pior para esses retardatários; restam ainda pesquisadores sem opinião preconcebida em quantidade suficiente para que nos empenhemos em comunicar-lhes nossas descobertas.

Aliás, basta levar avante estes estudos com o firme desejo de instruir-se para ter certeza de adquirir uma convicção racional, baseada em fatos pessoais. Há exemplos em abundância. Julgamos conveniente apresentar ao leitor um caso recente, para provar-lhe que as manifestações ocorrem em todos os meios. O importante é saber e querer suscitá-las.

Tiptologia e vidência

Prezado Senhor,[11]
Voltando de Caen, fui passar alguns dias com meu irmão em Meurchin, uma pequena aldeia de Pas-de-Calais. Como meus familiares conhecem minha profunda admiração pelo espiritismo, como vêem que me sinto feliz praticando-lhe as máximas, não deixaram de me fazer mil perguntas sobre o assunto, e eu não deixei de respondê-las todas, de modo a suscitar, nos que me escutavam, o desejo de levantar uma ponta do véu que nos oculta os esplendores de além-túmulo.

Foi depois de nossas conversas que meu irmão organizou uma reunião, para a qual convidou seus amigos, bravos camponeses, que não se fizeram de rogados. Havia umas quinze pessoas, todas escolhidas entre as reconhecidamente sérias da aldeia. Enquanto aguardam a hora marcada para a evocação, todos conversam. Cada qual conta fatos mais ou menos estranhos de que foi testemunha durante a vida, e que me permitem chegar à conclusão de que as manifestações espíritas são muito mais freqüentes do que se imagina.

Às oito horas, leio algumas passagens do "Livro dos Espíritos", depois, pedindo a assistência dos bons espíritos, dirijo ao Todo-Poderoso uma breve invocação, que o auditório ouve em profundo recolhimento.

Três pessoas estão com as mãos pousadas sobre uma mesinha. Ao fim de dez minutos, esta se move.

– É um espírito? Dê uma pancada para sim e duas para não.
– Sim.
– Pode dizer-nos seu nome? Vou pronunciar as letras do alfabeto: faça a gentileza de dar uma pancada quando eu chegar à letra que deseja que eu escreva.
– Marie-Joseph.
(– É minha mãe! – exclama o sr. Sauvage, um dos assistentes. – Aliás, acabo de ver seu fantasma, mas só passou na minha frente, e desapareceu em seguida.)

– A senhora é mesmo a mãe do sr. Sauvage?
– Sim.
– Já que seu filho a percebeu, a senhora podia aparecer-lhe mais nitidamente se eu diminuísse a intensidade da luz?
– Sim.
A claridade é diminuída. Ainda há luz suficiente para que possamos ver o que se passa. Após alguns minutos de espera, Sauvage nos afirma que está vendo claramente sua mãe, falecida a 24 de maio de 1877.
– É possível – pergunto ao espírito – fazer com que seu filho a ouça?
(– Ela está me fazendo sinais com o dedo – diz o sr. Sauvage. – Não sei o que ela quer dizer... Ah! Eis sua voz; ouço-a muito bem. Feliz, ela diz que está feliz.)
– Então, a senhora não precisa de preces?
– Sim, isso é sempre agradável; estou cansada, boa-noite, voltarei outro dia.
Logo depois dessa visão a mesa se põe novamente em movimento; dá saltos tão violentos que ficamos assustados.
Restabelecida a luz, oramos em favor desse espírito e pedimos a Deus e a nossos guias invisíveis que continuassem a apoiar-nos para que outras visões se produzissem.
Outro espírito se anuncia através da mesa. Segundo ele, é o espírito da primeira mulher do sr. Grégoire, presente à sessão.
– O espírito poderia mostrar-se ao sr. Sauvage?
– Sim.
Alguns minutos depois, o médium diz que vê uma mulher com uma touca branca e um lenço por cima. (– É o toucado que ela usava na Bélgica, durante sua doença – declara o sr. Grégoire.)
– A senhora tem algo a dizer ao seu marido?
– Não.
A presença da segunda sra. Grégoire constrange visivelmente o espírito.
– A senhora conhece Sidonie Descatoire, minha mãe? – pergunto ao espírito.
– Sim, ela está perto do senhor.
– Poderia pedir-lhe que aparecesse ao médium? Gostaria

muito de falar com ela.
– O espírito está se afastando – diz o sr. Sauvage – não o vejo mais... Ah! Eis agora uma velha senhora.
– Como é ela?
– É muito corpulenta. O rosto é redondo, maçãs do rosto salientes e coradas, olhos castanho-escuros, cabelos castanhos, começando a ficar grisalhos. Sorri, olhando para o senhor.
– É isso mesmo. O senhor não nota algum sinal no seu rosto?
– Sim, uma espécie de pinta aqui – diz ele, apontando para a têmpora direita.

(Minha mãe tinha uma manchinha escura na têmpora esquerda, mas como seu rosto estava voltado para o médium, este via a mancha no lado direito.)
– É absolutamente exato. É mesmo minha mãe! – exclamei emocionado. – Mãe querida, a senhora está feliz?
– Sim, muito feliz – disse o sr. Sauvage, que ouve a voz de minha mãe e repete o que ela diz.
– Às vezes a senhora está perto de mim?
– Quase sempre.
– A senhora está vendo meu irmão Edmond, que está aqui?
– Sua mãe está se voltando para o sr. Edmond – diz o médium. – Sorri para ele, parece feliz com este encontro.
– A partir do momento da desencarnação, a senhora levou muito tempo para recuperar sua lucidez?
– Dois dias.
– De vez em quando a senhora vê Emilie (minha falecida esposa)?
– Sim, mas ela não está aqui, está mais longe.
– Posso ter esperanças de que ela também venha comunicar-se?
– Sim, mais tarde.
– E papai?
– Está aqui.
– Vejo outro vulto atrás de sua mãe – diz o médium – mas não o distingo bem. É um vulto avantajado e alto... Ei-lo aqui, ao lado de sua mãe; é bem corpulento; são dois bons velhos,

combinam muito bem. Estabelece-se um diálogo íntimo entre meus pais e eu. Meu irmão e eu ficamos emocionados até às lágrimas. Não temos dúvidas quanto à presença deles. O sr. Sauvage não conhecia, não podia conhecer nossos caros finados, que moravam no Norte. Além disso, a sessão tinha sido improvisada e realizada na mesma noite, e o médium, que um instante antes ignorava a faculdade de que era dotado, de modo algum poderia ter previsto quais seriam as pessoas evocadas ou a natureza das perguntas que seriam feitas. As expressões usadas por meus pais, algumas frases que lhes eram habituais, constituíam para nós mais algumas provas da sua identidade. Além do mais, vieram também outros espíritos que revelaram coisas conhecidas só por eles e por uma das pessoas presentes. Assim, um marido veio lembrar à esposa palavras que lhe havia confiado na hora da morte, e que foram declaradas exatas pela interessada.

O espíritos anunciaram-nos novos fenômenos, entre os quais um transporte, que esperavam realizar futuramente.

Essa tocante manifestação terminou com unânimes agradecimentos ao nosso Pai celeste que, numa primeira reunião, nos dava tão grande prova da sua bondade, e todos prometeram praticar a filosofia espírita.

O efeito produzido sobre os assistentes foi considerável. Sentia-se que uma revolução ocorria dentro de cada ser. Homens que até então não acreditavam no futuro de além-túmulo estavam cheios de arrependimento e, em voz alta, comentavam coisas que uma hora antes os teriam feito corar, acusando-se por não terem empregado mais cedo seu tempo em benefício da humanidade. Que acontecerá quando todo mundo se dedicar a esse gênero de estudos, e quando todas as faculdades mediúnicas, atualmente latentes, forem aproveitadas?

Louis DELATRE, telegrafista. Meurchin, 10 de outubro de 1896.

A maioria dos assistentes fez questão de assinar este relato como sendo a expressão da verdade:

Sra. Avransart Sauvage, Etienne Tohez, Rigolé Sauvage, H. Avransart, E. Delatre, T. Hugo, sr. Grégoire, Ernest Grégoire, C. Sauvage, C. Hoca.

Um belo caso de identidade

Há um tipo de manifestação que, por não ter imediatamente um caráter físico, material, nem por isso é menos convincente para quem a constata. O caso a seguir[12] é muito instrutivo quanto a isso.

O sr. A. Delanne encontrava-se em Cimiez, perto de Nice; lá encontrou-se com o sr. Fleurot, professor, e com sua esposa,, que ele havia conhecido numa viagem anterior. A conversa enveredou para o espiritismo, e eis que a sra. Fleurot lhe contou:

"Pouco depois da sua passagem por nossa cidade, meu marido e eu, ainda sob a impressão dos relatos que o senhor nos fez a respeito das manifestações espíritas de que foi testemunha, adquirimos os livros de Allan Kardec. Eu queria muito tornar-me médium, mas minha convicção firmou-se fora dos procedimentos habituais da mesa ou da escrita. Há mais ou menos seis meses, vi em sonhos diferentes personagens ilustres; discutiam assuntos de alto alcance filosófico. Aproximei-me, receosa e emocionada. Dirigi-me ao que me parecia mais simpático.

– Poderíeis – disse-lhe – esclarecer-me sobre um assunto importante cuja solução desconheço: que acontece com a alma após a morte?

Sorrindo com bondade, ele me disse:

– A alma é imortal, jamais pode aniquilar-se; neste momento, a tua está no espaço, momentaneamente livre dos entraves da matéria; goza da sua liberdade por antecipação. Será sempre assim, quando deixares definitivamente teu corpo carnal para viver da nossa própria vida espiritual.

– Custa-me crer – digo-lhe – porque, se fôsseis habitante da erraticidade, não teríeis mais o tipo humano e não estaríeis mais cobertos com roupas semelhantes às dos homens.

– *Se nos tivéssemos apresentado a ti sob uma forma inteiramente espiritualizada* – respondeu-me ele – *não nos terias percebido, e muito menos reconhecido.*

– Reconhecer-vos, dizeis? Mas, vossos traços nada me lembram, e não me recordo de ter-vos visto algum dia.

– Tens certeza?

Então, coisa maravilhosa, a pessoa que me respondia foi

subitamente iluminada por uma intensa emanação fluídica, e um nome formou-se em pérolas elétricas acima da sua cabeça, e eu li, ofuscada e encantada, o venerado nome de Blaise Pascal.

Seu rosto está de tal forma gravado em mim que, enquanto eu viver, não se apagará da minha memória. E, como não tinha a imagem do ilustre sábio em lugar algum, ao despertar, acompanhada por meu marido, a quem tinha contado tudo, apressei-me a correr às lojas de vendedores de estampas. Fomos à casa de Visconti, o mais renomado livreiro de Nice, para adquirir o retrato de Blaise Pascal. Mostrou-nos várias gravuras do ilustre homem, mas nenhuma representava inteiramente os traços do meu desconhecido. Eram realmente seu nobre rosto, seus grandes olhos, seu nariz aquilino, sua testa encimada por uma esplêndida peruca ondulada, mas em nenhuma delas se via a pequena deformidade do lábio inferior que, durante a visão, atraíra minha atenção de modo particular. O lábio era visivelmente arregaçado, como se o defeito tivesse sido conseqüência de um acidente qualquer, durante a juventude.

O experiente livreiro nos afirmou que tivera muitas vezes gravuras da fisionomia de Pascal e vira retratos pintados a óleo, ou aquarela, mas nenhum reproduzia o defeito que eu insistia em apontar.

Ao voltar para casa, vi reaparecer o sorrizinho céptico do sr. Fleurot; fiquei irritada, eu que já me alegrava por fazê-lo compartilhar da minha convicção, mostrando-lhe uma prova da identidade do personagem visto no meu sonho.

Revi meu protetor muitas vezes durante o sono; prometeu-me velar por mim durante meu cativeiro terrestre, e mais tarde explicar-me as causas da sua afeição por minha família. Atrevi-me a falar-lhe sobre a pequena deformação do seu lábio, e perguntei-lhe se tinha sido reproduzida, durante sua vida, em algum dos seus retratos.

– Sim – respondeu-me ele – nas primeiras tiragens feitas pouco depois da minha morte.

– Ainda existe alguma? Dizei-me, suplico-vos.

– Procura e acharás..."

A sra. Fleurot conta que, aproveitando as férias de verão do marido, vasculharam todas as lojinhas de Marselha e de Lyon, sem

A Alma é Imortal   81

encontrar o retrato revelador. Iam desistir das buscas quando o sr. Fleurot teve a idéia de ir a Clermont-Ferrand. Sua perseverança finalmente foi coroada de êxito: encontraram, num antiquário, o verdadeiro retrato do seu ilustre amigo, com a real deformação do lábio inferior, tal como a sra. Fleurot a tinha visto no seu sonho.

Esta relação é instrutiva por vários razões. Primeiro, ela estabelece a identidade do espírito, já que nenhum dos retratos que havia na cidade de Nice trazia o sinal característico que havia no original. Em segundo lugar, uma frase do espírito é significativa; é a frase que destacamos intencionalmente: Se nos tivéssemos apresentado a ti sob uma forma inteiramente espiritualizada, não nos terias percebido, e muito menos reconhecido.

Constata-se, aqui, que o perispírito é bem mais sutil e eterizado quando a alma está mais depurada. Allan Kardec diz, na verdade, que os espíritos adiantados são invisíveis para aqueles cujo estado moral lhes é muito inferior; mas essa elevação não impede que o espírito retome a aparência que tinha na Terra, e ele pode reproduzi-la com perfeita fidelidade, até nos mínimos detalhes. A forma antiga está contida no perispírito; basta que a alma exerça sua vontade para restituir a essa aparência uma existência momentânea. Do mesmo modo que nada se perde no domínio intelectual, também nada do que constitui a forma plástica, o tipo de um espírito, pode desaparecer. Eis a seguir mais um exemplo desse fenômeno notável.

O retrato de Virgílio

A sra. Lucie Grange, diretora do jornal *La Lumière*, excelente médium vidente no estado normal, conseguiu ver claramente o célebre poeta Virgílio, a ponto de publicar-lhe o retrato no número de 25 de setembro de 1884 do seu jornal. Eis o texto exato dessa descrição:

"VIRGÍLIO – Coroado de louros. Tem uma compleição forte, um pouco alongada, o nariz saliente, os cabelos castanho-escuros. Usa uma longa veste. Virgílio tem a aparência de um homem forte e saudável. Ao apresentar-se, disse-me este verso latino que o relembra:

Tu Marcellus eris."

Acharam esse retrato fantástico; o espírito foi considerado suspeito, porque, diziam ao médium, o doce Virgílio muito provavelmente devia ter traços delicados, visto que o poeta era bem feminino, "mais mulher do que uma mulher". Que responder? Nada. Mas, eis que uma inesperada descoberta veio dar razão à sra. Grange. Na execução de trabalhos de conservação de vias públicas, em Sousse, encontrou-se recentemente um afresco do séc. I, em que o poeta é representado enquanto escrevia a *Eneida*. O que mostra que é ele é o fato de ler-se, sobre o rolo aberto, o oitavo verso: *Musa mihi causas memora*. A *Revue Encyclopédique de Larousse* reproduziu esse retrato autêntico. Pode-se constatar que a descrição feita pelo médium aplica-se perfeitamente ao grande homem, que, absolutamente, não tem ar afeminado.

Esta reflexão confirma a anterior ao estabelecer, pela observação, que o perispírito contém todas as formas que tiver apresentado na Terra.

Uma aparição

No caso seguinte, é impossível atribuir a aparição a uma idéia preconcebida, porque o espírito que se manifestou era completamente estranho à senhora que o viu. Foi só devido a circunstâncias diversas que se veio a saber quem era ele, e verificar-lhe a identidade. Vamos passar a palavra ao autor dessa narrativa:[14]

Eeich, 1º de junho de 1862.

Senhor,

Minha mulher não acreditava de modo algum nos espíritos, e, quanto a mim, não me preocupava com esse assunto. Às vezes ela dizia:

– Tenho medo dos vivos, mas não temo de modo algum os mortos. Se soubesse que há espíritos, gostaria de vê-los, pois não poderiam fazer-me mal e eu teria, com essa aparição, a confirmação do dogma cristão que afirma que tudo não se extingue conosco.

Vivíamos no campo; nosso quarto ficava situado no lado norte, e desde que passamos a ocupá-lo, produziam-se freqüen-

temente ruídos estranhos, que nos esforçávamos por atribuir a causas naturais. Uma noite do mês de fevereiro do ano passado, a sra. Mahon foi acordada por um toque bem sensível nos pés, como se – diz ela – alguém lhe tivesse dado uns tapinhas. Ela imediatamente me diz:
– Há alguém aqui! – Depois, como estava voltada para o lado esquerdo, entreviu, num canto escuro do quarto, algo informe que se movia, o que a fez repetir: – Garanto que há alguém.
Eu estava deitado numa cama ao lado da sua e lhe respondi:
– É impossível. Tudo está bem fechado e posso reafirmar que não há ninguém, porque já não estou dormindo há dez minutos e sei que reina profundo silêncio. Estás enganada.
Quando se virou para o outro lado, porém, ela viu claramente, entre a cama e a janela, um homem alto, esbelto, vestido com uma espécie de malha listrada e tendo a mão direita erguida, como um sinal de ameaça. Destacava-se na semi-obscuridade. Diante daquela aparição, ela sobressaltou-se, supondo que um ladrão entrara na casa, e pela terceira vez repetiu-me:
– Sim, sim, há alguém aqui!
Ao mesmo tempo, e sem perder de vista um só instante a aparição, que se mantinha imóvel, resolveu acender a vela.
Devo dizer que estava convencido de que minha mulher estava sendo vítima de uma ilusão, devido a algum sonho; estava tão certo de que nenhum estranho podia ter entrado no aposento, onde, aliás, meu cão de guarda tinha feito sua ronda habitual, após o jantar dos criados; desde que acordara, o silêncio era tão profundo que, embalado por meus pensamentos, nem pensava em abrir os olhos. Se minha mulher tivesse dito: "Estou vendo alguém", teria sido diferente, eu teria olhado imediatamente. Provavelmente as coisas deveriam passar-se assim.
Seja como for, a aparição ficou diante dela durante o tempo que levou para acender a vela. Com a luz, desapareceu. Diante do relato detalhado que me foi feito, levantei-me. Andei por todo lado. Nada. Olhei meu relógio, eram quatro horas.
A partir daí, produziram-se vários fatos estranhos no aposento: ruídos inexplicáveis, luzes vistas por mim, do lado de fora, nas janelas do primeiro andar, embora todo mundo estivesse no térreo; repentino desaparecimento de moedas que es-

tavam nas minhas mãos; pancadas etc. etc. Mas a aparição não se repetiu. É verdade que passamos a manter uma lamparina acesa à noite.

Recentemente, estando em Paris, a sra. Mahon perguntou à lúcida do sr. Cahagnet se poderia indicar-lhe qual era o espírito que se havia manifestado a ela. Eis a resposta que recebeu:
— Eu o vejo... É um homem que usa uma toga de juiz com mangas largas.

Minha mulher retrucou que não tinha aparecido assim diante dela, ao que a lúcida replicou:
— Pouco importa. Digo-lhe que quem estou vendo é ele. Vestiu a roupa que lhe convinha. Quando vivia, era juiz, muito exigente por natureza. Na hora da morte, esse homem estava com o juízo perturbado por um processo injusto que estava a ponto de perder. Então, suicidou-se próximo à sua casa. Anda errante. A senhora às vezes dizia que queria ver um espírito... ele veio.

Essa explicação não satisfez muito a sra. Mahon, para quem todos aqueles detalhes eram novos. Alguns dias depois do seu regresso a Luxemburgo, estando uma noite na casa de pessoas a quem contou a resposta da lúcida, todos exclamaram:
— Mas, é o sr. N. que se afogou no lago perto daqui há muitos anos. Era juiz... um tipo carrancudo. Estava prestes a perder um processo contra um de seus sobrinhos... tratava-se de prestar contas de tutela... perdeu a cabeça... suicidou-se.

Exatamente o que a lúcida tinha dito.

Não escondo que a impressão causada sobre os assistentes foi profunda... Não posso deixar de dizer-lhe que a sra. Mahon ignorava, assim como eu, a história do sr. N. e, conseqüentemente, a lúcida não poderia ter lido na sua mente os detalhes tão precisos que deu.

Confio-lhe um fato e autorizo-o a publicá-lo. Quanto ao que diz respeito à sua exatidão, confirmo-a, sob a garantia da minha palavra.

Eugène Mahon, Vice-cônsul da França.

Algumas reflexões

Assim, pois, eis-nos tendo chegado pouco a pouco a constatar que o corpo fluídico, vislumbrado como uma necessidade lógica na antiguidade, é uma realidade incontestavelmente confirmada, pelas aparições, como também pela visão dos sonâmbulos e dos médiuns. Os seres que vivem no espaço, ou seja, ao redor de nós, têm uma forma perfeitamente determinada, que permite descrevê-los com exatidão. Hoje não se admitem mais dúvidas quanto a este ponto, porque os testemunhos de investigadores sérios são muito numerosos para que se aceite a negação pura e simples numa discussão sincera.

Resta perguntar-nos se esse invólucro se constitui depois da morte ou, o que é mais provável, se está sempre ligado à alma. Se esta última suposição for exata, deve ser possível constatar-lhe a existência durante a vida. É o que iremos fazer imediatamente, pedindo a ajuda, não mais de magnetizadores ou de espíritas, mas de investigad ores completamente alheios aos nossos estudos, de sábios imparciais, cujas constatações serão bem mais valiosas, já que não se prendem a nenhuma teoria filosófica.

Notas

1. Ver a propósito: o relatório do dr. Husson, de 28 de junho de 1831, à Academia de Ciências. – Deleuze, *Mémoire sur la Clairvoyance des Somnambules*. – Rostan, artigo *Magnétisme*, no *Dicionário de Ciências Médicas*. – Lafontaine, *l'Art de Magnétiser*. – Charpignon, *Pphysiologie, Médicine et Métaphysique*. E os casos citados nos *Proceedings de la Societé Anglaise de Recherches Physiques*. – Delanne, *O Espiritismo perante a Ciência*, cap. III. – Ver, também, *Les Apparitions Matérialisées des vivants et des morts*, t. I e II.
2. Kardec, Allan, *Revista Espírita*, outubro de 1864, outubro de 1865, junho de 1867. Ver, também, em *Gênese*, o capítulo sobre os fluidos.
3. O termo fluido não designa uma matéria especial; significa um movimento ondulatório do éter, análogo aos que dão origem à eletricidade, à luz, ao calor, aos raios X etc.
4. Kardec, Allan, *Revista Espírita*, junho de 1867.
5. *Revista Espírita*, 1861.
6. *Le Sauveur des Peuples*, no. 6, fevereiro de 1864.
7. *Annali dello Spiritismo in Italia*.
8. O infeliz costuma acreditar facilmente no que quer.
9. Rossi-Pagnoni e Moroni, *Quelques essais de médiumnité Hypnotique*, tradução de Francisca Vigné para o francês, págs. 10 e 102.
10. *Médiumnité Hypnotique*, pág. 113.
11. *Revue Scientifique et Morale du Spiritisme*, ano I, no. 6, pág. 365.
12. A. Delanne, *Revue Scientifique et Morale du Spiritisme*, no. 11, maio de 1897, pág. 678 e segs.
13. Fleurot é um pseudônimo.
14. Pierrart, *Revue Spiritualiste*, 1862, pág. 180.

Capítulo IV
O desdobramento do ser humano

Todas as teorias, por mais sedutoras que sejam, precisam apoiar-se em fenômenos físicos, sem o que não se pode ver nelas senão brilhantes produtos da imaginação, sem valor real.

Quando os espíritos anunciam que a alma é sempre revestida por um invólucro fluídico, tanto durante a vida como depois da morte, eles têm a obrigação de provar que suas asserções são justificadas. É porque sentimos vivamente esta necessidade que passaremos a expor alguns casos de desdobramento do ser humano, apanhados entre inúmeros outros que nosso esforço exíguo não nos permite reproduzir.

Num livro anterior,[1] já citamos alguns casos de bicorporalidade, mas, em matérias como esta, não se deve ter receio de multiplicar os exemplos, a fim de estabelecer a convicção. Além do mais, encontraremos nesses relatos circunstâncias características que põem em evidência a imortalidade da alma e as propriedades desse corpo imponderável cujo estudo estamos empreendendo.

A Sociedade de Pesquisas Psíquicas

O ceticismo contemporâneo foi violentamente abalado pela conversão dos mais notáveis sábios da nossa época ao espiritismo. A invasão dos espíritos no mundo terrestre produziu-se por manifestações tão verdadeiramente espantosas para os incrédulos, que homens sérios puseram-se a refletir, e resolveram estudar por contra própria esses fatos anormais – como a transmissão do pensamento, à distância e sem contato entre os operadores, a vidência, as aparições de vivos ou mortos – até então alinhados entre as superstições populares.

Sob a influência dessas idéias, fundou-se na Inglaterra uma Sociedade de Pesquisas Psíquicas,[2] cujos trabalhos lograram imediatamente grande autoridade, justamente conquistada, pela precisão, pelo escrúpulo e pelo método introduzidos pelos pesquisadores nessa grande investigação. Os principais resultados obtidos após dez anos foram consignados pelos srs. Myers, Gurney e Podmore em dois volumes intitulados: *Phantasms of the living* (Fantasmas de vivos), e as observações recolhidas diariamente estão relatadas em atas, cuja publicação acontece mensalmente, sob o título *Proceedings*.

A sociedade inglesa deu origem às filiais americana e francesa. Na França, os membros correspondentes foram principalmente os srs. Baunis, Bernheim, Ferré, Pierre Janet, Liébault, Ribot e Richet M. Marillier, mestre-de-conferências na École des Hautes Études, fez uma tradução resumida de *Phantasms of the living*, sob este título impróprio: "As Alucinações Telepáticas". É desse livro que iremos extrair a maior parte dos novos testemunhos que põem em evidência a dualidade do ser humano.[3]

Os espíritas devem grande reconhecimento aos membros da Sociedade de Pesquisas Psíquicas, porque esses senhores passaram longos anos reunindo observações, bem constatadas, de aparições de toda espécie. Todos os casos foram submetidos a um severo exame, tão completo quanto possível, atestados, quer por testemunhos efetivos, quer por quem estava a par desses testemunhos diretos. Uma vez comprovado o grande valor dos investigadores, o cuidado que tomaram para eliminar as causas de erros, estamos diante de uma quantidade imensa de documentos autênticos nos quais podemos apoiar nossos estudos.

Em primeiro lugar, as experiências tiveram por objeto a possibilidade de duas inteligências comunicar-se seus pensamentos, sem qualquer sinal exterior. Resultados notáveis foram obtidos,[4] e essa ação de um espírito sobre outro, sem contato perceptível, foi chamada telepatia. Mas o fenômeno logo assumiu outro aspecto: desenvolveu-se a tal ponto, que certos operadores, em vez de simplesmente transmitirem seu pensamento, apareceram ao objeto da sua transmissão: ocorreu uma verdadeira aparição.

Que explicação podemos dar para esses fatos? Os pesquisadores não são espíritas, não admitem a existência da alma, tal como é definida pela doutrina espírita, são, portanto, obrigados a formular uma hipótese. Eis a hipótese em que se detiveram: o indivíduo impressionado não tem uma visão real, mas simplesmente uma alucinação, isto é, imagina que está vendo uma aparição, do mesmo modo que vê uma pessoa normal, mas esse fantasma não é exterior, só existe no seu cérebro; a visão é subjetiva, ou seja, interna e não objetiva; essa ilusão psíquica, porém, coincide com um fato verdadeiro: a ação voluntária do operador; por isso é chamada alucinação verídica ou telepática.

Multiplicando-se as observações, logo se verificou que a vontade consciente do agente[5] não era necessária, e que um indivíduo podia aparecer a outro, sem planejamento prévio: São coincidências entre uma visão e um acontecimento verídico ligado a ela que formam a maioria dos depoimentos reproduzidos em *Phantasms of the living*.

Se dispuséssemos de tempo para passar em revista todos os fenômenos de ações telepáticas relatados nos dois volumes do livro citado, e nos *Proceedings*, nos seria fácil demonstrar que a hipótese da alucinação é absolutamente incapaz de explicar todos os fatos. Como o grande naturalista inglês Alfred Russel Wallace,[6] podemos extrair desses relatos cinco provas da objetividade de algumas aparições:

1º A simultaneidade da percepção do fantasma por várias pessoas;

2º a aparição é vista por diversas testemunhas como se estivesse em vários lugares, correspondendo a um movimento aparente; ou, então, ela é vista no mesmo lugar, apesar do deslocamento do observador;

3º as impressões produzidas pelos fantasmas sobre os animais domésticos;

4º os efeitos físicos produzidos pela visão;
5º as aparições, quer sejam visíveis ou não pelas pessoas presentes, podem ser – e foram – fotografadas.

A teoria da alucinação telepática, provocada ou espontânea, só foi imaginada, parece-nos, para não chocar demais as idéias preconcebidas do público, tão pouco familiarizado ainda com esses fenômenos naturais, que apresentam um aspecto misterioso, devido ao imprevisto e às sérias circunstâncias em que geralmente ocorrem. Eis, a seguir, as reflexões do sr. Gurney, redator dos *Phantasms:*[7]

"Podemos perguntar-nos se temos o direito de estabelecer uma relação entre os resultados experimentais que discutimos nos capítulos anteriores (transmissão de pensamento) e os fenômenos que acabamos de descrever (aparições de experimentadores). Disse que são fenômenos de transição e que podiam permitir passar dos fenômenos de transmissão experimental de pensamento aos casos de telepatia espontânea; mas poderíamos sustentar que há um abismo intransponível entre os fenômenos comuns de transmissão de pensamento e as aparições do agente. A diferença radical é que o objeto que aparece não é aquele no qual o pensamento do operador estava concentrado. Nos casos que acabamos de estudar, o agente não pensava nele, na sua aparência visível. O aspecto exterior de uma pessoa tem relativamente pouca importância na idéia que ela faz de si mesma; e, no entanto, é só esse aspecto exterior que é percebido pelo indivíduo. Tropeçaremos nessa mesma dificuldade nos casos de telepatia espontânea. Já que a impressão produzida no espírito do indivíduo é apenas a reprodução de uma imagem ou de uma idéia que existe no espírito do agente, podemos conceber um fundamento fisiológico nos fenômenos de transmissão de pensamento. Mas a interpretação dos fatos torna-se muito mais difícil quando não é mais a imagem que está diante dos olhos do agente que aparece ao indivíduo.

A. morre, aparece a B., que está a grande distância dele. Não podemos compreender a ligação entre os dois fenômenos, pelo menos no domínio da consciência clara. Poderíamos, no entanto, conceber a ação do agente sobre o indivíduo, fazendo com que os fenômenos inconscientes intervenham nisso. Mas talvez seja preferível reconhecer a dificuldade e dizer que, na aproximação que tentamos entre a transmissão experimental do pensamento e a telepatia espotânea, levamos em conta apenas o aspecto fisiológico dos fenômenos."

Os escrúpulos do sr. Gurney são, na verdade, legítimos, porque a leitura dos *Proceedings* os justifica plenamente. A transmissão de pensamento, antes tão difícil de produzir, é um fato relativamente simples se comparado com o que nos ocupa. Realmente, podemos constatar, quando nos entregamos a uma longa série de experiências, que o número de vezes em que se obtém uma cifra exata, na maioria das vezes é pouco superior ao resultado indicado pelo cálculo das probabilidades. Uma figura geométrica é ainda mais dificilmente percebida pelo indivíduo, e para que ordens mentais se executem, geralmente é preciso, como ocorre nas transmissões de sensações, que as pesoas submetidas à experiência sejam mergulhadas em sonho hipnótico.

Vê-se, pois, que há um abismo entre essas modalidades rudimentares de uma inteligência influenciada por outra e as aparições, que são um fenômeno complexo, pondo em jogo todas as faculdades do espírito.

Em certos casos, porém, pode-se sustentar que a aparição é uma alucinação pura e simples, produzida pelo pensamento do agente. São as circunstâncias que acompanham a visão que devem servir de critério para avaliar a objetividade da aparição.

Aliás, iremos julgar a procedência da explicação alucinatória examinando os fatos. Não podendo citar todos os casos, tomaremos um exemplo de cada uma das classes de fenômenos, remetendo o leitor, para maiores informações, aos documentos originais.

Aparição espontânea

A sra. Pole-Carew, Antony, Devonport, enviou-nos o seguinte relato:[8]
31 de dezembro de 1883.
"Em outubro de 1880, lord e lady Waldegrave vieram com sua aia, Hélène Alexander, passar alguns dias conosco. (A nar-

rativa diz, então, como perceberam que Hélène fora acometida por febre tifóide. Não parecia estar muito doente, e como se pensou que não havia nada a temer, e como lord e lady Waldegrave fariam uma longa viagem no dia seguinte, quinta-feira, decidiram deixá-la aos cuidados da sua amiga.) A doença seguiu seu curso habitual, e Hélène parecia estar passando bem, até o domingo da semana seguinte; o médico me disse que a febre se fora, mas que o estado de debilidade em que se encontrava a deixava muito inquieta. Mandei chamar imediatamente uma enfermeira, contrariando Reddell, minha aia, que durante toda a doença de Hélène cuidara dela e lhe era devotada. Porém, como a enfermeira só podia vir no dia seguinte, pedi a Reddell que cuidasse de Hélène por mais uma noite, para dar-lhe sua poção e sua comida; na verdade, era preciso alimentá-la freqüentemente.

Por volta das quatro horas daquela noite, ou melhor, da madrugada de segunda-feira, Reddell consultou seu relógio, pôs a poção numa taça e estava se inclinando sobre a cama para dá-la a Hélène quando a sineta da porta soou. Disse consigo mesma: – De novo o fio dessa sineta insuportável se enrolou. (Parece que às vezes ela soava por causa disso.) Naquele momento, porém, ouviu a porta abrir-se e, olhando ao redor, viu entrar uma senhora idosa e muito gorda. Usava camisola e uma saia de flanela vermelha; trazia na mão um candelabro de cobre de modelo antigo. Havia um furo na saia. Entrou no quarto e pareceu dirigir-se à mesa de toalete para colocar ali o candelabro. Para Reddell, tratava-se de uma perfeita desconhecida e, no entanto, de repente pensou que era a mãe de Hélène que tinha ido visitá-la; parecia-lhe que a senhora tinha um ar aborrecido, talvez porque não tivessem mandado chamá-la há mais tempo. Deu a poção a Hélène e, quando se voltou, a aparição tinha sumido e a porta estava fechada. Nesse intervalo, o estado de Hélène mudara muito, e Reddell veio me procurar; mandei chamar o médico e, enquanto esperávamos, aplicamos cataplasmas quentes na enferma... mas ela morreu pouco antes da chegada do médico; meia hora antes da morte estava consciente; agora parecia estar dormindo.

Nos primeiros dias da doença, Hélène tinha escrito a uma

de suas irmãs; dizia-lhe que não estava bem, mas sem insistir nisso, e, como sempre falava apenas da sua irmã, as pessoas da casa, para quem ela era uma perfeita estranha, supunham que não tivesse outros parentes vivos. Reddell sempre se oferecia para escrever por ela, mas ela sempre recusava; dizia que era inútil e que dentro de um dia ou dois ela mesma escreveria. Portanto, ninguém da família sabia que estava tão doente. Então é significativo que sua mãe, que não é nem um pouquinho nervosa, tenha dito naquela noite ao recolher-se: Tenho certeza de que Hélène está muito doente.

Mais ou menos uma hora depois da morte de Hélène, Reddell falou comigo e com minha filha sobre a aparição: – Não sou supersticiosa, nem nervosa, disse-nos ela, e não me assustei nem um pouquinho, mas a mãe dela esteve aqui ontem à noite. Contou-nos então toda a história e fez-nos uma descrição bem precisa da figura que tinha visto.

Avisamos os parentes para que pudessem assistir aos funerais. O pai, a mãe e a irmã vieram, e Reddell reconheceu na mãe a figura que tinha visto; como ela, eu também a reconheci, tão exata tinha sido sua descrição, até a expressão era igual à que tinha dito, e não se devia à preocupação, mas à surdez. Achamos melhor nada dizer à mãe, mas Reddell contou tudo à irmã, que lhe disse que sua descrição correspondia exatamente à roupa com que sua mãe estaria se tivesse se levantado durante a noite; que tinham em casa um candelabro igual ao que ela tinha visto; que havia um furo na saia da mãe, devido ao modo com que sempre a usava. Curioso é que nem Hélène nem sua mãe pareciam ter-se apercebido daquela visita. Em todo caso, nem uma nem outra jamais disseram que tinham aparecido uma à outra, nem mesmo que tinham sonhado com isso.

F.A. Pole-Carew

Francis Reddell, cujo relato confirma o da sra. Pole-Carew, afirma que jamais viu qualquer outra aparição. A sra. Lyttleton, de Selwyn College, Cambridge, que a conhece, disse-nos que ela parece ser uma pessoa muito decidida, e que o que mais a impressionara fora o fato de ter visto na saia de flanela da mãe de Hélène um furo feito pela barbatana do seu espartilho, furo que tinha notado na saia da aparição.

    Voltamos a encontrar aqui uma característica comum a todas as aparições de pessoas vivas, e que assinalamos nas descrições de espíritos feitas pelos pacientes de Cahagnet, que sempre usam um traje qualquer. Em vista da dualidade do ser humano, podemos admitir que a alma se desprende e age à distância do seu invólucro, mas não é evidente que os trajes tenham uma duplicação fluídica e possam deslocar-se como o fantasma do vivo. O mesmo acontece com objetos visíveis ao mesmo tempo que a aparição.

    No relato anterior, vemos a mãe de Hélène com uma saia vermelha, igual à que habitualmente usava; além do mais, traz na mão um candelabro de um modelo especial, cuja descrição é reconhecida como exata pela irmã da morta. Portanto, deve-se procurar compreender como o duplo humano opera para mostrar-se e para fabricar sua roupa, assim como os utensílios de que se serve. Isso será objeto de um estudo especial, depois que tivermos visto todos os casos.

    A narrativa precedente nos põe diante de um exemplo muito claro de desdobramento. Reddell está perfeitamente acordada; ouve soar a sineta da entrada, a porta abrir-se, vê a mãe de Hélène andar pelo quarto, dirigindo-se à mesa de toalete. São fatos que mostram que ela está no seu estado normal, que todos os seus sentidos estão funcionando como de costume e que não há lugar para uma alucinação. A aparição é tão convincente, que a aia a descreve minuciosamente à sua patroa, e ambas mais tarde reconhecem a mãe de Hélène, que jamais tinham visto antes.

    Que dizem os redatores dos *Phantasms* a respeito do caso? Sabe-se que, segundo a tese que adotaram, não há aparição, mas visão interna produzida pela sugestão de um ser vivo (chamado agente) sobre outra pessoa que sofre a alucinação. Qual é o agente aqui? Eis a nota da edição francesa:

    "Podemos perguntar-nos qual foi o verdadeiro agente. A mãe? Mas, seu estado nada tinha de anormal, e ela apenas estava preocupada com a filha, não conhecia Reddell; a única condição favorável é que o espírito de ambas, no momento, estava preocupado com a mesma coisa. É possível também que o verdadeiro agente tenha sido Hélène, e que, durante sua agonia, tivesse diante dos olhos uma viva imagem da mãe."

Parece-nos que essas reflexões não combinam de forma alguma com as circunstâncias do relato. Para que uma alucinação se produza, é necessário que se estabeleça uma relação entre o agente e o percipiente, ou seja, entre Reddell e a mãe de Hélène; ora, garantem-nos que elas não se conheciam absolutamente; portanto, o agente não é a mãe. É Hélène? Não, já que a sra. Pole-Carew diz formalmente que a enferma não viu sua mãe. Além do mais, como a imagem da mãe teria o poder de abrir a porta da casa, fazendo a sineta tocar, e de abrir também a do quarto onde a doente estava acamada? As sensações auditivas não são mais alucinatórias do que as sensações visuais; ora, estas são reconhecidas como absolutamente verídicas pela descrição exata do semblante da mãe, da saia e do furo feito pela barbatana, e do candelabro de formato especial. Não houve, pois, alucinação, mas verdadeira aparição.

O redator acha que é sempre necessário um acontecimento anormal para que a alma se desprenda. É uma opinião arriscada, porque, nos casos que se seguem, veremos que às vezes basta o sono normal para possibilitar o desligamento da alma.

Constatamos que o duplo é a reprodução exata do ser vivo; observamos, também, que o corpo físico do agente está mergulhado no sono durante a manifestação. Veremos que é o caso mais comum. A edição inglesa contém oitenta e três observações análogas.

Goethe e seu amigo

Numa tarde chuvosa de verão, Wolfgang von Goethe passeava com seu amigo K., voltando do Belvedere a Weimar. De repente o poeta pára, como se diante de uma aparição, e ia falar-lhe. K. não desconfiou de nada. Subitamente Goethe exclama: "Meu Deus! Se não tivesse certeza de que meu amigo Frédéric está neste momento em Frankfurt, juraria que é ele!" Em seguida, deu uma sonora gargalhada: "Mas, é ele mesmo... meu amigo Frédéric! Tu, aqui em Weimar?... Mas, em nome de Deus, meu caro, como estás... vestido com meu roupão... usando meu gorro de dormir... calçando meus chinelos... aqui na estrada?..." K., como disse antes, não estava vendo nada e se espantou achando que o poeta tivera uma súbita crise de loucura. Mas Goethe, preocupado só com sua visão, exclamou, estendendo os braços: "Frédéric! Onde estás... meu Deus? K., meu caro, não viste para onde foi a pessoa que acabamos de encontrar?" K., estupefato, nada respondia. Então o poeta, virando a cabeça para todos os lados, exclamou com ar sonhador: "Sim! Compreendo... foi uma visão, mas qual será seu significado?... será que meu amigo morreu de repente? Então, seria seu espírito?..." Goethe voltou para casa, e lá encontrou Frédéric... Ficou de cabelos em pé: "Afasta-te, fantasma!" – gritou, recuando e pálido como um defunto. "Meu caro, é assim que recebes teu amigo mais fiel?" "Ah! Agora não é um espírito – exclamou o poeta, rindo e chorando ao mesmo tempo – é um ser de carne e osso." E os dois amigos se abraçaram efusivamente.

Frédéric chegara à casa de Goethe ensopado de chuva e vestira as roupas secas do poeta; em seguida, adormecera no sofá, sonhando que estava indo ao encontro de Goethe, que o tinha interpelado com estas palavras: "Tu, aqui em Weimar?... com meu roupão... meu gorro de dormir... e meus chinelos... na estrada?" A partir desse dia o grande poeta acreditou numa outra vida após a vida terrestre.[9]

Aqui vemos uma espécie de alucinação telepática, já que só Goethe via o fantasma, mas esta imagem é exterior, não está alojada no seu cérebro, como aconteceria com uma alucinação verdadeira, pois vê-se, pelo testemunho de Frédéric, que, em sonho, ele foi ao encontro do amigo; e o que estabelece que sua exteriorização é objetiva é o fato de as palavras ouvidas por ele serem exatamente as pronunciadas pelo iluste escritor. Vemos que o que Frédéric toma por sonho é a recordação de uma ação real que ocorreu durante seu sonho: foi sua alma que se desligou, que ouviu e guardou as palavras de Goethe, enquanto seu corpo repousava.

A esse respeito, fazemos uma importante observação. Se Frédéric não se tivesse lembrado dos acontecimentos ocorridos enquanto ele dormia, os membros da Sociedade de Pesquisas Psíquicas teriam concluído por uma ação da consciência subliminar de Frédéric, isto é, pela atuação de uma segunda personalidade do indivíduo. Ora, aqui parece evidente que é sempre a mesma personalidade que atua, pois ela tem consciência do que se passou; pode acontecer, apenas, que ela nem sempre se lembre do que fez durante o repouso do corpo. Essa perda da lembrança não é suficiente para autorizar os psicólogos – ingleses e franceses – que trataram dessas questões[10] a concluir que há em nós personalidades que coexistem e se ignoram mutuamente.

A única indução que nos parece logicamente permitida é a que admite que nossa personalidade normal – a do estado de vigília – durante o sono fica separada por uma categoria de lembranças que, ao despertar, não são mais conscientes. Não existem duas individualidades no mesmo ser, mas apenas dois estados diferentes de uma individualidade.

Os relatos seguintes – extraídos do depoimento feito a 15 de maio de 1869 pelo sr. Cromwel Varley, engenheiro-chefe das linhas telegráficas da Inglaterra, diante do comitê da Sociedade Dialética de Londres – são realmente típicos; mostram exatamente as relações que existem entre a mesma individualidade durante o sono ou a vigília.

Depoimento de Cromwel Varley

"Eis um quarto caso no qual sou o ator principal.[11] Tinha feito experiências sobre a fabricação da faiança (louça de barro vidrado), e os vapores de ácido fluorídrico que usara por muito tempo me haviam provocado espasmos na garganta. Estava seriamente doente e freqüentemente era acordado por espasmos da glote. Haviam me recomendado que sempre tivesse à mão éter sulfúrico para respirar e conseguir um rápido alívio. Recorri a ele seis ou oito vezes, mas seu cheiro era tão desagradável que acabei usando clorofórmio. Deixava-o perto da cama, e, quando devia usá-lo, inclinava-me sobre ele numa posição tal que, quando atingia a insensibilidade, caía para trás, enquanto a esponja rolava no chão. Uma noite, porém, virei-me de bruços, retendo a esponja, que ficou-me aplicada à boca.

A sra. Varley, cuidando de uma criança doente, estava no quarto que ficava acima do meu. Alguns instantes depois, tomei consciência da minha situação: via minha mulher lá em cima, eu deitado de costas, com a esponja na boca, e totalmente impossibilitado de fazer qualquer movimento. Apliquei toda minha vontade em fazer penetrar-lhe no espírito uma clara noção do perigo que eu estava correndo. Ela acordou, desceu, imediatamente tirou a esponja e ficou muito assustada. Esforcei-me por falar-lhe, e disse-lhe:

– Vou esquecer tudo isso e ignorar como aconteceu, se não me lembrares amanhã; mas, não deixes de dizer-me o que te fez descer, e então serei capaz de me lembrar de todos os detalhes.

Na manhã seguinte ela fez o que lhe havia recomendado, mas a princípio não consegui lembrar-me de nada. No entanto, passei o dia esforçando-me, e finalmente consegui lembrar-me de uma parte, e, com o tempo, da totalidade dos fatos. Meu espírito estava no quarto, perto da sra. Varley, quando a fiz ciente do perigo em que me encontrava.

Este caso ajudou-me a compreender os meios de comunicação dos espíritos. A sra. Varley percebeu o que meu espírito pedia, e sentiu as mesmas sensações. Um dia, estando em transe, ela me disse:

– Realmente, não são os espíritos que lhe falam: sou eu mesma, e sirvo-me do meu corpo do mesmo modo como os espíritos o fazem quando falam pela minha boca.

Em 1860 observei outro fato. Acabava de se estabelecer o primeiro cabo atlântico. Quando chegava a Halifax, meu nome foi telegrafado para Nova Iorque; o sr. Cyrus Fied transmitiu a notícia a St.-John e ao Havre, de modo que quando cheguei fui cordialmente recebido em toda parte, e no Havre encontrei um banquete preparado. Foram feitos vários discursos, e nos atrasamos muito. Eu devia tomar o vapor que partiria na manhã seguinte e minha grande preocupação era não acordar a tempo. Utilizei-me então de um meio que sempre dera resultado: era formular energicamente em mim a vontade de acordar em tempo hábil. Amanheceu, e eu me via profundamente adormecido na minha cama.

Tentei despertar, mas não consegui. Depois de alguns instantes, como buscava meios mais enérgicos para sair do impasse, percebi um pátio onde havia uma pilha de madeira, da

A Alma é Imortal 99

qual dois homens estavam se aproximando. Subiram na pilha e dela tiraram uma tábua pesada. Tive, então, a idéia de provocar em mim o sonho de que uma bomba era lançada contra mim, assoviava ao sair do canhão, explodia e me feria no rosto, no momento em que os homens atiravam a tábua do alto da pilha. Isso me acordou, deixando-me a lembrança bem nítida dos dois atos: o primeiro consistindo na ação do meu ser intelectual mandando meu cérebro acreditar na realidade de ilusões ridículas provocadas pela força de vontade da inteligência. Quanto ao segundo, não perdi um instante para saltar da cama, abrir a janela, e constatar que o pátio, a pilha de madeira, os dois homens eram exatamente como meu espírito os havia visto. Antes eu nada sabia sobre o local; quando cheguei à cidade, na véspera, já era noite e eu absolutamente não sabia que havia um pátio lá. É evidente que meu espírito viu tudo aquilo enquanto meu corpo jazia adormecido. Era-me impossível enxergar a pilha de madeira sem abrir a janela."[12]

No relato seguinte, a mesma pessoa se desdobra em várias ocasiões, e isso sem nenhuma participação consciente ou voluntária da parte dela.

Aparições múltiplas do mesmo indivíduo

Sra. Stone, Shute Haye, Walditch, Bridport.[13]

X., 1883: "Fui vista três vezes, quando não estava realmente presente, e cada vez por pessoas diferentes. A primeira vez, quem me viu foi minha cunhada. Estava cuidando de mim após o nascimento do meu primeiro filho. Olhou para a cama onde eu dormia e me viu distintamente, assim como meu duplo. Num ponto, viu meu corpo natural, em outro, minha imagem espiritualizada e tênue. Fechou os olhos várias vezes, mas, ao reabri-los, sempre via a mesma aparição. A visão se dissipou algum tempo depois. Ela achou que era um sinal de morte para mim, e só vários meses depois ouvi falar nisso.

A segunda visão foi percebida por minha sobrinha, que morava conosco em Dorchester. Era uma manhã de primavera, ela abriu a porta do seu quarto e me viu subindo a escada que ficava em frente. Eu estava com um vestido de luto, preto, com gola branca e usava um boné branco; era a roupa que eu usava habitualmente, já que estava de luto por minha sogra. Ela não falou comigo, mas me viu e pensou que eu estivesse indo ao quarto das crianças. Na hora do almoço ela disse ao seu tio:

– Hoje minha tia levantou cedo, eu a vi indo ao quarto das crianças.

– Oh! Não, Jane – respondeu meu marido –, ela não estava se sentindo bem e deve almoçar no quarto antes de descer.

O terceiro caso foi o mais notável. Tínhamos uma casinha em Weymouth, onde íamos de tempos em tempos para aproveitar o mar. Uma certa sra. Samways nos servia quando estávamos lá, e cuidava da casa na nossa ausência; era uma mulher agradável e tranqüila, realmente digna de confiança; era tia da nossa querida e antiga empregada Kitty Balston, que agora estava conosco em Dorchester. No dia que precedeu a visão, Kitty tinha escrito para a tia; comunicava-lhe o nascimento do meu filho mais novo e lhe dizia que estava bem.

Na noite seguinte, a sra. Balston foi a uma "reunião de preces" perto de Clarence Buildings; ela era batista. Antes de sair, fechou uma porta interna que dava para um pequeno pátio nos fundos da casa; fechou a porta da rua e levou as chaves no bolso. Ao voltar, abrindo a porta da rua notou que havia luz no fundo do corredor; aproximando-se, viu que a porta que dava para o pátio estava aberta. A luz clareava-lhe todos os detalhes, e eu estava no centro dele. Ela me reconheceu perfeitamente; eu estava vestida de branco, muito pálida e com ar fatigado. Muito assustada, correu à casa de um vizinho (a do Cap. Court), e desmaiou no caminho. Quando voltou a si, o Cap. Court acompanhou-a até a casa, que continuava tal e qual a havia deixado. A porta do quarto estava hermeticamente fechada. Naquele momento eu estava muito fraca, e fiquei várias semanas entre a vida e a morte."

Pelo relato dessa senhora, parece que se pode concluir que sua saúde deixava a desejar e que sua alma se desprendia quando ela estava deitada. Para que a hipótese de alucinação possa explicar essas aparições, a três pessoas desconhecidas entre si, e isso em diferentes ocasiões, dever-se-ia supor a sra. Stone dotada de um poder alucinatório que ela exerceria à sua revelia, e ainda

A Alma é Imortal 101

assim não se compreenderia como a sra. Balston, que estava a grande distância, poderia ter sido influenciada. Acreditamos que o desdobramento explica mais claramente os fatos, já que, numa outra circunstância, sua cunhada viu simultaneamente, e muito nitidamente, o corpo material e o corpo fluídico.

Observemos também que a visão do duplo pela cunhada não é subjetiva, uma vez que ela fecha várias vezes os olhos e que, durante esse tempo, a aparição some, para voltar a tornar-se visível quando torna a abri-los.

Uma imagem alucinatória sediada no cérebro não seria invisível para olhos fechados.

As mesmas observações precedentes aplicam-se às aparições dessa senhora: a semelhança total entre a forma física e o fantasma, o repouso do organismo durante a manifestação.

Desdobramento involuntário, mas consciente

O protagonista é um rapaz de uns trinta anos, talentoso artista gravador.[14]

"Há poucos dias – diz-me ele – voltava para casa à noite, por volta das dez horas, quando fui tomado por uma estranha e inexplicável sensação de cansaço. No entanto, decidi não deitar-me logo. Acendi meu lampião e coloquei-o em cima da mesinha-de-cabeceira. Peguei um charuto, aproximei-o da chama e dei umas tragadas, depois me estendi num sofá.

Na hora em que displicentemente me virava para apoiar a cabeça numa almofada, percebi que os objetos ao redor estavam girando; senti uma espécie de tontura, um vazio; depois, bruscamente, vi-me transportado ao centro do meu quarto. Surpreso com esse deslocamento de que não tivera consciência, olhava ao meu redor, e meu espanto aumentou mais ainda.

Inicialmente, vi-me estendido no sofá, relaxadamente, sem qualquer tensão; só minha mão esquerda estava levantada sobre o cotovelo apoiado e segurava meu charuto aceso, cuja claridade era visível na penumbra produzida pelo abajur do meu lampião. A primeira idéia que me ocorreu foi que, sem dúvida, eu tinha adormecido e o que estava sentindo era resultado de um sonho. No entanto, admitia que nunca tinha passado por algo assim, que me parecera tão intensamente real. Direi mais: tinha a impressão de que jamais estivera tanto dentro da realidade.. Assim, compreendendo que não podia tratar-se de um sonho, o segundo pensamento que de repente me ocorreu foi que eu estava morto. E, ao mesmo tempo, lembrei-me de ter ouvido dizer que há espíritos, e achei que eu tinha me transformado num espírito. Tudo o que consegui descobrir sobre este assunto desenvolveu-se longamente, mas em menos tempo do que se possa imaginar, diante da minha visão interior. Lembro-me perfeitamente de ter sido tomado por uma espécie de angústia e de remorsos por coisas inacabadas. Minha vida apareceu-me como numa fórmula...

Aproximei-me de mim, ou melhor, do meu corpo, ou do que achava que era meu cadáver. Um espetáculo que não compreendi de imediato despertou-me a atenção; vi-me respirando, e, mais ainda, vi o interior do meu peito, e nele meu coração batia lentamente, mas com regularidade. Naquele momento, compreendi que deveria ter sofrido uma síncope de um tipo particular, a menos que as pessoas que tenham uma síncope, pensava, não se lembrem do que lhes aconteceu durante seu desmaio. E, então, tive receio de não me lembrar de nada quando recobrasse os sentidos...

Sentindo-me um pouco mais tranqüilo, olhei ao meu redor, perguntando-me por quanto tempo aquilo iria durar. Depois não me preocupei mais com meu corpo, com meu outro eu que continuava deitado no seu sofá. Olhei para meu lampião, que continuava queimando silenciosamente, e pensei que ele estava bem perto da minha cama e poderia atear fogo aos reposteiros: peguei o botão para apagar o pavio, mas eis uma nova surpresa! Sentia perfeitamente o botão com suas ranhuras; percebia-lhe, por assim dizer, todas as moléculas, mas meus dedos não conseguiam girá-lo, apenas executavam o movimento, e em vão eu tentava comandá-lo.

Examinei-me, então, e vi que, embora minha mão pudesse passar através de mim, sentia meu corpo que me parecia, se não me falha a memória, estar revestido de branco. Postei-me depois diante do espelho, em frente à lareira. Em vez de ver nele minha imagem, percebi que meu olhar parecia estender-se à vontade, e primeiro apareceu-me a parede, depois o lado posterior dos quadros e dos móveis do apartamento do meu vizinho, e a seguir todo seu interior. Dei-me conta da ausência de claridade nos aposentos, onde, no entanto, minha visão enxergava, e percebi nitidamente algo como um raio de luz que partia do meu epigastro e iluminava os objetos.

Ocorreu-me a idéia de entrar no apartamento do meu vizinho, que, aliás, eu não conhecia, e que no momento não estava em Paris. Mal desejei visitar a primeira peça, e vi-me transportado. Como? Não sei, mas parece-me que devo ter atravessado a parede tão facilmente como minha visão a penetrava. Logo, pela primeira vez na vida estava na casa do vizinho. Inspecionei os quartos, gravei-lhes o aspecto na memória e dirigi-me a uma bilbioteca onde, particularmente, observei o título de várias obras colocadas numa prateleira à altura dos meus olhos.

Para mudar de aposento, bastava querer, e, sem esforço, via-me lá onde devia estar.

A partir desse momento, minhas lembranças são muito confusas: sei que ia para longe, muito longe, para a Itália, mas não conseguiria dizer como meu tempo foi empregado. É como se, não tendo mais controle sobre mim, não sendo mais senhor das minhas idéias, me visse transportado para cá ou para lá, conforme o lugar para onde se dirigia meu pensamento, e eu ainda não o dominava, pois, de certa forma, ele se dispersava antes que pudesse captá-lo; agora, a imaginação levava o apartamento do vizinho consigo.

Finalizando, o que posso acrescentar é que acordei às cinco horas da manhã, no meu sofá, enrijecido, frio, tendo ainda entre os dedos meu charuto inacabado. Meu lampião apagara, enfumaçando o vidro. Deitei-me na cama sem conseguir dormir e fui sacudido por um arrepio. Finalmente o sono chegou; quando despertei, já era dia claro.

Através de um inocente estratagema, convenci o zelador a ir até o apartamento do vizinho para verificar se não havia algo errado e, subindo com ele, consegui ver de novo os quadros e os móveis que tinha visto na noite anterior, assim como os títulos dos livros que eu tinha observado atentamente.

Não falei sobre isso com ninguém, com medo de passar por louco ou alucinado."

Este relato é muito instrutivo. Inicialmente, prova que a exteriorização da alma não é resultado de uma alucinação, ou recordação de um sonho, porque a visão do apartamento do vizinho, que o gravador não conhecia, e no qual penetrou pela primeira vez durante esse estado particular, é perfeitamente real. Em segundo lugar, constatamos que a alma, quando desligada do corpo, possui uma forma definida e tem o poder de passar através de obstáculos materiais sem encontrar resistência, bastando-lhe a vontade para transportá-la ao lugar que deseja. Em terceiro lugar, ela tem uma visão mais penetrante do que no estado normal, já que o rapaz via seu coração batendo através do peito.[15]

A permanência da lembrança dos acontecimentos ocorridos durante o desdobramento é aqui bem nítida, mas pode ser menos viva, e então o agente, ao despertar, não saberá se sonhou, ou se realmente sua alma saiu do seu invólucro físico; finalmente, o que é mais comum, ao reentrar no seu corpo, o espírito esquece o que se passou durante o desligamento. Não se deve concluir – como freqüentemente se faz – que essa saída seja uma manifestação inconsciente da alma; a verdade é que só a lembrança desse fenômeno desapareceu, mas, enquanto ocorria, a alma tinha perfeita consciência dele.

Façamos uma última observação a respeito da impossibilidade do jovem gravador girar o botão do lampião, embora, por assim dizer, lhe percebesse a textura íntima. Essa incapacidade, que é comum a todos os espíritos no espaço, deve-se à rarefação do perispírito; mas pode também acontecer que, graças a um influxo de energia provindo do corpo material, o invólucro fluídico alcance um nível de objetivação suficiente para atuar sobre objetos materiais. A aparição da mãe de Hélène tinha essa substancialidade.

Até aqui, as aparições ditas telepáticas de que vimos falando nada haviam revelado sobre sua natureza íntima; exceto pelos movimentos que executam e portas que parecem abrir e fechar, poderíamos tomá-las por projeções do pensamento, por simples imagens, por meras aparências, e não por seres verdadeiramente materiais. Eis a seguir alguns casos em que a tangibilidade se revela mais claramente.

Aparição tangível de um estudante

Reverendo P. H. Newnham, Maker Vicarage, Devonport:[16]
"No mês de março de 1856, estava em Oxford, cursava o último ano e morava numa pensão. Era sujeito a violentas dores de cabeça nevrálgicas, principalmente durante o sono. Uma noite, por volta das oito horas, tive uma dor de cabeça mais violenta do que de hábito, que se tornou insuportável em torno das nove horas; fui para meu quarto, joguei-me na cama sem despir-me, e logo adormeci.

Tive então um sonho de uma nitidez e de uma intensidade extraordinárias. Todos os detalhes desse sonho estão tão vivos na minha memória como no momento em que sonhava. Sonhei que estava com a família da jovem que mais tarde veio a ser minha esposa. Todas as pessoas mais jovens tinham se recolhido, e eu ficara conversando com ela de pé, junto à lareira; depois, disse-lhe boa-noite, peguei minha vela e ia deitar-me. Quando cheguei no vestíbulo, notei que minha noiva tinha ficado lá embaixo, e só então estava chegando ao topo da escada; subi de quatro em quatro e, surpreendendo-a no último degrau, enlacei-a por trás pela cintura. Levava meu castiçal na mão esquerda, mas, no meu sonho, isso não tinha importância. Então acordei, e quase imediatamente um relógio na casa bateu dez horas.

Foi tão forte a impressão que esse sonho causou em mim, que na manhã seguinte escrevi à minha noiva, fazendo-lhe um relato detalhado. Recebi uma carta dela, carta que não era uma resposta à minha, mas que havia cruzado com ela no caminho. Eis seu conteúdo: 'Ontem à noite, por volta das dez horas, você pensou em mim de modo especial? Quando estava subindo a escada para ir deitar-me, ouvi perfeitamente seus passos atrás de mim, e senti seus braços enlaçando-me a cintura.'

As cartas em questão hoje estão destruídas, porém verificamos os fatos anos mais tarde, ao reler nossas antigas cartas antes de destruí-las. Percebemos que nossas recordações pessoais tinham permanecido fiéis. Portanto, este relato pode ser aceito como exato."

P.-H. Newham

A relação de causa e efeito é evidente neste caso. O sonho do jovem estudante é a reprodução da realidade. Durante o sono, sua alma se desligou do corpo, transportando-se para junto da noiva. Seu desejo de abraçá-la foi tão intenso que determinou a materialização parcial do perispírito, isto é, do seu duplo. O fato é incontestável, pois a moça diz ter ouvido distintamente passos subindo a escada; a sensação de braços ao redor da cintura também é claramente confirmada. Esses detalhes, narrados de maneira idêntica pelos dois protagonistas da cena, sem terem combinado, nem tê-la previsto, afastam, evidentemente, qualquer idéia de alucinação.

Eis um exemplo de uma impressão tátil produzida por uma aparição; mas aqui o autor se torna visível:

Aparição objetiva num momento de perigo

Sra. Randolph Lichfield, Cross Deep, Twickenham, 1883:[17] (Abreviamos um pouco o relato, suprimindo o que não é indispensável.)

"Uma tarde, antes do meu casamento, estava no meu quarto, sentada junto a uma mesa de toalete, sobre a qual havia um livro que eu estava lendo; A mesa ficava num canto do quarto, e o grande espelho acima dela quase tocava o teto, de modo que a imagem de qualquer pessoa que estivesse no quarto podia refletir-se nele por inteiro. O livro que eu estava lendo nada tinha que pudesse afetar-me os nervos ou excitar-me a imaginação. Sentia-me muito bem, estava de bom humor e nada me havia acontecido, desde a hora em que recebera minha correspondência pela manhã, que pudesse me fazer pensar na pessoa relacionada com a estranha impressão que o senhor me pede que conte.

Tinha os olhos fixos no meu livro. De repente senti, sem vê-lo, alguém entrar no meu quarto. Olhei no espelho para saber quem era, mas não vi ninguém. Pensei que, naturalmente, vendo-me mergulhada na leitura, minha visita tivesse saído, quando, para meu espanto, senti um beijo na testa, um beijo demorado e carinhoso. Ergui a cabeça, mas não assustada, e vi meu noivo postado atrás da minha cadeira, inclinado como se quisesse beijar-me

A Alma é Imortal 107

de novo. Seu rosto estava muito pálido e triste, sem qualquer expressão. Surpresa, levantei-me, e, antes que tivesse conseguido falar, ele havia desaparecido, não sei como. Só sei uma coisa, e é que, por um instante, vi bem nitidamente todos os traços do seu rosto, seu porte alto, os ombros largos, como sempre os vi, e no momento seguinte nada mais enxerguei dele.

Inicialmente, fiquei apenas surpresa ou, melhor dizendo, perplexa; não sentia medo algum; nem por um instante acreditei que tivesse visto um espírito. A sensação que se seguiu foi de que eu tinha alguma coisa no cérebro, e era grata por não ter-me provocado uma visão terrível em vez da que eu tivera e que fora muito agradável."

A narradora conta, então, que por três dias não teve notícias do noivo; uma noite pareceu-lhe sentir sua influência, mas não o viu, apesar da sua expectativa. Finalmente, veio a saber que ele tinha sido vítima de um acidente ao tentar adestrar um cavalo fogoso. Antes de perder a consciência, o pensamento dele voara até à noiva, e ele disse: "May, minha pequena May, que eu não morra sem voltar a ver-te." Foi durante aquela noite que ele se inclinou sobre a jovem, beijando-a.

Mais uma vez vemos a aparição assemelhar-se, traço a traço, à pessoa viva, deslocar-se, seja qual for a distância, e, de modo efetivo, dar testemunho da sua corporalidade ao abraçar a noiva. Seja qual for o papel que se pretenda atribuir à alucinação, ela não nos parece capaz de explicar o que aconteceu.

Eis mais um exemplo de materialização do invólucro fluídico.

Um duplo materializado

Os *Anais Psíquicos* de setembro-outubro de 1896, à pág. 263, sob o título "Formação de um duplo", relatam o seguinte fato:

O sr. Stead conta que estava cuidando da sra. A., cujo estado de saúde, à época, era preocupante. Conversando com ela, o sr. Stead recomendou-lhe que fosse assistir aos ofícios dominicais, só que ela, demasiado céptica, não tinha correspondido ao seu desejo. Nesse meio tempo, ela caiu seriamente doente, sendo obrigada a ficar de cama.

Domingo à noite, 13 de outubro, o sr. Stead ficou surpreso

ao ver a sra. A. entrar no templo e acomodar-se num banco. Havia luz suficiente para que pudesse reconhecê-la muito bem. Um membro da congregação ofereceu-lhe um livro de orações, que ela pegou, mas não abriu. A seguir a obreira deu-lhe um livro, que também pegou, com ar distraído, deixando-o sobre o apoio diante dela. Ficou sentada durante todo o ofício, até o último hino, que ouviu de pé. Durante o segundo e o terceiro hinos ela às vezes levantava o livro, mas não parecia estar cantando. Após o último versículo, pousou o livro bruscamente e, descendo a nave rapidamente, desapareceu.

Numerosas testemunhas afirmam ter visto a sra. A., tendo-a reconhecido como a mesma senhora que tinha estado lá anteriormente. Seu modo de trajar elegante, mas excêntrico, chamava a atenção. No dia seguinte o sr. Stead foi à casa da sra. A., que continuava doente e estava deitada num sofá. Garantiu que não tinha saído na véspera; os testemunhos do médico, da aia, de duas amigas, confirmaram absolutamente sua afirmação. A distância que separa a residência da sra. A. do templo é considerável; ora, comparando-se as horas em que ela apareceu e o momento em que foi vista, seja pelo médico, seja pelas amigas, está claro que não teria sido possível percorrer o trajeto em estado do sonambulismo, o que, aliás, seu estado de saúde nem permitiria.

Aí está mais uma prova evidente da ação tangível do corpo fluídico materializado. Um ponto a ser observado é o longo tempo de duração do fenômeno, que foi de uma hora e meia.

Aparição falante

Desta vez, independentemente de outras circunstâncias típicas, vamos ouvir o duplo fluídico falar.
Srta. Paget, 130 Fulham Road, S. W., Londres.[18]
17 de julho de 1885.
"Eis o relato rigoroso de uma aparição que vi do meu irmão. Foi em 1874 ou 1875, meu irmão era terceiro oficial a bordo de um grande navio da Sociedade Wigram. Sabia que no momento ele estava na costa da Austrália, mas, que me lembre, não estava pensando nele de modo especial; como, no entan-

to, era meu único irmão e éramos grandes amigos, havia entre nós laços muito estreitos. Meu pai morava no campo; uma noite, pouco depois das dez horas, desci à cozinha para pegar um pouco de água quente no fogão. Lá havia um grande lampião Duplex, de modo que tudo estava bem claro; as criadas estavam deitadas, e eu tinha que apagar o lampião. Enquanto pegava minha água quente, ergui os olhos e, para minha grande surpresa, vi meu irmão entrando na cozinha pela porta que dava para fora e dirigindo-se para perto de mim. Não vi se a porta estava aberta, porque ficava num canto, e porque meu irmão já estava dentro da cozinha. A mesa estava entre nós, e ele se sentou no canto extremo. Notei que usava o uniforme e o blusão de marinheiro, e que havia água brilhando no blusão e no casquete. Exclamei: 'Miles! De onde vens?' Ele respondeu no seu tom de voz habitual, mas apressado: 'Pelo amor de Deus, não contes que eu estou aqui'. Isso se passou em poucos segundos, e quando corri na sua direção ele desapareceu. Tive muito medo, pois pensara que realmente tivesse visto meu irmão em pessoa; e só depois que desapareceu é que compreendi que tinha visto seu espectro. Subi para meu quarto e escrevi a data numa folha de papel que guardei na minha escrivaninha, sem falar do incidente a ninguém.

Mais ou menos três meses depois, meu irmão voltou para casa, e, na noite da sua chegada, sentei-me ao seu lado, na cozinha, enquanto ele fumava. Em tom casual perguntei-lhe se não vivera alguma aventura, e ele disse: 'Quase me afoguei em Melbourne'. Contou-me então que, tendo descido à terra sem permissão, subia a bordo após a meia-noite quando escorregou na passarela, caindo entre o cais e o navio. O espaço era muito estreito e, se não o tivessem tirado de lá imediatamente, fatalmente se afogaria.

Lembrou-se de que achara que estava se afogando e desmaiara. Não ficaram sabendo que tinha descido à terra sem permissão, de modo que não recebeu a punição esperada. Contei-lhe, então, que tinha me aparecido na cozinha, e perguntei-lhe a data. Conseguiu dizê-la com exatidão porque o navio havia zarpado de Melbourne na manhã seguinte. E isso é que o fizera temer uma punição, porque todos os homens deveriam estar a bordo na noite anterior. As duas datas coincidiam, só havia uma diferença quanto à hora: eu o vira pouco depois das dez horas da noite, e seu acidente ocorrera pouco depois da meia-noite.

Não se lembrou de ter pensado especialmente em mim naquele momento, mas ficou impressionado com a coincidência, e falava freqüentemente sobre isso."

Sempre o fantasma é sósia da pessoa viva. Não se trata de alucinação, porque a srta. Paget vê a alma do irmão andando na cozinha, e constata que as roupas da aparição estão molhadas, e essa circunstância coincide precisamente com o acidente sofrido pelo marinheiro, que quase se afogou. A enorme distância entre Melbourne e a Inglaterra em nada afeta a intensidade do fenômeno de desdobramento, umas vez que o marinheiro falou com sua irmã, o que até agora não havíamos constatado.

Efeitos físicos produzidos por uma aparição

No seu livro *Man and his relations*, o dr. Britten cita o seguinte caso:

Um certo sr. Wilson, residente em Toronto (Canadá), adormece no seu escritório e sonha que está em Hamilton, cidade situada a quarenta milhas inglesas a oeste de Toronto. Em sonho, faz suas cobranças habituais e vai bater à porta de uma amiga, a sra. D.

Uma criada vem abrir e lhe diz que sua patroa saiu; mesmo assim, ele entra, bebe um copo d'água, depois sai, encarregando a criada de apresentar seus cumprimentos à sra. D. O sr. Wilson acorda, tinha dormido quarenta minutos.

Alguns dias depois, uma certa sra. G., residente em Toronto, recebeu uma carta da sra. D., de Hamilton, na qual esta lhe contava que o sr. Wilson estivera em sua casa, tinha bebido um copo d'água e se fora, não tendo voltado depois, o que a deixara contrariada, pois gostaria muito de vê-lo. O sr. Wilson garantiu que já fazia um mês que não ia a Hamilton, mas, pensando no seu sonho, pediu à sra. G. que escrevesse à sra. D. rogando-lhe que não falasse sobre o incidente com as criadas, pois queria saber se, eventualmente, o reconheceriam. Acompanhado de alguns amigos, foi então para Hamilton e, juntos, foram à casa da sra. D. Duas criadas reconheceram o sr. Wilson como sendo a pessoa que tinha batido à porta, bebido um copo d'água e transmitido seus cumprimentos à sra. D.

Este exemplo mostra uma viagem realizada pela alma durante o sono, deixando, ao despertar, a recordação do que aconteceu durante o desprendimento. O duplo é tão material que bate à porta e bebe um copo d'água; é visto e reconhecido por estranhos. Claro está que aqui não se trata de telepatia: é uma bicorporalidade completa; e a aparição que anda, fala, bebe água não pode ser uma imagem mental, é uma verdadeira materialização da alma de um ser vivo.

Algumas observações

Entre os inúmeros casos (que a exigüidade do plano da nossa obra não nos permite reproduzir) narrados pelos autores ingleses, tomamos os que põem em evidência a objetividade do fantasma vivo; se algumas vezes, em razão do fenômeno, se pode admitir a alucinação, é fora de dúvida que a maioria deles só pode ser compreendida admitindo-se a bicorporalidade do ser humano.

Se supusermos que os diferentes fatos que acabamos de enumerar se devem à alucinação, somos levados a fazer duas observações que são muito importantes. Para que o cérebro do paciente seja impressionado, além das condições habituais é preciso que o agente exerça, à distância, uma ação de uma natureza especial, que não pode ser comparada a nenhuma força conhecida.

Inicialmente, a distância não afeta o fenômeno; quer o agente esteja em Melbourne e o paciente em Londres, a aparição acontece; portanto, a forma de energia que transmite o pensamento nada tem em comum com as ondas luminosas, sonoras, caloríficas, pois ela se propaga no espaço sem se enfraquecer e sem condutor material. Além do mais, ela não se refrata no caminho, e vai, através de todos os obstáculos, atingir o alvo determinado.

Hoje sabemos que a eletricidade pode apresentar a forma ondulatória e propagar-se sem condutor material. Poderíamos, portanto, admitir que existe uma semelhança entre a telegrafia sem fio e os fenômenos telepáticos. É evidente que, se houvesse apenas uma simples transmissão de sensações, poderíamos comparar o fluido empregado para transmitir o pensamento ao fluido elétrico, e o cérebro do paciente que vê, a um receptor telegráfico. Só que o fenômeno aqui é muito mais complexo.

Se considerarmos que o agente não teve vontade de mostrar-se, fica difícil acreditar que só seu pensamento, à sua revelia, tenha esse poder singular. Se levarmos em conta que a imagem é suficientemente materializada para abrir ou fechar uma porta, beijar, segurar um livro de orações, falar etc., temos que admitir que, nesses fatos, há algo mais do que uma simples impressão mental do paciente. Concebemos mais facilmente um desdobramento momentâneo do agente, cuja lembrança ele não guardou ao voltar à vida normal. Então é a própria alma do agente que se mostra, e ela se move no espaço como fazem os espíritos desencarnados.

É exatamente porque a alma saída do corpo é a causa do fenômeno que a lembrança desse êxodo não se conserva, porque o cérebro do agente não foi impressionado pelos fatos ocorridos sem a sua participação. Para recuperar a lembrança, seria necessário submeter o agente ao sonambulismo, ou seja, levá-lo a um estado análogo àquele em que se encontrava quando ocorreu o desdobramento.

Reunindo as diversas características peculiares de cada uma dessas aparições, já é possível formularmos observações gerais que nos esclareçam quanto a essas manifestações tão pouco conhecidas da atividade psíquica.

Durante a vida, a alma acha-se intimamente ligada ao corpo e só se separa completamente dele na hora da morte; porém, sob a ação de influências diversas: sono natural, sono provocado, perturbações patológicas, ou forte emoção, é-lhe possível exteriorizar-se o suficiente para transportar-se, quase instantaneamente, a um determinado lugar; lá chegando, pode tornar-se visível, de modo a ser reconhecida. Vimos dois exemplos desse tipo de ação: o do noivo da sra. Randolph Lichfield e o do jovem marinheiro.

Às vezes, a lembrança das coisas percebidas nesse estado pode ser conservada, como aconteceu com o Rev. Newnham, com o jovem gravador e com Varley; para tanto, é preciso que a impressão sentida esteja bem viva. É possível, também, que às vezes subsistam algumas vagas reminiscências; geralmente, porém, ao acordar não há consciência alguma do que aconteceu. Essa lacuna da vida mental é comparável ao esquecimento dos sonâmbulos quanto ao que se passou durante o sono magnético. Já explicamos isso em outra obra.[19]

Pode também acontecer que o desdobramento ocorra sem que a pessoa que dele é objeto o tenha desejado; é o caso da senhora que se mostrou em três ocasiões diferentes: seu estado doentio permite supor que, estando ligada ao corpo com menos firmeza, sua alma conseguiu desprender-se dele facilmente. É uma possibilidade bastante freqüente para ser assinalada. Eis alguns exemplos:

Leuret[20] conta que um homem, convalescendo de uma febre, imaginava-se formado por dois indivíduos, um dos quais estava de cama, ao passo que o outro estava passeando. Embora não tivesse apetite, comia muito, já que, dizia ele, tinha que alimentar dois corpos.

Pariset, tendo sido afetado na juventude por um tifo epidêmico, permaneceu vários dias num aniquilamento vizinho à morte. Certa manhã, despertou nele uma sensação mais distinta de si mesmo, e foi como uma ressurreição; mas, coisa espantosa, naquele momento tinha dois corpos, ou pelo menos achava que tinha, e aqueles corpos pareciam-lhe estar deitados em camas diferentes. Quando sua alma estava presente no primeiro deles, sentia-se curado e gozava de um delicioso repouso. No outro corpo, a alma sofria, e ele dizia consigo mesmo: "Como é que me sinto tão bem nesta cama, e tão mal, tão abatido na outra?" Por muito tempo tal pensamento preocupou-o, e esse homem, tão perspicaz na análise psicológica, contou-me várias vezes a história detalhada das impressões que sentia então.[21]

Cahagnet, o célebre magnetizador, conta o seguinte:[22]

"Conheci várias pessoas que tiveram visões como essas (desdobramentos), que, aliás, são muito freqüentes em situações de doença. O venerável abade Merice garantiu-me que durante uma febre muito forte que o acometeu, viu-se, durante vários dias, separado do seu corpo, que lhe parecia estar deitado ao seu lado, e pelo qual se interessava como se fosse um amigo. Esse senhor se apalpava, certificando-se, por todos os meios que estabelecem o convencimento, de que se tratava realmente de um corpo ponderável, embora pudesse ter a mesma convicção quanto ao seu corpo material."

Vemos, pois, de um modo geral, que, para que a alma possa desprender-se, é preciso que o corpo esteja mergulhado no sono, ou que os laços que comumente a prendem tenham-se afrouxado por uma forte emoção ou por doença. As práticas magnéticas, ou os agentes anestésicos, levam às vezes aos mesmos resultados.[23]

A necessidade do sono durante o desdobramento se explica, primeiro, pelo fato de que a alma não pode estar simultaneamente em dois locais diferentes; a seguir, pode-se compreendê-la pela grande lei que determina que qualquer desenvolvimento anormal de uma parte do corpo se opere em detrimento fisiológico do equilíbrio dos outros órgãos. Se a quase totalidade da energia nervosa for empregada para produzir, fora do ser, uma manifestação visível, o corpo, durante esse tempo, fica reduzido à vida vegetativa e orgânica; as funções de relação ficam temporariamente suspensas. Pode-se mesmo, em certos casos, estabelecer uma relação direta entre a intensidade da ação perispiritual e o estado de prostração do corpo. A maior ou menor tangibilidade do fantasma está ligada, de modo íntimo, ao grau de energia moral do indivíduo, à tensão do seu espírito quanto a um objetivo determinado, à sua idade, à sua constituição física e, sem dúvida, a condições do meio exterior, que deverão ser determinadas posteriormente.

Em todos os exemplos antes citados, a forma visível da alma é a cópia fiel do corpo terrestre; há completa identidade entre uma pessoa e seu duplo, e pode-se afirmar que tal semelhança não se limita à reprodução dos contornos externos do ser material, mas se estende à intimidade da estrutura perispiritual, ou, melhor dizendo, todos os órgãos do ser humano existem na sua reprodução fluídica.[24]

Observamos, no relato referente ao jovem marinheiro, que a aparição fala, o que permite supor que tenha um órgão para produzir a fala, e uma força interior que põe tal aparelho em movimento. A máquina fonética é igual à do corpo, e a força é extraída do organismo vivo. No capítulo relativo às materializações, veremos como isso é possível.

Assinalamos também como uma das características mais notáveis, o deslocamento quase instantêneo da aparição. Vemos a alma do marinheiro, que estava na Austrália, manifestar-se na mesma noite à sua irmã, na Inglaterra. Em todos os casos, a aparição viaja com vertiginosa rapidez; por assim dizer, chega aonde quer instantaneamente; parece mover-se tão rápida quanto a eletricidade. Essa rapidez considerável deve-se à rarefação das moléculas de que ela é formada, antes da materialização mais ou menos completa que ela opera para tornar-se visível e tangível.

Encerraremos esta curta exposição dos fatos com três casos típicos, nos quais encontraremos reunidas todas as características que constatamos isoladamente, até agora, nas aparições de vivos.

O adivinho da Filadélfia

O sr. Dassier[25] reproduz a seguinte história:

Stilling dá interessantes detalhes a respeito de um homem que vivia em 1740, que levava uma vida retirada, com hábitos estranhos, e morava nas proximidades da Filadélfia, nos Estados Unidos. Dizia-se que esse homem possuía segredos extraordinários, sendo capaz de descobrir as coisas mais ocultas. Entre as provas do seu poder, a que se segue é a mais notável, e foi considerada perfeitamente constatada por Stilling.

Um capitão de navio partira para uma longa viagem pela Europa e pela África. Sua mulher, há muito tempo sem receber notícias, e estando muito preocupada com sua sorte, foi aconselhada a dirigir-se ao adivinho. Este pediu-lhe que aguardasse enquanto ia em busca das informações que ela desejava. Passou para o aposento vizinho, e ela ficou sentada, esperando. Como a ausência do homem se prolongava, impacientou-se, achando que ele a tinha esquecido; então, aproximou-se cuidadosamente da porta, espiou por uma fresta, e surpreendeu-se ao vê-lo deitado num sofá, imóvel, como se estivesse morto. Achou que não deveria perturbá-lo e aguardou seu retorno. O adivinho disse-lhe que seu marido estivera impossibilitado de escrever por tais e tais motivos; que naquele momento estava num café em Londres, e que logo voltaria para casa.

O retorno do marido aconteceu tal e qual havia sido anunciado, e quando a mulher o interrogou sobre seu prolongado silêncio, ele alegou exatamente os motivos que o adivinho havia dado. A mulher teve uma grande vontade de verificar o restante dessas indicações. Ficou plenamente satisfeita, porque seu marido, mal avistou o mágico, reconheceu-o por tê-lo visto um dia num café de Londres, onde o homem lhe havia dito que sua esposa estava muito preocupada com ele, ao que o capitão lhe contara porque estivera impossibilitado de escrever, e acrescentara que estava às vésperas de embarcar para a América. Em seguida o capitão perdera de vista o estranho, que se misturara com a multidão, e não ouvira mais falar nele.

Vemos, mas desta vez voluntariamente, desenrolar-se a série de fenômenos já descritos: sono do paciente, separação entre seu corpo e sua alma, deslocamento rápido, materialização da aparição, e lembrança ao despertar.

Na *Revista Espírita* de 1858, à pág. 328, temos uma confirmação da possibilidade, para o espírito livre, de materializar suficientemente seu invólucro para torná-lo perfeitamente semelhante ao corpo material. Eis o fato:

Uma viagem perispiritual

Um dos membros da Sociedade Espírita, residente em Boulogne-sur-Mer, em 26 de julho de 1856 escreveu a seguinte carta a Allan Kardec:[26]

"Meu filho, depois que o magnetizei por ordem dos espíritos, tornou-se um médium muito raro, pelo menos é o que ele me revelou no seu estado sonambúlico, no qual o havia colocado a seu pedido, no último dia 14, e quatro ou cinco vezes depois.

Para mim, não restam dúvidas de que meu filho, desperto, conversa livremente com os espíritos que deseja, por intermédio de seu guia, a quem chama familiarmente de amigo; de que, em espírito, transporta-se à vontade para onde quer, e vou citar-lhe

um exemplo, do qual possuo entre as mãos provas escritas. Hoje faz exatamente um mês que ambos estávamos na sala de jantar. Eu estava lendo o curso de magnetismo do sr. du Potet, quando meu filho apanhou o livro, folheando-o; chegado a um determinado ponto, seu guia lhe diz ao ouvido: leia isso. Era a aventura de um médico americano cujo espírito visitara um amigo a quinze ou vinte léguas de lá, enquanto dormia. Após tê-la lido, meu filho disse: Gostaria muito de fazer uma viagenzinha igual. – Pois bem! Aonde queres ir? – perguntou-lhe seu guia. – A Londres – respondeu meu filho – para ver meus amigos. Disse o nome dos que gostaria de visitar.
– Amanhã é Domingo – foi-lhe dito. – Não precisas levantar cedo para trabalhar. Dormirás às oito horas e andarás por Londres até às oito e meia. Na próxima sexta-feira receberás uma carta de teus amigos, recriminando-te por teres ficado tão pouco tempo com eles.

Efetivamente, na manhã seguinte, à hora indicada, ele adormeceu pesadamente; às oito e meia acordei-o; não se lembrava de nada. Quanto a mim, não disse uma só palavra, fiquei aguardando o que se seguiria.

Na sexta-feira seguinte, estava trabalhando numa das minhas máquinas e, como costumava fazer depois do almoço, estava fumando. Meu filho olha para a fumaça do meu cachimbo e diz: – Veja, há uma carta na tua fumaça. – Como vês uma carta na minha fumaça? – Vais ver – diz ele – pois eis o carteiro trazendo-a. Efetivamente, o carteiro veio entregar uma carta, de Londres, na qual os amigos do meu filho o censuravam por ter estado naquela cidade, no domingo anterior, sem ter ido visitá-los: um conhecido deles o tinha visto. Como lhe disse, possuo a carta que prova que não inventei nada."

Esse relato mostra a possibilidade de produzir artificialmente o desdobramento do ser humano; mais adiante veremos que esse procedimento foi utilizado por certos magnetizadores.

Eis o terceiro fato, que extraímos dos anais da Igreja católica:[27]

Santo Afonso De Liguori

A *Histoire Générale de l'Église*, do sr. Barão Henrion (Paris, 1851, t. II, pág. 272), narra, tal como segue, o fato miraculoso acontecido a Afonso de Liguori:

Na manhã de 21 de setembro, após ter oficiado a missa, Afonso jogou-se num sofá; estava abatido e taciturno, e, sem fazer o menor movimento, sem articular uma única palavra pedindo algo, sem dizer nada a ninguém, ficou nesse estado todo o dia e toda a noite seguinte; durante esse tempo, não se alimentou, e não parecia desejar favor algum. As criadas, que foram as primeiras a perceber sua situação, permaneciam perto do seu quarto, mas não se atreviam a entrar.

Na manhã do dia 22, constataram que Afonso não tinha mudado de atitude e não sabiam o que pensar; suspeitavam que tudo não passasse de um prolongado êxtase. Quando a hora ia um pouco mais adiantada, porém, Liguori tocou a campainha para avisar que queria celebrar a santa missa.

Ao sinal, não apenas o irmão leigo encarregado de servi-lo no altar, mas todas as pessoas da casa, e algumas estranhas, acorrem apressadas. Com ar de surpresa, o prelado pergunta por que tanta gente. Respondem-lhe que não falava há dois dias, nem dava sinal de vida.

– É verdade – replica ele – não sabeis que fui assistir o papa que acaba de morrer.

Uma pessoa que ouvira essa resposta foi, naquele mesmo dia, levá-la a Santa Ágata; ela logo se espalhou também em Arienzo, onde Afonso residia. Achou-se que tudo não passava de um sonho, mas não tardou a chegar a notícia da morte de Clemente XIV, que passara para uma outra vida no dia 22 de setembro, exatamente às sete horas da manhã, no exato momento em que Liguori recobrara os sentidos.

O historiador dos papas, Novaès, menciona esse milagre ao narrar a morte de Clemente XIV. Diz que o soberano pontífice cessou de viver no dia 22 de setembro de 1774, às sete horas da manhã, (a décima terceira hora para os italianos), assistido pelos superiores dos Agostinianos, dos Dominicanos, dos Conventuais, e, o que mais interessa, assistido miraculosamente pelo

A Alma é Imortal

bem-aventurado Afonso de Liguori, embora afastado do seu corpo, como conclui o processo jurídico do supracitado bem-aventurado, aprovado pela Sagrada Congregação dos Ritos. Podemos citar casos análogos com relação a Santo Antônio de Pádua, São Francisco Xavier e, principalmente, Maria d'Agréda, cujos desdobramentos produziram-se durante vários anos.

Notas

1. Delanne, G., *O Espiritismo perante a Ciência*.
2. *Society for Psychical Research*, fundada em 1882.
3. Depois que o presente estudo foi publicado, um grande progresso ocorreu na França em conseqüência, principalmente, da criação do *Institut Métapsychique International* (fundação Jean Meyer), dirigido pelo dr. Geley e por um comitê de sábios, entre os quais o prof. Richet, Sir Olivier Lodge etc. Esse Instituto, instalado em Paris, foi considerado de utilidade pública.
4. Ver no vol. I de *Phantasms*, págs. 39-48; vol. II, págs. 644-653. Ver também *Proceedings of the Society for Psychical Research*, t. I (1882-1883), págs. 83-97 e 175-215; t. II (1883-1884), págs. 208-215. Consultar também *La Suggestion Mentale*, o bem documentado livro do dr. Ochorowics.
5. É o nome que se dá à pessoa cujo duplo aparece.
6. Wallace, Alfred Russel, *Les Miracles et le Moderne Spiritualisme*, pág. 326.
7. *Les Hallucinations Télépathiques*, pág. 50.
8. *Les Hallucinations Télépathiques*, pág. 237.
9. *Psychische Studien*, março de 1897.
10. Ver W. H. F. Myers, *Proceedings, La Conscience Subliminale*, 1897. Consultar também: P. Janet, *L'Automatisme psychologique*, pág. 314; Binet, *Les Altérations de la Personnalité*, pág. 6 e segs.
11. *Report on Spiritualism*, pág. 157, traduzido na *Revue Scientifique et Morale du Spiritisme*, fevereiro de 1898.
12. Aqui, portanto, há auto-sugestão e clarividência ao mesmo tempo.
13. *Les Hallcuinations*, pág. 278.
14. dr. Gibier, *Analyse des Choses*, pág. 142 e segs.
15. Esta visão não é comparável à dos sonâmbulos? E não temos razões para atribui-la à alma? Comparando este relato com o de Cromwel Varley, constata-se claramente que a alma desligada do corpo goza de atributos da vida espiritual. Não se trata de teorias, é a constatação pura e simples dos fatos.
16. *Les Hallucinations*, pág. 310.
17. *Hallucinations Télépathiques*, pág. 315.
18. *Hallucinations Télépathiques*, pág. 317.
19. Delanne, G., *Evolução Anímica*, Editora do Conhecimento.
20. Leuret, *Fragments Psychologiques sur la Folie*, pág. 95.
21. Gratiolet, *Anatomie Comparée du Sistème Nerveux*, t. II, pág. 548.
22. Cahagnet, *La Lumière des Morts*, pág. 28.
23. Delanne, G., *Le Spiritisme devant la Science*, pág. 154 e segs.
24. Dassier, *L'Humanité Posthume*. Ver os numerosos exemplos em que o espectro do vivo fala, come, bebe e manifesta sua força física, em várias circunstâncias.
25. Dassier, *L'Humanité Posthume*, pág. 59.
26. *Revista Espírita*, 1858, pág. 328.
27. Ver, também, *Histoire Universelle de l'Église Catholique*, do Abade Rohrbacher, t. II, pág. 30; *Vie du Bienheureux Alphonse Marie de Liguori*, do Padre Jancart, pág. 370; *Elementi della Storia dei Sommi Pontifici*, de Giuseppe de Novaès.

Capítulo V
O corpo fluídico após a morte

O perispírito descrito em 1804

Com o título: *Aparição real de minha mulher após sua morte,* Chemnitz, 1804, o dr. Woetzel publicou um livro que causou enorme sensação nos primeiros anos do séc. XIX. O autor foi atacado em vários artigos; Wieland, principalmente, ridicularizou-o em *Enthauesia*.[1]

Durante uma enfermidade da mulher, Woetzel pedira-lhe que lhe aparecesse após a sua morte. Ela lhe prometeu. Mais tarde, porém, a pedido dela, o marido desobrigou-a da promessa. Algumas semanas depois da sua morte, no entanto, um vento forte pareceu soprar no quarto, embora estivesse fechado; o lampião quase apagou; uma janelinha na alcova se abriu, e, à tênue claridade reinante, Woetzel viu o vulto da sua mulher, que lhe disse docemente: "Charles, sou imortal, um dia voltaremos a ver-nos." A aparição e suas consoladoras palavras repetiram-se uma segunda vez. Sua mulher mostrou-se vestida de branco, com o aspecto que tinha antes de morrer. Um cachorro, que não se movera diante da primeira aparição, pôs-se a andar agitado, como se estivesse descrevendo um círculo ao redor de uma pessoa conhecida.

Numa segunda obra sobre o mesmo assunto (Leipzig,

1805), o autor fala de convites que lhe teriam sido feitos para desmentir tudo "porque, de outro modo, muitos sábios seriam forçados a renunciar ao que, até então, acreditavam ser opiniões verdadeiras e justas, e porque a superstição encontraria nisso um alimento".

Mas ele já havia pedido permissão ao Conselho da Universidade de Leipzig para apresentar em juízo um depoimento sobre o assunto. O autor desenvolve assim sua teoria: "A alma, depois da morte, seria envolvida por um corpo etéreo, luminoso, por meio do qual poderia tornar-se visível; poderia usar outras vestes sobre esse invólucro luminoso; a aparição não agira sobre seu senso interior, mas unicamente sobre seu sentido exterior."

Temos, nessa observação, uma prova da sua objetividade, porque ela foi vista e reconhecida pelo cachorro. É evidente que uma imagem subjetiva, ou seja, localizada no cérebro do sábio, não conseguiria ter tal influência sobre um animal doméstico.

Impressões produzidas pelas aparições nos animais

No relato de Justinus Kerner sobre a vidente de Prévost, trata-se de uma aparição que ela viu durante um ano inteiro; cada vez que o espírito aparecia, um galgo preto da casa parecia sentir-lhe a presença, e tão logo a figura se tornava perceptível para a vidente, o cão corria para junto de alguém, como se estivesse pedindo proteção, e muitas vezes uivando alto. A partir do dia em que viu a aparição, não quis mais ficar sozinho à noite.

Na terrível história de casa assombrada contada a Robert Dale Owen[2] pela sra. S.-C. Hall, constata-se que foi impossível fazer com que, nem de dia, nem de noite, um cachorro ficasse na sala onde as manifestações ocorriam; pouco depois que elas começaram, o cachorro fugiu e desapareceu.

John Wesley, fundador da seita que leva seu nome, falou sobre os ruídos que aconteciam na paróquia de Epworth. Após descrever sons estranhos semelhantes aos que seriam produzidos por objetos de ferro ou de vidro atirados no chão, acrescenta: "Pouco depois, nosso grande cão mastim correu para refugiar-se entre mim e a sra. Wesley; enquanto os ruídos continuaram, ele gania e saltava de cá para lá abocanhando o ar, e isso repetidamente, sem que alguém no aposento entendesse o que estava acontecendo; ao fim de dois ou três dias, ele tremia e se afastava rastejando antes que o ruído começasse. Esse era um sinal infalível; a família sabia o que ia acontecer."

A esse respeito, faremos algumas observações, que pedimos emprestadas ao ilustre naturalista *sir* Alfred Russel Wallace.[3] Esta série de casos, em que se vêem impressões produzidas pelos fantasmas em animais, é certamente notável e digna de atenção. Se a teoria da alucinação e da telepatia fosse verdadeira, esses fatos não deveriam ocorrer, e, no entanto, devemos acreditar neles, porque são quase sempre introduzidos nos relatos como coisas inesperadas; por outro lado, se foram assinalados para que deles nos lembremos, isso prova que os observadores mantiveram perfeito sangue-frio.

Mostram-nos, incontestavelmente, que um número considerável de fantasmas percebidos pela vista ou pelo ouvido, mesmo que o sejam por uma só pessoa, são realidades objetivas. O terror manifestado pelos animais que os percebem, e seu comportamento, tão diferente do que têm diante de fenômenos naturais, estabelecem, não menos claramente, que, embora objetivos, os fenômenos não são normais e não podem ser explicados por um engano qualquer ou por eventos naturais mal interpretados.

Continuaremos, agora, o estudo de aparições que ocorrem depois da morte. Destacaremos as semelhanças existentes entre essas aparições e as dos vivos, e veremos que elas têm uma similitude de características, entre as quais se inclui sua causa. Embora nos pareça pouco possível imaginar, pelos casos precedentes, uma ação ainda desconhecida de um cérebro humano sobre outro cérebro humano, de modo a aluciná-lo tão completamente, com as teorias materialistas tornar-se-á impossível supor essa ação vindo da parte de um morto; no entanto, sendo os fatos idênticos, será preciso admitir que a verdadeira causa é a alma, quer habite na Terra, quer tenha deixado este mundo.

É verdade que os incrédulos são muito hábeis em forjar teorias quando se vêem diante de fenômenos embaraçosos cuja realidade não podem negar. Foi assim que desenvolveram a hipótese da telepatia nos mortos. Sustentaram que a ação telepática de um moribundo conseguia penetrar inconscientemente no espírito do paciente, de modo que a alucinação pode ocorrer muito tempo depois da morte daquele ao qual é devida.

Esta suposição se apóia nas experiências de sugestões a longo prazo. Sabe-se que é possível fazer com que pacientes muito sensíveis executem atos complicados, alguns dias e mesmo alguns meses mais tarde. O paciente acordado não tem consciência da ordem que está adormecida nele, mas quando chega o dia fixado, ele executa fielmente a sugestão.

Portanto, se o pensamento de um morto se dirigir violentamente para um dos seus próximos, este pode armazená-lo inconscientemente, e quando a alucinação se produzir, não será uma aparição, mas simplesmente a realização de uma sugestão. Esta é uma concepção engenhosa, mas está bem longe de explicar todos os casos de aparição de mortos. Em primeiro lugar, a analogia entre a visão de um morto e uma sugestão retardada é completamente equivocada, porque o agente – na maioria dos casos – não cogita em intimar o paciente a vê-lo mais tarde; a seguir, se, como nas aparições de vivos, há fenômenos físicos produzidos pela aparição, torna-se evidente que não é uma imagem mental que os executa; deve ser o ente falecido, o que demonstra sua sobrevivência. Adiante teremos oportunidade de mostrar o quanto essas explicações, supostamente científicas, são falhas e sempre incompletas.

Voltemos aos exemplos extraídos de *Phantasms of the Living*:

Eis um caso em que a aparição ocorre pouco tempo após o falecimento. O relato é devido à sra. Stella Chieri, Itália.[4]

"Quando tinha uns 15 anos, fui passar uns dias na casa do dr. J. G., em Twyford, Hants. Lá, fiz amizade com o primo do meu anfitrião, um rapaz de 17 anos. Tornamo-nos inseparáveis, remávamos e andávamos a cavalo juntos, partilhávamos as mesmas diversões como irmão e irmã.

Sua saúde era muito delicada; preocupava-me com ele, cuidava dele, de modo que jamais passávamos uma hora afastados um do outro.

Conto-lhe todos esses detalhes para mostrar-lhe que entre nós não havia qualquer indício de paixão; éramos um para o outro como dois rapazes.

Uma noite vieram chamar o sr. G. para ver seu primo que, de repente, caíra gravemente enfermo, com uma inflamação nos pulmões. Não me disseram a que ponto estava doente, portanto, ignorava o perigo que estava correndo, e não me preocupava com ele. Na noite em que morreu, o sr. G. e sua irmã foram à casa da tia deles, deixando-me sozinha no salão. Havia um fogo baixo e claro na lareira, e, como muitas jovens, eu gostava de ficar lendo à luz das chamas. Não estava inquieta, pois não sabia que meu amigo estava em perigo; estava apenas chateada por ele não ter podido ir passar o serão comigo, pois me sentia muito só.

Estava lendo tranqüilamente quando a porta se abriu e Bertie (meu amigo) entrou. Levantei-me rapidamente, empurrando uma poltrona para ele junto ao fogo, pois parecia estar com frio, e não usava capa, embora estivesse nevando. Pus-me a ralhar com ele por ter saído sem agasalhar-se direito. Em vez de responder, pôs a mão no peito e sacudiu a cabeça, o que, imaginei, devia significar que não estava sentindo frio, que sofria do peito e tinha perdido a voz, o que às vezes lhe acontecia. Voltei a repreendê-lo por sua imprudência. Ainda estava falando quando o sr. G. entrou e perguntou-me com quem estava falando. Respondi-lhe: 'Olhe só esse rapaz, sem capa e com uma gripe tão forte que não consegue falar, empreste-lhe um agasalho e mande-o de volta para casa.'

Jamais esquecerei o horror e o espanto pintados no rosto do bom doutor, porque ele sabia (coisa que eu não sabia) que o pobre rapaz tinha morrido há mais ou menos meia hora, e ele vinha dar-me a notícia. Sua primeira impressão foi de que eu já ficara sabendo, e que isso me fizera perder a razão. Não conseguia compreender porque ele me levou para fora do salão, falando-me como se fala com uma criança. Por alguns instantes, trocamos frases desconexas, e depois ele me explicou que eu tivera uma ilusão de ótica. Não negou que eu tivesse visto Bertie com meus próprios olhos, mas deu-me uma explicação rigorosamente científica para minha visão, com receio de assustar-me ou deixar-me tomada por uma impressão aflitiva.

Até hoje não falei sobre o acontecimento com quem quer que seja. Primeiro, porque para mim é uma triste recordação, e também porque receava que me tomassem por um espírito quimérico e não acreditassem em mim. Minha mãe me disse que eu tinha sonhado; eu estava lendo um livro intitulado *sr. Verdant Green*, livro que não leva ao sono, e me lembro bem de que eu estava rindo de alguma tolice do herói no exato momento em que a porta se abriu."

A sra. Stella respondeu assim às perguntas feitas pelos investigadores:

"A casa deles ficava a mais ou menos um quarto de hora a pé da casa do sr. G., e Bertie morreu vinte minutos antes de o doutor deixar a casa. A aparição estava na sala há uns cinco minutos quando o sr. G. entrou. O que sempre me pareceu muito estranho, é que ouvi girar a maçaneta e abrir a porta. Na verdade, foi esse ruído que me fez levantar os olhos do livro. A imagem caminhou para perto da lareira e sentou-se, enquanto eu acendia as velas. Tudo era tão verdadeiro e tão natural que ainda hoje mal consigo admitir que não se tratasse de uma realidade."

Esta observação mostra a jovem no seu estado habitual; ela está rindo, lendo um livro engraçado, e não está absolutamente predisposta a uma alucinação. O espírito de Bertie, que mal acabara de deixar seu corpo, entra no aposento, fazendo girar a maçaneta da porta. O ruído é tão real que faz com que a jovem levante a cabeça. Se era uma alucinação, por quem teria sido produzida?

Já vimos a mãe de Héléne – fantasma de vivo – abrir uma porta. Aqui, assistimos ao mesmo fenômeno produzido por Bertie no estado de espírito. A alma do rapaz não é visível para o doutor – como o duplo de Frédéric também não o era para o amigo de Goethe -, mas atua telepaticamente sobre Stella e, objetivamente, sobre a matéria da porta.

"Começamos a perceber – diz o sr. F. H. Myers, um dos autores dos *Phantasms* – a que ponto nossas provas de telepatia entre os vivos são intimamente ligadas à telepatia entre os vivos e os mortos, mas receamos ocupar-nos com elas, por medo de sermos acusados de misticismo."

A aparição assemelha-se de tal foma a Bertie quando vivo, que a moça fala com ele, repreende-o por ter saído sem sua

A Alma é Imortal 127

capa; em resumo, está convencida de que ele está lá, pois andou da porta até a poltrona onde se sentou.

Se o fenômeno tivesse precedido de alguns minutos a morte de Bertie, em vez de produzir-se depois, se incluiria na classe dos já estudados; mas aqui o corpo está sem vida, só a alma se manifesta, e no entanto nada mudou nas circunstâncias exteriores pelas quais confirma sua presença. Os traços são idênticos aos do corpo material; o porte, o modo de andar, tudo lembra o ser vivo.

Citamos um novo caso em que o espírito que se manifesta dá ao seu perispírito tangibilidade bastante para pronunciar algumas palavras, embora não esteja mais entre os vivos.[5]

Aparição do espírito de um índio

A sra. Bishop, Bird quando solteira, viajante e escritora muito conhecida, enviou-nos este relato em março de 1884; é quase idêntico a uma versão de segunda mão que nos havia sido comunicada em março de 1883. Viajando pelas Montanhas Rochosas, a srta. Bird travou conhecimento com o sr. Nugent, um índio mestiço conhecido como *Mountain Jim*, sobre quem exerceu considerável influência.

"No dia em que me despedi de Mountain Jim, ele estava muito emocionado e agitado. Eu tivera uma longa conversa com ele a respeito da vida mortal e da imortalidade, conversa que concluí com algumas palavras da Bíblia. Ele estava muito impressionado, mas muito excitado, e gritou:

– Talvez eu não a veja mais nesta vida, mas quando morrer eu a verei.

Repreendi-o delicadamente por sua violência, mas ele repetiu a mesma coisa ainda mais energicamente, acrescentando:

– E jamais esquecerei as palavras que me disse, e juro que voltarei a vê-la quando eu morrer.

Com esta frase nos separamos. Durante algum tempo tive notícias dele; fiquei sabendo que tinha se portado mal, pois havia retomado seus hábitos selvagens, e, mais tarde, que estava muito doente devido a um ferimento recebido numa briga; depois, finalmente, que estava se comportando melhor, mas que

arquitetava projetos de vingança. A última vez que tive notícias dele, eu estava no Hotel Interlaken, em Interlaken (Suíça), com a srta. Clayson e os Ker. Pouco depois de tê-las recebido (era setembro de 1874), estava recostada na minha cama, por volta das seis horas da manhã. Estava ocupada em escrever uma carta para minha irmã quando, erguendo os olhos, vi Mountain Jim de pé diante de mim. Tinha os olhos fixos em mim e, quando o encarei, ele me disse em voz baixa, mas claramente:
– Vim como tinha prometido. – Depois fez-me um sinal com a mão e acrescentou: – Adeus!
Quando a sra. Bessie Ker veio trazer-me o desjejum, tomamos nota do acontecido, indicando a data e a hora. A notícia da morte de Mountain Jim chegou um pouco mais tarde, e a data, levando-se em conta a diferença de longitude, coincidia com a da sua aparição."

Na realidade, a aparição aconteceu oito horas depois da morte, ou quatorze horas, se ocorreu no dia seguinte ao indicado pela sra. Bishop.

Constatamos mais uma vez que a distância não é um obstáculo ao deslocamento do espírito, já que ele pode manifestar sua presença na Europa, logo após sua morte na América. As mesmas observações anteriores aplicam-se ao aspecto exterior do espírito; cremos, porém, que sua materialização é aqui mais completa do que no último relato, pois dá adeus à viajante, e isso nos remete ao caso em que o fantasma de um ser vivo também pronuncia algumas palavras. Essa observação prova que o espírito também tem um órgão para produzir sons articulados, e uma força para pô-lo em ação. Logo veremos que não é apenas a laringe que existe no perispírito, mas todos os órgãos do corpo material. O que principalmente nos importa assinalar é a notável unidade que se constata no comportamento do fantasma, quer provenha de um desdobramento, quer seja a materialização temporária de um habitante do espaço.

Narramos a seguir um último caso, em que o mesmo espírito se manifesta a duas pessoas num pequeno intervalo.

Aparição a uma criança e à sua tia

Sra. Cox, Summer Hill, Queenstown, Irlanda.[6]
"Na noite de 21 de agosto de 1869, entre oito e nove horas, estava sentada no meu quarto, na casa de minha mãe, em Devonport. Meu sobrinho, um garoto de sete anos, estava deitado no quarto vizinho; fiquei surpresa ao vê-lo entrar de repente no meu quarto, correndo; gritou em tom assustado: – Oh, tia, acabo de ver meu pai andando ao redor da minha cama! Respondi-lhe: – Que bobagem! Deves ter sonhado! Ele disse: – Não, não sonhei – e não quis voltar para seu quarto. Vendo que não conseguia convencê-lo, coloquei-o na minha cama. Entre dez e onze horas, deitei-me.

Mais ou menos uma hora depois, parece-me, ao olhar para o lado do átrio, para meu espanto vi distintamente a imagem do meu irmão sentada numa cadeira, e o que mais me impressionou foi a palidez mortal do seu rosto. (Àquela altura meu sobrinho dormia profundamente.) Fiquei tão assustada (sabia que naquele momento meu irmão estava em Hong-Kong) que escondi a cabeça embaixo das cobertas. Pouco depois, ouvi-lhe claramente a voz chamando-me pelo nome; meu nome foi repetido três vezes. Quando olhei, ele tinha ido embora. Na manhã seguinte contei à minha mãe e à minha irmã o que havia acontecido, e disse que tomaria nota de tudo, o que realmente fiz. O próximo correio da China trouxe-nos a triste notícia da morte do meu irmão; acontecera subitamente, no dia 21 de agosto de 1869, na baía de Hong-Kong, em conseqüência de insolação."
Minnie Cox

Segundo informações complementares, a data da morte precedeu de algumas horas a aparição.

Aqui, é impossível admitir-se a alucinação, pois o mesmo espírito se mostra a uma criança e a uma mulher que não estavam juntos. Ambos reconhecem a aparição e, no último caso, para provar sua identidade, o irmão chama a irmã três vezes. A alma, evidentemente, tentava assinalar sua presença de modo efetivo, e disso devemos deduzir, legitimamente, que ela estava materializada. A irmã olhou tão atentamente para o irmão que notou a excessiva palidez impressa nos traços do seu rosto; portanto, descartemos aqui qualquer outra interpretação que não seja a que atribui à alma desencarnada o poder de demonstrar sua sobrevivência.

Encerramos o que pedimos por empréstimo à Societé de Recherches Psychiques com dois casos de tal modo convincentes que qualquer comentário seria supérfluo.

Aparição coletiva de três espíritos

19 de maio de 1883.
Srta. Catherine, sr. Weld.[7]
"Philippe Weld era o filho mais novo do sr. James Weld, de Archers Lodge, perto de Southampton; era sobrinho do falecido cardeal Weld. Em 1842, foi mandado pelo pai para o colégio de Saint-Edmond, próximo a Ware, em Herfordshire. Era um rapaz de boas maneiras, amável, e muito estimado pelos mestres e por alguns colegas. Na tarde de 16 de abril de 1845, acompanhado por um dos seus mestres e alguns colegas, Philippe foi remar no rio; era um exercício de que gostava muito. Quando o mestre observou que já era hora de voltar para o colégio, Philippe pediu permissão para dar mais uma remada; o mestre concordou, e ele remou até o ponto de retorno. Lá chegando, ao fazer o barco voltar, Philippe caiu acidentalmente no rio, e, apesar de todos os esforços feitos para salvá-lo, afogou-se.

Seu corpo foi levado para o colégio, e o reverendíssimo dr. Cox (o diretor) ficou profundamente comovido e aflito. Decidiu ir pessoalmente à casa do sr. Weld, em Southampton.

Partiu na mesma tarde, e, passando por Londres, chegou a Southampton no dia seguinte; foi de carro para Archers Lodge, onde o sr. Weld residia. Antes de entrar na propriedade, viu o sr. Weld a pouca distância do portão, indo para a cidade. O dr. Cox parou imediatamente o carro, desceu e ia falar-lhe quando este o impediu, dizendo:

– O senhor não precisa falar, sei que Philippe morreu. Ontem, depois do almoço, estava passeando com minha filha Catherine e de repente o vimos. Estava no atalho, do outro lado da estrada, entre duas pessoas, uma das quais era um jovem com uma veste preta e que era mais baixo do que ele. Assim que os avistou, minha filha disse:

– Ah! Papai, já viste alguém tão parecido com Philippe?

– ... parecido? É Philippe! – respondi-lhe.

E, coisa estranha, minha filha não deu qualquer importância ao acontecido, a não ser pelo fato de termos visto alguém que estranhamente se parecia com seu irmão. Caminhamos na direção das três figuras. Philippe olhava com uma expressão sorridente e feliz para o jovem de veste preta. De repente, pareceram desvanecer-se diante dos meus olhos, e não vi mais nada, a não ser um camponês que eu avistara antes através das três imagens, o que me fez pensar que fossem espíritos. Nada falei sobre isso com receio de preocupar minha mulher. Na manhã seguinte fiquei espreitando ansiosamente o correio. Esqueci-me de que as cartas de Ware só chegavam à tarde, e meus terrores se acalmavam. Não pensei mais naquele acontecimento extraordinário até o momento em que o vi de carro diante do portão. Então tudo voltou-me à mente, e não tive dúvidas de que o senhor tinha vindo comunicar-me a morte do meu querido filho.

O leitor pode imaginar o assombro do dr. Cox diante daquelas palavras. Ele perguntou ao sr. Weld se tinha visto alguma vez o jovem de veste preta para quem Philippe olhava com um sorriso tão feliz. O sr. Weld respondeu que nunca o tinha visto antes, mas que os traços do seu rosto estavam gravados com tanta nitidez na sua mente que tinha certeza de que o reconheceria assim que voltasse a encontrá-lo. Então o dr. Cox contou ao desolado pai todas as circunstâncias da morte do filho, que ocorrera na mesma hora em que tinha aparecido ao pai e à irmã. O sr. Weld foi ao enterro do filho e, quando saía da igreja após a triste cerimônia, olhou em volta para ver se algum religioso se parecia com o jovem que tinha visto com Philippe, mas em nenhum deles encontrou a mesma semelhança com a imagem que lhe tinha aparecido.

Mais ou menos quatro meses mais tarde, foi com a família visitar seu irmão, sr. Georges Weld, em Seagram Hall, Lancashire. Um dia, foi com a filha Catherine passear na aldeia vizinha de Chikping, e, depois de ter assistido a um ofício na igreja, foi visitar o padre. Passou-se um momento antes que o reverendo viesse ao encontro deles e, enquanto aguardavam, distraíram-se examinando as gravuras penduradas na parede do aposento. De repente, o sr. Weld deteve-se diante de um retrato (não se conseguia ler o nome escrito embaixo da imagem porque a moldura o encobria) e exclamou:

– É a pessoa que vi com Philippe! Não sei de quem é o retrato, mas tenho certeza de que é esta a pessoa que vi com Philippe.

Alguns minutos depois, o padre entrou na sala e o sr. Weld imediatamente lhe fez perguntas a respeito da gravura. O padre disse-lhe que ela representava São Estanislau Kostka, e que lhe parecia ser um bom retrato do santo.

O sr. Weld ficou muito emocionado. São Estanislau era um jesuíta que morrera muito jovem e, como o pai do sr. Weld tinha sido um grande benfeitor da ordem, supunha-se que sua família estivesse sob a proteção particular dos santos jesuítas; depois, por diversas circunstâncias, Philippe inclinara-se a uma devoção especial por São Estanislau. Além disso, São Estanislau é considerado intercessor especial dos afogados, segundo está dito na sua biografia. Imediatamente, o reverendo padre deu o retrato ao sr. Weld que, naturalmente, recebeu-o com a maior veneração e guardou-o até a morte, quando o passou para sua filha (a narradora), que tinha visto a aparição junto com o pai, e que ainda o tem consigo."

As circunstâncias deste relato são típicas. Não apenas o filho se apresenta ao pai sob uma forma que, embora transparente, permite reconhecê-lo perfeitamente, mas também um dos seus companheiros tem uma fisionomia tão característica que o sr. Weld é capaz de indicar seu retrato, que só viu quatro meses depois. Sua filha também o reconhece, o que exclui qualquer hipótese de alucinação. Aliás, o fato do sr. Weld não conhecer, antes da manifestação, a imagem de São Estanislau Kostka, mostra claramente que ele não pode ter sido iludido.

Eis a seguir um último caso em que a aparição é reconhecida por todas as pessoas da casa.

A Alma é Imortal 133

Aparição coletiva de um morto

Sr. Charles A.-W. Lett, Military and Royal Naval Club, Albermale Street, Londres.[8]

"5 de abril de 1873, o capitão Towns, pai de minha mulher, morreu na sua casa, em Cambroock, Rosebay, perto de Sydney, N.S. Wales. Mais ou menos seis semanas depois, por volta das nove horas, minha mulher entrou por acaso num dos quartos da residência. Estava acompanhada pela jovem sra. Berton e, ao entrarem no aposento (o gás estava aceso), ficaram surpresas ao ver a imagem do capitão Towns refletida na superfície polida do armário. Via-se metade do seu corpo, a cabeça, os ombros, e metade dos braços; na realidade, dir-se-ia que era um retrato em tamanho natural. Tinha o rosto pálido e magro, como antes da morte; vestia uma jaqueta de flanela cinza, que costumava usar para dormir. Perplexas e assustadas, inicialmente pensaram que se tratasse de um retrato que tivessem pendurado na parede do quarto, cuja imagem estivessem vendo refletida no armário; mas não havia retrato algum.

Enquanto olhavam, a srta. Towns, irmã de minha mulher, entrou, e, antes que lhe tivessem falado, exclamou: 'Meu Deus! Vejam, é papai!' Uma das aias estava passando pela escada naquele momento, chamaram-na e perguntaram-lhe se via alguma coisa; sua resposta foi: 'Oh! Senhorita, é o patrão!' Mandaram chamar Graham, o ordenança do capitão Towns, que imediatamente exclamou: 'Deus nos guarde! Sra. Lett, é o capitão!' Chamaram o intendente, depois a sra. Crane, ama de minha mulher, e ambos disseram o que viam. Finalmente, mandaram chamar a sra. Towns. Ao ver a aparição, ela avançou com os braços estendidos como se para tocá-la, e, enquanto passava a mão na porta do armário, a imagem foi pouco a pouco desaparecendo, e nunca mais foi vista, embora o quarto tenha sido ocupado depois.

Tais foram os fatos ocorridos, e é impossível pô-los em dúvida; as testemunhas não foram absolutamente influenciadas; fizeram-lhes a mesma pergunta quando entraram no quarto, e todas responderam sem hesitar. Foi acidentalmente que não vi a aparição. Estava em casa naquele momento, mas não ouvi me chamarem."

C.A.-W. Lett

"As abaixo-assinadas, após ter lido o relato acima, certificam que é exato. Ambas fomos testemunhas da aparição. *Sara Lett. Sibbie Singth* (Towns quando solteira)."

Além dos casos citados em *Hallucinations Télépathiques*, a edição inglesa contém sessenta e três casos análogos. As verdades novas têm tanta dificuldade para abrir caminho através da rede inextricável das idéias preconcebidas, que a inevitável alucinação não deixou de ser invocada para explicar os casos em que as aparições de espíritos são vistas simultaneamente por várias pessoas. Os contestadores, ingenuamente e com uma espantosa desenvoltura, dizem que, nesses casos, em vez de ser única, a alucinação é coletiva. Em vão objeta-se que as testemunhas estão em perfeita saúde, que gozam de todas as suas faculdades, que os diversos depoimentos referem-se a um mesmo objeto, descrito ou reconhecido identicamente por todos os observadores, o que é um sinal incontestável da sua realidade; os incrédulos sacodem a cabeça com desdém, e, na sua ignorância, preferem atribuir o fato a um transtorno momentâneo das faculdades mentais dos observadores, a uma ilusão que toma todos os assistentes, em vez de reconhecer francamente a manifestação de uma inteligência desencarnada.

Mas, para ser legítima, a negação deve ter limites, pois não consegue sustentar-se quando confrontada com provas experimentais, que permanecem como testemunhos autênticos da realidade das manifestações.

Observemos que, em todos os casos anteriormente reportados, a certeza da visão em si geralmente não é contestada; o que não se admite é que ela seja objetiva, isto é, que não ocorra apenas no cérebro do, ou dos assistentes. Sustenta-se que os relatos das testemunhas não podem ter um valor absoluto, porque, em vez de admitir algo tão inverossímil como a aparição de um morto, é preferível supor que haja uma aberração do espírito dos vivos. Mas, aqui também, os incrédulos se esquecem de um fato muito importante, porque, se é uma alucinação, não se trata de uma alucinação qualquer; está ligada a um acontecimento real, com o qual se encontra em estreita conexão. Não se pode, portanto, atribuir as visões telepáticas ao acaso ou a coincidências, e se demonstramos que se pode provocar esses fenômenos artificialmente, será fora de dúvida que os que se produzem acidentalmente devem-se a uma lei natural que até agora ignorávamos.

É precisamente o que vai ser estabelecido no capítulo seguinte. Levando mesmo a experimentação mais longe, vamos constatar que certas aparições são tão reais que as fotografamos; por conseguinte, não poderá restar sombra de dúvida a respeito da sua objetividade, tão obstinadamente contestada.

Notas

1. Extraído da obra alemã *Os Fenômenos Místicos da Vida Humana*, de Maximillien Perty, professor da Universidade de Berna. Heidelberg, 1861.
2. *Foot fulls on the boundary of another World*, pág. 326.
3. *Les Miracles et le Moderne Spiritualisme*, pág. 112.
4. *Les Hallucinations Télépathiques*, pág.112.
5. *Les Hallucinations Télépathiques*, pág. 135.
6. *Les Hallucinations Télépathiques*, pág. 372.
7. *Les Hallucinations Télépathiques*, pág. 376.
8. *Op. Cit.*, pág. 359.

Segunda parte
A experiência

Capítulo I
Estudos experimentais sobre o despreendimentos da alma humana

Uma ciência só é verdadeiramente constituída quando pode verificar experimentalmente as hipóteses que lhe são sugeridas pelos fatos. O espiritismo tem o direito de intitular-se ciência, porque não se limitou à simples observação dos fenômenos naturais que estabelecem a existência da alma durante a encarnação terrestre e após a morte. Empregou todos os métodos possíveis para chegar à demonstração das suas teorias, e pode-se dizer que o magnetismo e a ciência pura lhe foram potentes auxiliares para estabelecer a exatidão dos seus ensinamentos.

Os numerosos exemplos do desdobramento da alma hoje existentes mostram que é possível reproduzir esses fenômenos experimentais; também foram feitas inúmeras pesquisas nessa direção, todas coroadas de êxito. Deu-se o nome animismo à ação extracorporal da alma, mas visto que as manifestações são sempre idênticas, essa distinção é puramente nominal, seja durante a vida, seja após a morte.

Realmente, a ação da alma fora dos limites do seu corpo não se traduz somente por fenômenos de transmissão de pensamento ou de aparições, ela pode também revelar-se por deslocamentos de objetos materiais que atestam sua presença. Então, os assistentes se acham diante de fatos iguais aos produzidos pela alma desencarnada.

Esta é uma observação da maior importância, à qual não se deu a devida atenção. Se, verdadeiramente, o espírito de um homem que vive na Terra, saindo momentaneamente do seu invólucro corporal, pode fazer uma mesa mover-se, de modo a ditar uma comunicação por um alfabeto convencional; se o espírito de um encarnado é capaz de atuar sobre um médium escrevente para transmitir-lhe seu pensamento; se o espírito de um habitante da Terra pode ser fotografado a grande distância do seu corpo; se, enfim, é possível obter-se um molde da personalidade exteriorizada desse indivíduo, é supérfluo atribuir esses mesmos fenômenos a fatores outros que não a alma desencarnada, quando os observamos nas manifestações espíritas, isto é, naquelas em que, seguindo o método científico, é impossível qualquer intervenção de um ser vivo, todas as vezes em que os efeitos de uma causa foram bem definidos, basta constatar a seguir os mesmos efeitos para se ter certeza de que a causa não mudou. No estudo dos fenômenos de espiritismo, deve-se aplicar a mesma regra. Como a alma humana tem o poder de agir fora do seu corpo, isto é, quando está no espaço, é lógico que se admita que depois da morte seu poder seja o mesmo, se ela sobreviver integralmente, se estiver em comunicação com um organismo vivo, análogo ao que ela possuía. Ora, por testemunhos autênticos, sabemos que ela conserva um corpo real, mas fluídico, que nada perdeu das suas faculdades, pois as exerce como outrora; portanto, se os fatos do animismo observados são completamente iguais aos do espiritismo, é porque a causa é a mesma, ou seja, a alma encarnada em nós.

Esta relação de causa e efeito, que assinalamos nos casos de telepatia, vamos criá-la voluntariamente, de modo que não será mais possível atribuir ao acaso ou a coincidências fortuitas os fenômenos que produzirmos. Em resumo, procederemos experimentalmente, visando a obter resultados previamente determinados. Se as previsões se realizarem, é porque as hipóteses a partir das quais as pesquisas foram instituídas são exatas.

Vejamos, pois, as experiências que não admitem dúvidas sobre a possibilidade que a alma tem de sair do seu invólucro corporal; elas são múltiplas e variadas, como constataremos.

Voltemos um instante aos *Phantasms of the Living*, deles

extraindo o relato que se segue, no qual a manifestação é consecutiva à vontade de aparecer num determinado local.

Aparição voluntária

Este caso[1] é interessante porque duas pessoas viram a aparição voluntária do agente; o relato foi copiado de um manuscrito do sr. S. H. B.; ele próprio o transcreveu de um diário, no qual narrava os acontecimentos que lhe sucediam cotidianamente.

"Um domingo do mês de novembro de 1881, à noite, acabara de ler um livro onde se falava do grande poder que a vontade humana pode exercer. Resolvi, com toda força do meu ser, aparecer no quarto da frente, no segundo andar, de uma casa situada no no. 22 da Hogarth Road, Kensington. Naquele quarto dormiam duas pessoas das minhas relações, as jovens L. S. V. e C. E. V., de vinte e cinco e de onze anos respectivamente. Na ocasião, eu morava no no. 23 da Kildare Gardens, a mais ou menos três milhas de distância de Hogarth Road, e não tinha falado da experiência que ia tentar com nenhuma delas, pela simples razão de que a idéia me ocorrera naquele domingo, quando ia me deitar. Queria aparecer à uma hora da madrugada, decidido a manifestar minha presença.

Na quinta-feira seguinte, fui visitar aquelas damas e, no decorrer da nossa conversa (e sem ter feito qualquer alusão ao que havia tentado), a mais velha me contou o seguinte incidente:

No domingo anterior, à noite, ela me percebera perto da sua cama, de pé, e ficara muito assustada, e, quando a aparição andou na sua direção, gritou e acordou sua irmãzinha, que também me viu.

Perguntei-lhe se estava perfeitamente acordada naquele momento, e ela garantiu que sim. Quando lhe indaguei a hora do acontecido, respondeu-me que era mais ou menos uma hora da madrugada.

A meu pedido, ela redigiu um relato do acontecimento e assinou-o.

Foi a primeira vez que tentei uma experiência desse tipo, e seu pleno sucesso impressionou-me.

Eu não tinha apenas direcionado minha vontade firmemente, tinha feito também um esforço de natureza especial, que não me é possível descrever. Tinha consciência de uma influência misteriosa que circulava no meu corpo, tinha a nítida impressão de exercer uma força que até então desconhecia, mas que agora posso pôr em ação em determinados momentos, quando eu quero."

E acrescenta:

"Lembro-me de ter escrito a nota que está no meu diário mais ou menos uma semana depois do acontecido, e enquanto ainda estava tudo bem vivo na minha lembrança."

Eis como a srta. Verity narra o acontecido:
28 de janeiro de 1883.

"Faz mais ou menos um ano que, num domingo à noite, em nossa casa de Hogarth Road, Kensington, vi distintamente o sr. B. no meu quarto, por volta da uma hora da madrugada. Estava perfeitamente acordada e muito assustada; meus gritos despertaram minha irmã, que também viu a aparição. Três dias depois, quando encontrei o sr.B., contei-lhe o que tinha acontecido. Só algum tempo depois me recuperei do golpe recebido, e a lembrança que guardo disso é tão viva que não pode se apagar da minha memória."

L. S. Verity

Em resposta às nossas perguntas, a srta. Verity acrescenta: "Jamais tive qualquer alucinação."

Várias circunstâncias desse relato são realmente características, e nos permitirão assentar nossa opinião.

Inicialmente, é bom observar que a srta. Verity não é um paciente magnético, que nunca teve alucinações, e que sua saúde é normal. A aparição surge diante dela com todas as características de realidade; ela está tão convencida da presença física do sr. B. no seu quarto, que dá um grito quando o vê caminhando na direção da sua cama. Portanto, ela constata que, em relaçãos aos objetos circundantes, ele se desloca, o que não ocorreria se sua visão fosse interior. Nesse momento, sua irmã acorda e também vê a aparição.

Se pudéssemos supor uma alucinação da srta. Verity, o que seria difícil dadas as circunstâncias, é totalmente improvável que sua irmã, ao despertar, também fosse imediatamente iludida. Na vida normal não basta que se diga a alguém: "O fulano está aqui", para que logo ocorra uma alucinação. Então, como a imagem do sr. B. se move, como é percebida simultaneamente pelas duas irmãs, é porque tem uma existência objetiva, porque se encontra realmente no quarto. Que conclusões tirar dessa presença efetiva? Estando afastada a alucinação como causa do fenômeno, é forçoso admitir-se que o sr. B. se desdobrou, ou seja, que enquanto seu corpo físico permanecia em casa, sua alma transportou-se para o apartamento de Hogarth Road, e conseguiu materializar-se suficientemente, a ponto de dar às duas jovens a impressão de que era o sr. B. em pessoa. Observemos que a alma, nesse estado, reproduz identicamente a fisionomia, o porte e os modos do ser vivo. Além do mais, a distância que separa o corpo do seu princípio inteligente em nada parece influir sobre o fenômeno. Constatamos que essas observações são de caráter geral e aplicam-se a todos os casos espontâneos que pesquisamos.

O agente, aqui, conseguiu desdobrar-se voluntariamente. No caso a seguir, vamos constatar que é preciso a ajuda alheia para chegar ao mesmo resultado.

Efeitos físicos produzidos por espíritos de vivos

Eis uma outra experiência em que o duplo pode atestar sua presença através de uma ação física. Deve-se à sra. Morgan, esposa do autor do livro *From Matter to Spirit*.[2]

Ela tivera oportunidade de tratar freqüentemente, pelo magnetismo, uma jovem, e várias vezes aproveitou-se da sua faculdade de clarividência para fazê-la ir, em espírito, a diferentes lugares. Um dia, desejou que a paciente fosse à casa onde morava.

– Bem – disse a jovem – aqui estou, bati com força na porta.

No dia seguinte, a sra. Morgan procurou saber o que se passara na casa no mesmo momento. Responderam-lhe que umas crianças travessas tinham ido bater na porta e depois fugiram.

Em outro caso, o espírito vivo que produz a manifestação

tangível é visto por um dos assistentes. Este relato é devido ao sr. Desmond Fitzgerald, engenheiro.[3] Conta ele que um negro chamado H. D. Lewis possuía enorme força magnética, de que fazia demonstrações em reuniões públicas. Em Blackheath, em fevereiro de 1856, numa dessas sessões, ele magntizou uma jovem que nunca tinha visto. Após tê-la mergulhado em profundo sono, mandou que fosse para casa e que contasse para o público o que lá visse. Ela disse que via a cozinha, que lá havia duas pessoas ocupadas com os afazeres domésticos. Lewis ordenou-lhe então que tocasse numa das pessoas. A jovem pôs-se a rir e disse:
– Toquei nela. Como as duas estão assustadas!
Dirigindo-se ao público, Lewis perguntou se alguém conhecia a jovem. Tendo recebido uma resposta afirmativa, propôs que um grupo fosse ao domicílio da paciente. Várias pessoas para lá se dirigiram e, ao voltar, confirmaram tudo o que a jovem adormecida tinha contado. Todos na casa estavam desorientados e numa profunda excitação porque uma das pessoas que estavam na cozinha afirmava ter visto um fantasma, que a tocara no ombro.

Podemos comparar esta observação com a do dr. Kerner, na qual o duplo da sonâmbula Suzanne B. apareceu ao dr. Rufi e apagou sua vela.

Eis, a seguir, pancadas que têm completa analogia com as que se devem aos espíritos:[4]

Uma tal Lauriston, de Londres, tem uma irmã que mora em Southampton. Uma noite em que esta trabalhava no seu quarto, ouviu três pancadas na porta. "Entre", disse ela. Ninguém entrou, mas como o barulho se repetiu, levantou-se e abriu a porta, e não havia ninguém. A sra. Lauriston, que tinha estado gravemente enferma, contou que, voltando a si, e tomada por ardente desejo de rever a irmã antes de morrer, sonhara que tinha ido a Southampton, que tinha batido na porta do quarto e que, após ter batido pela segunda vez, sua irmã aparecera na porta, mas que a impossibilidade em que se achava de falar com ela a emocionara de tal modo que recobrara a consciência.

Precisaríamos de um espaço maior do que o que dispomos para expor os numerosos testemunhos que possuímos a respeito de ações físicas exercidas pela alma dos moribundos, limitando-se apenas à lembrança de parentes ou amigos distantes. A respeito, pode-se consultar as obras de Perty: *Action à Distance des Mourants* e *Le Spiritualisme Moderne*. Os *Proceedings*, da Sociedade de Pesquisas Psíquicas, e *Phantasms of the Living* relatam uma imensidão deles. Assim, não insistiremos sobre esse s fenômenos absolutamente fora de dúvida.[5]

Fotografias de duplos

Os fatos que até aqui revelamos estabelecem a realidade dos fantasmas vivos, ou seja, a possibilidade, em certos casos, do desdobramento do ser humano. Essa aparição reproduz, em todos os seus detalhes, o corpo físico; pode também manifestar sua realidade por deslocamentos de objetos materiais, e pela palavra. Já expusemos as razões pelas quais a hipótese da alucinação telepática nem sempre é admissível, e, se essas razões não convenceram todos os leitores, esperamos que os fatos que se seguem bastem para mostrar, com verdadeiro rigor científico, que a causa eficiente de todos esses fenômenos é, sem dúvida, a alma.

Todas as objeções caem por si só diante da fotografia do espírito fora do corpo. Nesse caso, não há ilusão possível; a placa fotográfica é um testemunho irrefutável da realidade do fenômeno, e seria preciso uma opinião preconcebida muito arraigada para negar a existência do perispírito.

Seguem-se vários exemplos que pedimos emprestados ao sr. Aksakof:[6]

O sr. Humber, conhecido espiritualista, fotografou um jovem médium, sr. Herrod, dormindo numa cadeira, em estado de transe. Viu-se no retrato, atrás do médium, a imagem astral da sua própria pessoa (isto é, do seu perispírito) de pé, quase de perfil, com a cabeça meio inclinada sobre ele.

Um segundo caso de fotografia de um duplo é constatado pelo juiz Carter, em carta ao *Banner of Light* de 31 de julho de 1875, e reproduzido em *Human Nature*, 1875, págs. 424 e 425. Enfim, um terceiro caso de fotografia de um duplo é assinalado pelo sr. Glandinning no *Spiritualist* no. 234, Londres, 15 de fevereiro de 1877, pág. 76. O duplo do médium permanecera no lugar por este ocupado minutos antes.

O caso do sr. Stead

O *Borderland* de abril de 1896, pág. 175, contém um artigo de W.-T. Stead sobre uma fotografia do espírito de um vivo. Eis o resumo da narrativa:

A sra. A. é dotada da faculdade de desdobrar-se e apresentar-se a uma grande distância, com todos os atributos da sua personalidade. O sr. Z. propõe-lhe fotografar seu duplo e combina com ela que se feche no seu quarto entre 10 e 11 horas, depois tente aparecer na casa dele, no seu gabinete.

A tentativa fracassou, ou, pelo menos, se o sr. Z. sentiu a influência da sra. A., não utilizou seu aparelho fotográfico, com receio de nada obter. A sra. A. concordou em recomeçar no dia seguinte e, como estava indisposta, deitou-se e adormeceu. O sr. Z. viu o duplo entrar no seu gabinete na hora convencionada e pediu-lhe permissão para fotografá-lo, depois de cortar um pouco do seu cabelo para não deixar dúvidas quanto à sua presença efetiva. Operação realizada e cortada a mecha, passou para a câmara escura a fim de revelar a fotografia.

Mal fazia um minuto que estava lá quando ouviu um forte estalo que o fez sair para ver o que era. Ao entrar no gabinete, deparou-se com sua esposa que subira correndo ao ouvir o barulho. O duplo havia desaparecido. Mas a tela que tinha servido como fundo durante a exposição tinha sido arrancada do seu suporte, rasgada ao meio e atirada no chão. A sra. A., que estava deitada na sua cama, ao acordar não tinha a menor idéia do que acontecera. A fotografia do seu duplo existe, e o sr. Stead possui seu negativo. A lembrança do que se passou durante o desligamento da alma é esquecida ao retornar ao estado normal. Eis um outro caso em que a memória é conservada.

Veremos que o pensamento é uma força criadora e, a partir disso, poder-se-ia imaginar que essas fotografias fossem resultado de um pensamento exteriorizado do paciente. Eis uma experiência que estabelece que esta hipótese não é exata, já que o duplo não é uma simples imagem, mas um ser que atua sobre a matéria.

Outras fotografias de duplos

No seu livro sobre a iconografia do invisível,[7] o dr. Baraduc, na pág. 122 (*Explications*, XXIV bis), reproduz uma fotografia obtida por telepatia entre o sr. Istrati e o sr. Hasden, de Bucareste, diretor de ensino na Romênia. Eis, textualmente, como foi obtida:

"Dirigindo-se o dr. Istrati para Campana, fica combinado que, numa data fixada, ele deve aparecer em Bucareste, sobre uma placa do sábio romeno, a uma distância aproximada de Paris-Calais.

A 4 de agosto de 1893, o dr. Hasden, ao deitar-se, evoca o espírito do seu amigo, com um aparelho nos pés e outro na cabeceira da cama.

Após uma prece ao anjo protetor, o dr. Istrati adormece em Campana, desejando, com toda sua força de vontade, aparecer num aparelho do dr. Hasden. Ao acordar, o doutor exclama:

– Tenho certeza de que apareci no aparelho do sr. Hasden, como uma pequena estatueta, pois sonhei com isso claramente!

Escreve ao prof. P. que, com a carta em mãos, vai e encontra o sr. Hasden ocupado em revelar fotografias.

Copio textualmente a carta do sr. Hasden ao sr. de R.:

'Sobre a placa A., vemos três ensaios, um dos quais, em cujo verso notei uma cruz, é extremamente claro. Nele vemos o doutor olhando no obturador do aparelho, cuja extremidade em bronze está iluminada pela luz própria do espírito.

O sr. Istrati volta a Bucareste e fica assombrado diante do seu perfil fisionômico; sua imagem fluídica é bem característica, no sentido em que ela o mostra mais exatamente do que seu perfil fotográfico. A redução do retrato e a fotografia telepática são bem semelhantes'."

Para terminar, lembramos que o capitão Volpi também conseguiu obter a fotografia do duplo de uma pessoa viva.[8] A imagem astral é bem visível e apresenta características particulares, que não permitem que se ponha em dúvida sua autenticidade.

Materialização de um desdobramento

O ponto culminante da experiência, no que diz respeito ao desdobramento, foi obtido com o médium Eglinton. Um comitê de pesquisadores, do qual faziam parte o dr. Carter Blake e os srs. Desmond, G. Fitzgerald e E., engenheiros telegrafistas, afirma que, a 28 de abril de 1876, em Londres, obtiveram um molde em parafina, reproduzindo exatamente o pé direito do médium, que nem uma só vez tinha sido perdido de vista por quatro assistentes.

Eis o atestado da realidade desse fenômeno, publicado no *Spiritualist* de 1876, pág. 300:

"Desdobramento do corpo humano. O molde em parafina de um pé direito materializado, obtido numa sessão, Great Russell street, 38, com o médium Eglinton, cujo pé direito, visto durante toda a duração da experiência pelos observadores postados fora do gabinete, foi considerado a reprodução exata do pé dele, conforme resulta do exame minucioso do dr. Carter Blake."[9]

O exemplo não é único, mas é significativo pela alta competência científica dos observadores e pelas condições nas quais essa prova tão palpável do desdobramento foi obtida.

Nas experiências realizadas pelo sr. Siemiradski com Eusápia, em Roma, várias vezes foram obtidas marcas do seu duplo sobre pó negro de fuligem. Ver a obra do sr. de Rochas, *L'Extériorisation de la Motricité*.

Diante de tais testemunhos, como duvidar? Estão preenchidas todas as condições para que a certeza se imponha com um poder de convicção irresistível.

De modo especial, recomendamos, aos que negam ao espiritismo o título de ciência, esses notáveis estudos. Eles mostram a exatidão das deduções que Allan Kardec extraiu dos seus trabalhos, há cinqüenta anos, ao mesmo tempo que nos abrem as portas da verdadeira psicologia positiva, que utilizará a experimentação como auxiliar indispensável do senso íntimo.

Que dizer e que pensar dos sábios que fecham os olhos diante dessas evidências? Até queremos crer que não tenham conhecimento dessas pesquisas; que, obcecados pelo preconceito, ainda imaginem que o espiritismo se resuma ao movimento de mesas; porque, caso contrário, seria uma verdadeira covardia moral da parte deles o mutismo que mantêm com relação à nossa filosofia.

A conspiração do silêncio não pode prolongar-se indefinidamente; os fenômenos tiveram e ainda têm muita ressonância, e os experimentadores, um valor científico muito bem estabelecido para que não nos apliquemos resolutamente ao estudo. Bem sabemos – é claro – que a demonstração irrefutável da existência da alma é o obstáculo que provoca essa antipatia, esses sarcasmos, essa exclusão da ciência. Porém, queiram ou não, os materialistas já estão derrotados. Suas afirmações errôneas são destruídas pelos fatos. Em vão alegarão palavras como superstição, fanatismo etc.; a verdade acabará por esclarecer o público, que abandonará as teorias ultrapassadas e desmoralizantes para voltar à grande tradição da imortalidade, hoje assentada sobre fundamentos inabaláveis.

Agora que temos a prova científica do desdobramento do ser humano, será muito mais fácil compreender os múltiplos fenômenos que a alma pode produzir quando sai do seu corpo físico.

Evocação do espírito de pessoas vivas

Comunicação pela escrita.

A doutrina constante do espiritismo é a de que a alma, quando não está mais no seu corpo, goza de todas as faculdades de que dispõe na erraticidade. Cada um de nós, durante o sono corporal, reconquista uma parte da sua independência e, conseqüentemente, pode manifestar-se. Allan Kardec, na sua Revista, registrou vários exemplos dessas evocações:[10]

Em 1860, é o espírito do dr. Vignal que vem voluntariamente dar, por intermédio de um médium escrevente, detalhes sobre esse modo de manifestação. Ele descreve como percebe a luz, as cores e os objetos materiais. Não poderia ver-se num espelho sem a operação que torna o espírito tangível.[11] Constata sua individualidade pela existência do seu perispírito que para ele – embora seja fluídico – tem a mesma realidade que o seu invólucro material, e pelo laço que o liga ao seu corpo adormecido.

Um outro espírito, não prevenido, se manifesta no mesmo ano em conseqüência de um chamado. É o espírito da srta. Indermulhe, surda e muda de nascença, que, no entanto, expressa seu pensamento com clareza. Ela é reconhecida por seu irmão por certos detalhes característicos que lhe estabelecem a identidade. Sob o título: "O Espírito de um Lado e o Corpo do outro", no número de janeiro de 1860, a Revista relata a evocação de uma pessoa viva, feita com sua autorização. Trata-se de uma abordagem interessante, respectivamente sobre a situação do corpo e do espírito, durante o transporte deste à distância, sobre o laço fluídico que os une e sobre a clarividência do espírito ligado ao corpo, inferior à do espírito libertado pela morte. Neste caso, também, o espírito emprega torneios de frases que são exatamente iguais aos que utiliza habitualmente na vida corrente.

Com relação aos detalhes, remetemos os leitores aos números da Revista citados. Poderão convencer-se de que há quarenta anos os fenômenos do animismo foram muito bem estudados; não há como separá-los dos fenômenos espíritas propriamente ditos, pois ambos se devem à mesma causa: isto é, à alma.

Pode-se evocar igualmente o espírito de um cretino ou de um alienado, e convencer-se experimentalmente de que o princípio pensante não está louco. O que está doente é o corpo, que não obedece mais aos desejos da alma; daí uma situação dolorosa e horrível, que constitui uma das provas mais terríveis.[12]

O sr. Alexandre Aksakof consagrou uma parte do seu livro *Animisme et Spiritisme* a relatar casos, extremamente numerosos, de encarnados manifestando-se a amigos, ou a estranhos, pelos procedimentos espíritos. Resumiremos alguns dos exemplos mais característicos dessas observações.[13]

O conhecido escritor russo Wsevolod Solowiof conta que, freqüentemente, sua mão era tomada por uma influência alheia à sua vontade, e então ele escrevia muito rapidamente, com bastante nitidez, mas da direita para a esquerda, de modo que só se conseguia ler a mensagem segurando-a diante de um espelho, ou por transparência.

Um dia sua mão escreveu o nome Vera. Ao perguntar: Que Vera? Obteve por escrito o nome de uma jovem parenta sua.

Espantado, insistiu, para saber se era realmente sua parenta que assim se manifestava. A inteligência respondeu: "Sim, estou dormindo, mas estou aqui, e vim para dizer-lhe que nos veremos amanhã no Jardim de Verão." E foi o que efetivamente aconteceu, sem premeditação da parte do escritor. A jovem, por sua vez, tinha contado à sua família que, em sonho, tinha ido visitar seu primo, e que lhe havia anunciado o encontro entre eles.[14]

Existe, portanto, uma prova material: o escrito da visita perispiritual do espírito da jovem que, por clarividência, anuncia um acontecimento futuro. Alguns dias depois, reproduziu-se um fato similar, quase nas mesmas condições, com os mesmos personagens.

Eis um segundo exemplo, extraído do artigo de Max Perty intitulado *Nouvelles Expériences dans le Domaine des Faits Mystiques*, que é dos mais significativos.

A srta. Sophie Swoboda, após uma festa familiar que a fez ficar acordada até tarde, de repente se lembrou de que não fizera seu dever de alemão. Como gostava muito da sua professora e não queria contrariá-la, tentou pôr mãos à obra, mais eis que, sem percebê-lo, sem qualquer estranheza, Sophie crê que está diante da sra. W., a professora em questão, que fala com ela, e em tom bem-humorado comenta seu desapontamento. De repente a visão desaparece, e Sophie, calma, volta a juntar-se aos familiares e conta aos convidados o que lhe aconteceu. A professora, que era espírita, naquele mesmo dia, por volta das dez horas da noite, pegara um lápis para corresponder-se com seu falecido marido, e ficou admirada por escrever palavras em alemão, numa caligrafia que reconheceu como sendo a de Sophie. Era um pedido de desculpas, numa linguagem graciosa, pelo esquecimento involuntário da sua tarefa. No dia seguinte, Sophie pôde convencer-se não apenas de que a letra da mensagem era a sua, mas de que as expressões eram as mesmas que tinha empregado na sua conversa fictícia com a sra. W.

O artigo de Perty narra outro caso, particularmente edificante em razão das circunstâncias que o cercaram, devido ao espírito da mesma srta. Sophie. Eis o resumo dos fatos:

A 21 de maio de 1866, dia de Pentecostes, Sophie, que morava em Viena, após um passeio no Prater, sentiu uma dor de cabeça tão violenta que a obrigou a deitar-se por volta das três horas da tarde. Sentindo-se em boa disposição para desdobrar-se, transportou-se com a rapidez do pensamento até Moedling, à casa do sr. Stratil, sogro do seu irmão Antoine. No escritório do sr. Stratil, viu um rapaz, Gustave B., de quem gostava muito e a quem desejava dar uma prova da independência da alma com relação ao corpo. Dirigia-se a ele em tom alegre e jovial quando, de repente, interrompeu-se, chamada a Viena por um grito que partira do quarto vizinho ao seu, onde seus sobrinhos e sobrinhas dormiam. A conversa de Sophie com o sr. B. tivera características de uma conversa espírita dada a um médium.

O sr. Stratil quis assegurar-se da personalidade que assim se manifestara. Escreveu à sua filha, que estava em Viena, na casa da família da srta. Sophie, perguntando-lhe: Como Sophie passou o dia 21 de maio? Que fez ela? Por acaso não dormiu naquele dia entre três e quatro horas? Se sim, que viu em sonho?

Interrogada, a srta. Sophie falou de um desdobramento durante o sono, mas o brusco chamado do seu espírito ao corpo fizera com que esquecesse a maior parte da conversa. Lembrou-se, porém, de ter falado com dois homens e de, por um momento, ter tido uma sensação desagradável, proveniente de uma divergência de opiniões com seus interlocutores. Diante desses detalhes, o sr. Stratil mandou ao seu genro, em Viena, uma carta lacrada, pedindo-lhe que nada dissesse a Sophie enquanto ela não recebesse uma carta do sr. B. Passaram-se alguns dias e a carta ficou esquecida, em meio às preocupações cotidianas.

No dia 30 de maio, Sophie recebeu, pelo correio, uma carta galante do sr. B., com sua fotografia anexa. A carta dizia:
"Senhora,
Eis-me aqui. Será que me reconheceis? Nesse caso, peço-vos que me destineis um lugar modesto, seja no rebordo do teto, seja na abóbada. Faríeis um grande favor se não me pendurásseis, se possível; seria preferível relegar-me a um álbum ou ao vosso missal, onde eu facilmente poderia passar por um santo cujo aniversário é festejado a 28 de dezembro (dia dos Inocentes). Mas, se não me reconhecerdes, meu retrato para vós não teria valor e, nesse caso, ficar-vos-ia grato se mo devolvêsseis.
Assinado: *N. N.*"

Os termos e o torneado das frases eram familiares a Sophie; parecia-lhe que eram os seus, mas só tinha daquilo uma vaga lembrança. Falando sobre o assunto com seu irmão Antoine, abriram a carta do sr. Stratil. Continha o registro de uma conversa psicográfica com um personagem invisível, numa sessão em que as perguntas eram feitas pelo próprio sr. Stratil, com o sr. B. servindo de médium.

Desse documento, conclui-se que o espírito de Sophie anuncia que seu corpo está mergulhado no sono, que ela dita a carta que o sr. B. lhe enviou, e que ela, como se em meio a um sonho, ouve as crianças gritarem. Termina bruscamente com estas palavras: "Adeus, vou acor... são quatro horas."

Ao ler esse registro, as lembranças de Sophie tornavam-se cada vez mais precisas, e de tempos em tempos ela exclamava: "Oh, sim! É isso mesmo!" Ao final da leitura, Sophie estava em pleno domínio da sua memória e se lembrava de todos os detalhes que lhe haviam escapado ao despertar. Antoine observara que a grafia se parecia muito com a de Sophie nos seus deveres de francês. Quanto a Sophie, só lhe restava concordar com ele.

Encontramos, nessas observações, todas as características necessárias para estabelecer a identidade do ser que se manifesta. Nada lhe falta. A carta ditada pelo espírito de Sophie, em saída perispiritual, com as recomendações sobre a fotografia, desperta suas lembranças e, inclusive a letra, tudo confirma que foi realmente ela quem se manifestou. Há, portanto, a mais estreita semelhança, a maior similitude entre essa comunicação feita pelo espírito de uma pessoa viva e as que recebemos diariamente de espíritos que outrora habitaram a Terra.

Deve-se ler, na obra do sábio russo, os relatos da sra. Adelina von Vay, do sr. Thomas Everitt, da sra. Florence Marryat, da srta. Blackwell, do juiz Edmonds, para convencer-se de que a comunicação dos espíritos dos vivos pela escrita mediúnica, embora menos freqüente, é tão possível e tão normal quanto a dos mortos.[15] A identidade desses seres invisíveis, mas ainda pertencentes ao nosso mundo, estabelece-se do mesmo modo que a dos desencarnados.

Espíritos de vivos manifestando-se pela incorporação

A sra. Hardinge Britten, famosa escritora espiritualista, em vários artigos publicados pelo *Banner of Light*[16] "sobre os duplos", narra um caso interessante ocorrido na casa do sr. Cuttler, em 1853. Um médium feminino se põe a falar em alemão, embora esse idioma lhe fosse completamente estranho. A individualidade que se manifestava por seu intermédio dizia ser a mãe da srta. Brant, uma jovem alemã que se encontrava presente. Tempos depois, um amigo da família chegou da Alemanha trazendo a notícia de que a mãe da srta. Brant, após ter passado por séria enfermidade, em conseqüência da qual caíra em longo sono letárgico, ao despertar declarou ter visto sua filha, que estava na América. Disse tê-la encontrado numa sala espaçosa, em companhia de várias pessoas, e que tinha falado com ela. Aqui, também, a relação de causa e efeito é de tal forma evidente, que acreditamos não ser preciso insistir.

O sr. Damiani,[17] por sua vez, conta que nas sessões da baronesa Cerrapica, em Nápoles, freqüentemente recebiam-se comunicações provenientes de pessoas vivas. Entre outras coisas, ele diz: "Há mais ou menos seis semanas, o dr. Nehrer, nosso comum amigo, que vive na Hungria, seu país natal, comunicou-se comigo pela boca da baronesa, nosso médium. A personificação não podia ser mais completa: seus gestos, sua voz, sua pronúncia, o médium no-los transmitia com absoluta fidelidade, e estávamos persuadidos de que nos encontrávamos diante do dr. Nehrer em pessoa. Ele nos disse que naquele momento estava tirando uma soneca, descansando das fadigas do dia, e nos contou diversos detalhes de ordem privada, que todos os assistentes ignoravam. No dia seguinte, escrevi ao doutor que, na sua resposta, confirmou que os detalhes dados pela baronesa eram exatos em todos os pontos."

Outras materializações de duplos de vivos

Assistimos a manifestações diversas da alma desligada temporariamente do seu corpo material, mas é nas materializações que a ação extracorpórea do homem adquire seu mais alto ponto de objetividade, pois ela se traduz por fenômenos intelectuais, físicos e plásticos.

Só o espiritismo fornece a prova absoluta desses fenômenos. Apesar de todas as controvérsias, hoje está perfeitamente provado que os irmãos Davenport não eram charlatães vulgares. O que fez com que se acreditasse em trapaças da parte deles foi o fato de que, na maioria das vezes, as manifestações se operavam por intermédio dos seus perispíritos materializados.[18] Nas experiências feitas diante do prof. Mapes, tanto ele, como sua filha, puderam constatar o desdobramento dos braços e das mangas dos médiuns. As mesmas observações foram feitas na Inglaterra com outros indivíduos. O sr. Cox relata um caso em que foram reunidas as mais rigorosas condições de exame. Citamo-lo, baseados em Aksakof:

Trata-se de um médium de materialização, cuja presença no gabinete de experiências é atestada por uma corrente elétrica que lhe atravessa o corpo. Se o médium tentasse enganar, retirando-se, a farsa seria imediatamente indicada pelo movimento instantâneo da agulha de um galvanômetro. É o sr. Cox quem explica:[19]

"Na sua excelente descrição da sessão de que se trata, o sr. Crookes diz que uma forma humana completa foi vista por mim, bem como por outras pessoas. É verdade. Quando me entregavam meu livro, a cortina abriu-se o suficiente para ver a pessoa que mo estendia. Era a forma da sra. Fay na sua integridade: seus cabelos, seu rosto, seu vestido de seda azul, seus braços, nus até o cotovelo e com braceletes ornados de pérolas finas. Naquele momento, a corrente galvânica não registrou a menor interrupção, o que inevitavelmente teria ocorrido se a sra. Fay tivesse soltado as mãos dos fios condutores. O fantasma apareceu no lado da cortina oposto àquele em que a sra. Fay se encontrava, a pelo menos seis pés de distância da sua cadeira, de modo que não lhe teria sido possível, de modo algum, alcançar o livro na estante sem soltar-se dos fios condutores. E no entanto, repito-o, a corrente não sofreu a menor interrupção.

Há outra testemunha que viu o vestido azul e os braceletes. Antes de a sessão acabar, nenhum de nós contou aos outros o que tinha visto; conseqüentemente, nossas impressões são absolutamente pessoais e independentes de qualquer influência."

Estamos diante de uma experiência rigorosamente concludente, não só pela grande competência dos observadores, mas também porque as precauções tomadas foram estritamente científicas. Está claro que, tendo-se tornado impossível o deslocamento do corpo sem ser imediatamente registrado pela variação da corrente elétrica, já que a aparência da sra. Fay mostrou-se com tangibilidade suficiente a ponto de apanhar um livro e entregá-lo, houve desdobramento, com incontestável materialização, do médium.

Vimos que os *Annales Psychiques* de setembro-outubro de 1896 contêm um relato em que o duplo de uma senhora foi observado por mais de uma hora numa igreja, também tendo nas mãos um livro de orações.

Nas experiências feitas na companhia de Eusápia Paladino, foi possível, com vários observadores, constatar-lhe materialmente o desdobramento. O dr. Azevedo publicou, na *Revista Espírita* de 1889, a narrativa de uma experiência na qual a mão fluídica de Eusápia deixara, um plena luz, a marca de três dedos.

O sr. Cel. De Rochas, em *Extériorisation de la Motricité*,[20] publica o fac-símile de um molde da mão natural do médium, ao lado de uma fotografia de marcas deixadas na argila; entre ambos há grandes analogias. Poderíamos acrescentar muitos outros documentos aos aqui citados, mas remetemos o leitor aos originais. Já falamos o suficiente para estabelecer a convicção de que a ação física e psíquica do homem não se limita ao seu organismo material.

Como se produz esse estranho fenômeno? É o que os relatos anteriores não nos dão a conhecer. Vemos a alma fora dos limites do organismo, mas não assistimos à sua saída do invólucro corporal. As pesquisas do sr. de Rochas vieram lançar uma nova luz sobre esses desdobramentos. Vamos, então, estudá-los a seguir.

Notas

1. *Les Hallucinations Télépathiques*, pág. 38.
2. *Light*, 1883, pág. 458, citado por Aksakof.
3. *Spiritualist*, 1875, pág. 97, citado por Aksakof.
4. Harrison, *Spirits before our Eyes*, pág. 146.
5. Aksakof, *Animisme et Spiritisme*, pág. 470 e segs.
6. Aksakof, *Animisme et Spiritisme*, pág. 78.
7. Baraduc, dr. H., *L'Âme Humaine, ses Mouvements, ses Lumières*.
8. Ver: *Revue Scientifique et Morale du Spiritisme*, número de outubro de 1897, onde esta fotografia está reproduzida.
9. Aksakof, *Animisme et Spiritisme*, págs.164 e 165.
10. *Revista Espírita*, 1860, pág. 81 e segs. No mesmo ano, ver evocação da srta. Indermulhe, pág. 88.
11. Comparemos esta afirmação com a observação do jovem gravador de quem o dr. Gibier fala, e constaremos a veracidade da nossa doutrina pela completa similitude existente, com quarenta anos de intervalo, entre os ensinamentos dos espíritos e o que a observação direta permite constatar.
12. Kardec, Allan, *Céu e Inferno* e *Revista Espírita*, 1860, pág. 173.
13. Aksakof, *Animisme e Spiritisme*, pág. 470 e segs.
14. Kardec, Allan, *O Livro dos Espíritos*. Para a explicação desses casos, ver o artigo: "Visitas Espíritas entre Pessoas Vivas".
15. Ver na *Revue Scientifique et Morale du Spiritisme:* Uma comunicação feita pelo espírito de um vivo durante seu sono. Outubro de 1898, pág. 245.
16. *Banner of Light*, números de 6 de novembro e 11 de dezembro de 1875.
17. *Human Nature*, 1875, pág. 555.
18. A respeito, ver: *Les Frères Davenport*, de Randolf, págs. 154-470, e *Faits Supraterrestres dans la Vie du Révérend Fergusson*, pág. 109.
19. *Spiritualist*, 1875, 4, pág. 15.
20. De Rochas, *Extériorisation de la Motricité*, pág. 132.

Capítulo II
As pesquisas do sr. De Rochas e do dr. Luys

As comunicações dos espíritos, juntamente com os relatos de sonâmbulos e médiuns videntes, confirmadas pelas fotografias e pelas materializações de vivos e desencarnados, nos asseguram que a alma sempre tem uma forma fluídica.

A existência do invólucro da alma, a que os espíritas chamam perispírito, também ressalta com clareza dos fatos anteriormente relatados; esse duplo etéreo, inseparável do espírito, existe, portanto, em estado normal no corpo humano, e experiências recentes nos permitirão estudar experimentalmente esse novo órgão.

Acabamos de ver a exteriorização total da alma humana. Nós a fotografamos no espaço quando está quase livre, e num estado vizinho ao que se tornará permanente na morte. É interessante saber por que processo esse fenômeno pode ocorrer.

Ao mesmo tempo que nos instruirá sobre o processo da saída astral, este estudo pode fazer-nos adquirir noções sobre as propriedades do perispírito, e esses conhecimentos nos serão preciosos para informar-nos sobre a espécie de matéria de que se compõe.

Pesquisas experimentais sobre as propriedades do perispírito

Um sábio investigador, o sr. de Rochas,[1] conseguiu estabelecer a objetividade da luz ódica, que o Barão de Reichenbach atribuía a todos os corpos cujas moléculas têm uma orientação determinada.[2] Ele examinou particularmente os eflúvios produzidos pelos pólos de um possante eletroímã – por meio de um paciente hipnótico – fazendo-o analisar as luzes que via, servindo-se do espectroscópio, que dá os comprimentos de onda característicos de cada cor, e verificando-lhe as afirmações por uma contraprova, através da luz polarizada. As interferências e os aumentos de intensidade da luz sempre estiveram em consonância com o que deve ocorrer no estudo de uma luz realmente percebida.

Dessas experiências, parece resultar que os eflúvios poderiam ser devidos exclusivamente às vibrações constitucionais dos corpos, transmitindo-se ao éter ambiente; mas, talvez seja preciso ir mais longe e admitir que há emissão, por atração, de um determinado número de partículas separando-se do próprio corpo, porque os eflúvios ondulam como as chamas com os deslocamentos do ar.[3]

Então, o corpo humano emite eflúvios cuja coloração varia conforme os pacientes. Uns vêem o lado direito do corpo vermelho, e o lado esquerdo, violeta, assim como vêem matizados do mesmo modo os jatos fluídicos que jorram por todos os orifícios da cara. Outros invertem essas cores, mas sempre dispostas de maneira semelhante no mesmo paciente, se a experiência não se prolonga por muito tempo. Continuando seus estudos sobre a hipnose, o sábio pesquisador chegou a descobrir modificações notáveis no modo pelo qual a sensibilidade se exerce. Até então, acreditava-se que seu domínio limitava-se à periferia do corpo; é forçoso reconhecer que ela pode exteriorizar-se.

Eis o que afirma o sr. de Rochas:

"Agora vou retomar o estudo das modificações da sensibilidade, servindo-me, inicialmente, das indicações do paciente A, cujos olhos foram previamente levados ao estado em que percebem os eflúvios exteriores,[4] e que examina o que acontece quando magnetizo um paciente B, que, em estado de vigília, apresenta uma sensibilidade cutânea normal.

A partir do momento em que, neste, a sensibilidade normal começa a desaparecer, a penugem brilhante que lhe recobre a pele em estado de vigília parece dissolver-se na atmosfera; depois, ao fim de algum tempo, reaparece sob a forma de uma leve névoa que, pouco a pouco, se condensa, tornando-se cada vez mais brilhante, de modo a adquirir, definitivamente, a aparência de uma camada muito fina, acompanhando, a três ou quatro centímetros fora da pele, todos os contornos do corpo.

Se eu, magnetizador, interferir de alguma forma sobre essa camada, B experimenta as mesmas sensações, como se eu tivesse atuado sobre a sua pele, mas não sente nada, ou quase nada, se o tocar em outra parte qualquer; também não sente nada se uma pessoa que não esteja ligada ao magnetizador interferir.

Se continuo a magnetização, A vê formar-se em torno de B uma série de camadas eqüidistantes, separadas por um intervalo de seis a sete centímetros (o dobro da distância entre a primeira camada e a pele), e B só sente os toques, as picadas e as queimaduras sobre essas camadas, que às vezes se sucedem até dois ou três metros, interpenetrando-se e entrecruzando-se sem modificar-se, pelo menos de um modo apreciável; sua sensibilidade diminui proporcionalmente ao afastamento do corpo.

Estando o processo de exteriorização da sensibilidade conhecido, ficava bem mais fácil continuar as observações sem recorrer ao paciente vidente A. Pude perceber então, por inúmeras experiências, que a primeira camada sensível externa geralmente se formava no terceiro estado, que em alguns pacientes jamais surgia, e que em outros, ao contrário, produzia-se sob a influência de alguns passes, desde o estado de credulidade, que é uma modificação quase invisível do estado de vigília, ou mesmo sem qualquer manobra hipnótica, em conseqüência de uma emoção, de uma perturbação nervosa e, talvez, de uma simples modificação do estado elétrico do ar.

Se é verdade que a sensibilidade se concentra nas camadas concêntricas exteriores, o paciente deverá, ao aproximar as palmas das mãos, perceber a sensação do contato quando duas camadas sensíveis se tocarem; e é o que realmente acontece. E mais, se entremearmos as camadas sensíveis da mão direita e as da mão esquerda, de modo que sejam regularmente alternadas, uma chama passada sobre essas camadas fará sentir, sucessiva e alternadamente, uma queimadura em ambas as mãos."

Hipótese

Que conclusões devemos tirar de experiências tão interessantes?

Quando examinamos o croqui representando um indivíduo exteriorizado e observamos essas camadas, claras e escuras sucessivamente, ficamos impressionados com a analogia existente entre esse fenômeno e o que, em física, é conhecido como franjas de Fresnel. Vejamos como se faz essa experiência: se, numa câmara escura, se dirige sobre uma tela um feixe luminoso, a claridade é uniforme; mas, se um segundo feixe, idêntico ao primeiro, cai simultaneamente sobre a tela, de modo que se superponham parcialmente, toda a região comum a ambos fica sulcada por faixas paralelas, progressivamente claras e escuras. Isso se deve ao fato de ser a interferência a característica essencial dos movimentos vibratórios, isto é, à produção posterior da combinação entre ondas de franjas de movimento em que as vibrações são máximas e as franjas de repouso, nas quais o movimento vibratório é nulo, ou mínimo.[5]

Nas experiências do sr. de Rochas, parece-nos, ocorreu um fenômeno análogo; os níveis máximos de sensibilidade dispõem-se segundo as camadas luminosas, separadas umas das outras por outras camadas que são insensíveis e obscuras. Como explicar esse estado de coisas?

É aqui que a existência do perispírito se revela nitidamente. A força nervosa, em vez de propagar-se no ar e nele dissipar-se, dispõe-se em camadas concêntricas ao corpo; é necessário, então, que seja retida por uma força, porque, se observarmos que ela normalmente se escoa pela extremidade dos dedos, como a eletricidade pelas pontas, deveria perder-se no meio ambiente se não existisse um invólucro fluídico que a retivesse ao sair do corpo.

A analogia permite comparar a força nervosa, cuja existência foi demonstrada por Crookes,[6] às outras forças naturais: calor, luz, eletricidade, que se devem a movimentos vibratórios do éter, propagando-se em movimentos ondulatórios cuja forma, amplitude e número de vibrações variam por segundo, conforme a força considerada. No estado normal, a força nervosa circula no corpo seguindo-lhe os condutores naturais, que são os nervos, e chega à periferia pelas mil ramificações nervosas que se expandem na pele. Sob a influência do magnetismo, porém, o perispírito, segundo a natureza fisiológica do indivíduo, exterioriza-se mais, ou menos, isto é, irradia-se em torno do seu corpo, e a força nervosa difunde-se no invólucro fluídico e aí se propaga em movimentos ondulatórios.

Na maioria das vezes é preciso fazer o paciente passar por estados profundos de hipnose para induzir a irradiação perispiritual, pois o magnetizador precisa de um determinado tempo para neutralizar, em parte, a ação da força vital e dar ao duplo a possibilidade de exteriorizar-se parcialmente. Quando o desligamento começa, é porque o estado de afinidade se estabeleceu, ou seja: as ondulações nervosas do magnetizador vibram sincronicamente com as do paciente; nesse momento, elas interferem e produzem exatamente as camadas alternadamente sensíveis, ou inertes.

Em suma, talvez a experiência seja análoga à de Fresnel; nesta hipótese, em vez de ondulações luminosas trata-se de ondulações nervosas, os dois focos luminosos são substituídos pelo magnetizador e seu paciente, e a tela é representada pelo perispírito.

O local dos pontos onde as zonas sensíveis se mostram é limitado pela expansão da substância perispiritual; temos, assim, um meio experimental de estudar esse invólucro fluídico que se evidenciou diante de nós e que não conhecíamos antes dos ensinamentos do espiritismo.

Dando, em pensamento, uma extensão maior à experiência precedente, é fácil para nós conceber que a exteriorização seja mais completa; então, chegaremos a compreender como a alma pode sair do corpo e manifestar-se sob a forma de aparição. O que o sr. de Rochas verificou experimentalmente[7] é que, para controlar esta assertiva, basta encontrar indivíduos aptos a produzir essa espécie de fenômenos, o que não é impossível, uma vez que o médium de Boulogne-sur-Mer, bem como os pacientes do magnetizador Lewis e do sr. Morgan nos apresentaram exemplos disso.

Vimos que os fantasmas de vivos falam, o que exige que, além dos órgãos da fala, tenham uma certa quantidade de força viva, cuja presença se revela também nos deslocamentos de objetos naturais, tais como abrir ou fechar uma porta, tocar campainhas etc.; é necessário, portanto, que extraiam essa força de algum lugar. Nos casos que examinamos, provavelmente a buscaram no seu próprio corpo material, o que pressupõe que devam estar ligados a ele.

Allan Kardec ensina, segundo os espíritos, que quando a alma se desprende, seja durante o sono, seja nos casos de bicorporalidade, ela continua sempre unida ao seu invólucro terrestre por um laço fluídico.

Pelas experiências que se seguem, é-nos possível justificar esta maneira de ver:

Continuando seus estudos, o sr. de Rochas observou que se fizermos um copo d'água ser atravessado por uma zona luminosa, ou seja, sensível, de um paciente exteriorizado, as camadas que se encontram atrás do copo acham-se interrompidas com relação ao corpo; quanto à água do copo, esta se ilumina rapidamente em toda a sua massa, e, ao final de algum tempo, desprende-se dela uma espécie de vapor luminoso.

E mais, pegando o copo d'água e levando-o a alguma distância, constatou que continuava sensível, ou seja, que se ressentia dos contatos feitos na água, embora àquela distância não houvesse mais traços de camadas sensíveis.

A seguir, o sr. de Rochas pesquisou as substâncias que armazenam a sensibilidade; constatou que eram quase sempre as mesmas dos odores; para os líquidos, os corpos viscosos, principalmente de origem animal, como a gelatina, a cera, o algodão, os tecidos macios ou felpudos, como os vestidos de lã etc.

"Ao refletir – diz ele – sobre o fato de que os eflúvios das diferentes partes do corpo fixavam-se principalmente nos pontos da matéria absorvente que lhe estavam mais próximos, fui levado a supor que teria uma localização bem mais perfeita se conseguisse reunir, sobre certos pontos dessa matéria absorvente, os eflúvios de tais ou tais partes do corpo, e reconhecer esses pontos. Como os eflúvios se propagam de modo análogo ao da luz, uma lente que reduzisse a imagem do corpo responderia à primeira parte do programa. Só faltava conseguir uma matéria absorvente sobre a qual se fixaria a imagem reproduzida; achei que uma placa de gelatinobrometo poderia dar certo, principalmente se fosse ligeiramente viscosa.

Daí minhas tentativas com um aparelho fotográfico, tentativas que contarei, baseado no meu registro de experiências."

Fotografia de exteriorização

"30 de julho de 1892. – Fotografei a sra. Lux, primeiro acordada, depois adormecida, sem estar exteriorizada, a seguir, adormecida e exteriorizada, tendo o cuidado de utilizar, neste último caso, uma placa que tivera a precaução de deixar encostada contra o corpo dela, na sua moldura, antes de levá-la ao seu aparelho.

Constatei que, ao picar com um alfinete a primeira placa, a sra. Lux nada sentia; com a segunda, sentia um pouco; com a terceira, sentia vivamente; tudo isso poucos instantes após a operação."

"2 de agosto de 1892. – Estando a sra. Lux presente, testei a sensibilidade das placas que haviam sido impressionadas no dia 30 de julho, e que tinham sido reveladas. A primeira não produziu nada, a segunda, muito pouca coisa, a terceira estava tão sensível quanto no primeiro dia. Querendo ver até onde iria a sensibilidade dessa terceira placa, dei duas alfinetadas na imagem da mão, de modo a perfurar a camada de gilatinobrometo.

A sra. Lux, que estava a dois metros de mim, e não podia ver a parte que eu picava, imediatamente caiu em contrações, gritando de dor. Tive enorme dificuldade para fazê-la voltar ao seu estado normal; sentia dor na mão, e, alguns segundos depois, vi aparecer-lhe na mão direita, a mão que eu picara na imagem, dois pequenos pontos vermelhos cuja localização correspondia às picadas. O dr. P., que assistia à experiência, constatou que a epiderme não estava perfurada e que havia manchas vermelhas na pele. Constatei, além disso, que a camada de gelatinobrometo (que era muito mais sensível do que a placa que a suportava) emitia radiações com níveis máximos e mínimos, como o próprio paciente; essas radiações quase não apareciam no outro lado da placa."

Interrompemos aqui nossa citação: ela nos permite constatar que existe uma relação estabelecida de modo contínuo entre a sra. Lux e sua fotografia exteriorizada. De 30 de julho a 2 de agosto, apesar da prolongada ausência do paciente, o laço não se rompeu, e toda a ação produzida na fotografia se transportou para o corpo, de forma a deixar marcas visíveis. Então, é legítimo supor-se que a ligação é mais íntima ainda quando é o próprio perispírito que está completamente exteriorizado, seja qual for a distância que o separe do corpo físico.

As experiências do sr. de Rochas foram verificadas pelo dr. Luys, na Charité,[8] e pelo dr. Paul Joire, que já havia assinalado essa exteriorização no seu tratado de hipnologia publicado em 1892. Recentemente,[9] ele conseguiu constatar que a exteriorização da sensibilidade é um fenômeno real, que absolutamente não depende da sugestão oral, como pretendera insinuar o dr. Mavroukakis, nem de uma sugestão mental, porque, se o operador estiver separado do paciente por quatro ou cinco pessoas, há um retardamento regular e progressivo na sensação experimentada pelo hipnotizado, o que, evidentemente, não aconteceria se essa sensação fosse produzida por uma sugestão mental do operador.

Repercussão da ação do perispírito desligado sobre o corpo

O magnetizador Cahagnet, como já vimos, acreditava firmemente na possibilidade do desligamento da alma. Ele narra, sem poder explicá-la, uma experiência que deve ter algo a ver com uma ação material exercida sobre o perispírito, provavelmente complicada por auto-sugestão. Eis o fato:[10]

Um certo sr. Lucas, de Rambouillet, estava muito preocupado com a sorte de um cunhado que desaparecera do país uns doze anos antes, após uma discussão com seu pai. Resolveu, então, recorrer à lucidez de Adèle Maginot para saber se seu cunhado ainda vivia. A lúcida viu o homem e descreveu-o de modo a fazer com que sua mãe e o cunhado o reconhecessem. Mas, eis onde a experiência se complica. Citamos textualmente:

"O que mais contribuiu para assombrar a brava senhora, como também o sr. Lucas e as pessoas presentes àquela curiosa sessão, foi ver que Adèle, para proteger-se dos ardentes raios de sol da região, punha as mãos do lado esquerdo do rosto, parecendo sufocar de calor; o mais espantoso dessa cena, porém, foi que ela teve uma violenta insolação que lhe cobriu todo o lado do rosto, depois a testa e o ombro, de um vermelho arroxeado, enquanto o outro lado permanecia de um branco fosco; só vinte e quatro horas mais tarde a cor escura começou a desaparecer. O calor era tão intenso naquele momento, que não se conseguia encostar-lhe a mão. O antigo magnetizador. sr. Haranger-Pirlat, honrosamente conhecido há 30 anos no mundo magnético, estava presente."

Para quem conheceu Cahagnet, é incontestável que ele era totalmente incapaz de mentir. Podemos, portanto, acolher-lhe o relato, confirmado por uma testemunha honrada.

Para explicar esse caso, cremos que a idéia do calor intenso do sol do Brasil conseguiu sugestionar consideravelmente o paciente, cujo perispírito talvez estivesse ainda pouco desmaterializado, sendo sensível às radiações calóricas. Houve, parece-nos, repercussão da ação física do sol sobre o corpo, facilitada, e provavelmente aumentada, pela auto-sugestão, tanto mais que naquele país o calor é tórrido.

O caso de transporte da alteração do perispírito para o corpo físico já foi observado com bastante freqüência para permitir-nos conceber-lhe perfeitamente o mecanismo.[11] Chegamos a analisá-lo experimentalmente, como iremos demonstrar.

Numa experiência feita em São Petersburgo, em companhia da célebre médium Kate Fox, o sr. Aksakof pôde constatar um transporte de pó negro de fuligem pela mão da médium, na ponta dos seus dedos materiais. Estes não tinham se mexido, porque o sábio russo fizera a sra. Fox colocar as mãos sobre uma placa luminosa, de modo a certificar-se da sua imobilidade, e, por maior precaução, pusera suas próprias mãos sobre as da médium.

Vemos, portanto, que há coisas melhores do que simples presunções para estabelecer a solidariedade entre o corpo e seu duplo fluídico. No seu tratado de magia prática,[12] Papus narra o caso de um oficial russo que, vítima da obscssão de uma individualidade encarnada, ergueu o sabre e investindo contra a aparição, abriu-lhe a cabeça. O ferimento infligido ao perispírito reproduziu-se na mulher que era a causa do fenômeno, e ela morreu no dia seguinte em conseqüência do golpe de sabre recebido por seu corpo fluídico.

Dassier cita vários exemplos semelhantes, extraídos dos arquivos judiciários da Inglaterra.[13] Uma certa Jeanne Broocks, desdobrando-se, fazia maldades com as pessoas de quem tinha raiva. Tendo cismado com um menino, este definhou rapidamente, e não se sabia a que causa atribuir o mal, até que o pequeno enfermo, apontando para a parede, disse: "Jeanne Broocks está ali!"Tendo uma pessoa presente dado uma facada no ponto indicado, o menino afirmou que a mulher fora ferida na mão. Foram à casa da feiticeira e constaram que ela, efetivamente, estava ferida, como a criança havia indicado.

Em circunstâncias quase semelhantes, outra mulher, Julianne Cox, foi ferida na sua perna fluídica pela jovem a quem obsedava, e, quando foram à casa dela, puderam constatar que a perna carnal adaptava-se exatamente à lâmina da faca que tinha atingido o duplo fluídico.

Observemos a última frase do sr. De Rochas:"A imagem da sra. Lux emitia radiações com níveis máximos e mínimos". Ora, como essas radiações são visíveis pelo olhar comum, consignamos que é possível fotografar matéria invisível. Isso pode servir para compreender a fotografia dos espíritos.

Ação dos medicamentos à distância

Por uma outra série de provas, é possível pormos mais em evidência a existência do perispírito no homem. É examinando os efeitos produzidos sobre certos pacientes hipnóticos quando se lhes aproxima do corpo substâncias contidas em frascos cuidadosamente vedados.

Os fatos expostos pelos srs. Bourru e Burot,[14] fogem a qualquer explicação científica, pela simples razão de que, não conhecendo o perispírito e suas propriedades, era impossível aos sábios compreenderem a espécie de ação que se exerce nesse caso. Graças às experiências do sr. de Rochas, fazendo o perispírito exteriorizado intervir, torna-se mais fácil explicar esses fenômenos.

Após ter tomado todas as precauções para evitar simulações ou sugestões, esses observadores constataram a realidade dos seguintes fatos:

A esfera de um termômetro, mantida a uma distância de dez ou quinze centímetros do paciente adormecido, produzia uma viva sensação de dor, convulsões e uma contração do braço. Um cristal de iodeto de potássio causava espirros. O ópio fazia dormir. Um frasco de jaborandi provocava salivação e suor. As mesmas experiências, continuadas com valeriana, cantárida, apomorfina, ipecacuanha, eméticos e álcoois, deram resultados precisos e consonantes. Cada um desses medicamentos, colocado simplesmente perto da cabeça, e sem contato, produzia o efeito correspondente à sua natureza, isto é, uma verdadeira ação fisiológica, como se o paciente o tivesse introduzido no seu organismo.

Testou-se também a ação de venenos diluídos em água e constatou-se que o paciente apresentava sintomas iguais aos que teria se os tivesse ingerido pelas vias comuns. O louro-cereja determinou tal crise de êxtase numa mulher judia, que ela acreditou ver a Virgem Maria.

O dr. Luys, inicialmente bastante céptico, logo ficou convencido. Ele relata que dez gramas de conhaque, contidas num tubo lacrado a fogo e aproximado da cabeça do paciente hipnotizado, provocavam embriaguez ao final de dez minutos. Dez gramas de água, sempre num tubo lacrado, produzem, alguns minutos depois, constrição da garganta, rigidez do pescoço e sintomas de hidrofobia. Quatro gramas de essência de tomilho, fechadas do mesmo modo e apresentadas na frente do pescoço de uma mulher hipnotizada, perturbam-lhe a circulação, fazem os olhos saltar das órbitas, incham o pescoço da enferma de modo assustador, e determinam, na inervação circulatória do pescoço, da face e dos músculos inspiradores, uma perturbação crescente, acompanhada de uma ronqueira nos pulmões com características tão sinistras que assustam o pesquisador, forçando-o a parar para evitar acidentes fulminantes.[15]

"Diante de manifestações tangíveis tão nítidas – escreve o dr. Luys –, tão precisas, de que tão freqüentemente fui testemunha, diante de casos tão surpreendentes e de repercussão de ações à distância sobre a inervação visceral dos pacientes, nos quais provoquei náuseas, depois vômitos, apresentando-lhes um tubo contendo pó de ipecacuanha, a vontade de ir ao banheiro que vi ocorrer colocando-lhes no pescoço um tubo contendo vinte gramas de óleo de rícino, não hesito em reconhecer que assistimos aí a uma série de fenômenos estranhos que se processam fora das leis naturais, da sua evolução normal, e que mudam o rumo de tudo que pensávamos saber sobre a ação dos corpos. Mas, eles existem, impõem-se à observação, e, cedo ou tarde, servirão de ponto de partida para a explicação de numerosos fenômenos estranhos da vida nervosa."[16]

Sem dúvida alguma, esses fatos são estranhos, mas sua explicação não é impossível, agora que a exteriorização do perispírito e do fluido nervoso é um fenômeno demonstrado. Numa experiência do sr. de Rochas, constatamos que a água acumula a sensibilidade, e que, agindo sobre essa água, transmitimos sensações ao corpo; podemos compreender que outros líquidos estejam no mesmo caso, mas, então, as sensações experimentadas estarão relacionadas com as propriedades desses líquidos, e poder-se-á constatar no paciente sintomas iguais aos que apontaria se os tivesse ingerido naturalmente.

Nas experiências precedentes, as substâncias estavam dentro de frascos tampados a esmeril, ou lacrados a fogo, mas o fluido perispiritual penetra todos os corpos, e o fluido nervoso, boa parte deles; portanto, só se observaram fenômenos quando o medicamento em experiência era capaz de ser assimilado, na sua parte volátil, pela força nervosa.

Notas

1. De Rochas, *Extériorisation de la Sensibilité*.
2. Ver a *Revue Scientifique* de 25 de dezembro de 1897. – O sr. Russel comunica à Sociedade Real de Londres que certos metais impressionam a placa fotográfica, na obscuridade, mesmo através de uma camada de verniz copal ou de uma folha de celulóide.
3. Essa atração de partículas, evidentemente, ocorre em líquidos, e se chama evaporação. Os srs. Fusiéri, Bizio e Zantedeschi estabeleceram a realidade do mesmo fato para os corpos sólidos e deram ao fenômeno o nome de sublimação lenta. dr. Fogairon, *Essai sur les Phénomènes Électriques des Êtres Vivants*, pág. 17.
4. Luys fez constatar, por meio do oftalmoscópio, que o fundo do olho do paciente hipnotizado apresenta um fenômeno de eretismo vascular extrafisiológico, e que os vasos sanguíneos quase triplicaram de volume.
5. Para bem compreender o fenômeno, é preciso que se tenha uma idéia precisa do que se chama onda luminosa. Quando uma pedra cai n'água, observa-se que ela faz uma espécie de buraco; a seguir, vê-se que imediatamente se produz ao redor dele uma série de círculos concêntricos, que vão se alargando sem cessar. Esses círculos são formados por pequenas elevações do líquido, e o espaço entre dois desses círculos caracteriza-se por uma leve depressão. Examinando-se atentamente a superfície, vê-se as saliências líquidas condensadas, e as cavidades em ondas dilatadas; o conjunto constitui uma onda completa. Observa-se também que a rapidez de propagação das ondas é constante, e que essas ondas são periódicas. Se, em vez de uma pedra, se deixa duas caírem n'água, a pequena distância uma da outra, vê-se os círculos se cruzarem; cada ponto de cruzamento receberá simultaneamente duas espécies de movimentos: um proveniente do primeiro sistema de onda, o outro, do segundo. Se esses dois movimentos têm o mesmo sentido, juntam-se e formam uma franja de movimento; se têm sentido contrário, destroem-se e produzem uma franja de repouso. Em ambos os casos, diz-se que há interferência. Essas leis são as mesmas para o som e para a luz, só que as ondulações são transversais e se desenvolvem em esferas. Desses fatos, resulta esta curiosa conclusão: que som juntado a som produz silêncio, e que luz agregada a luz produz obcuridade, do mesmo modo que duas forças iguais e de sentido contrário se equilibram.
6. Ver detalhes dessas experiências em nosso livro *Le Phénomène Spirite*, págs. 65-76.
7. Ver *Revista Espírita*, novembro de 1894. Fotografia do sr. de Rochas e do dr. Balérmont do corpo de um médium e do seu duplo, momentaneamente separados.
8. Dr. Dupouy, *Sciences Occultes et Physiologie Psychique*, pág. 85.
9. *Annales des Sciences Psychiques*. dr. Paul Joire, *De l'Extériorization de la Sensibilité* (número de novembro-dezembro de 1897, pág. 341).
10. Cahagnet, *Arcanes de la Vie Future Dévoilés*, t. II, pág. 54 e segs.
11. Aksakof, *Animisme et Spiritisme*, pág. 125.
12. Papus, *Traité Élémentaire de Magie Pratique, pág. 184 e segs.*
13. Dassier, *L'Humanité Posthume*, pág. 64 e segs.
14. Bourru e Burot, *La Suggestion Mentale et l'"Action à Distance des Substances Toxiques et Médicamenteuses*, Paris, 1887.
15. Élie Méric, *Le Merveilleux et la Science*.
16. Dr. Luys, *Phénomènes Produits par l'Action des Médicaments à Distance*.

Capítulo III
Fotografias e moldes de formas de espíritos desencarnados

A fotografia dos espíritos

Vimos que um dos fenômenos que demonstram autenticamente a existência da alma durante a vida é a fotografia do duplo durante sua saída temporária do corpo. A grande lei de continuidade que rege os fenômenos naturais deveria levar os espíritas a supor que, uma vez que a alma humana – durante seu desligamento – é capaz de impressionar uma placa fotográfica, ela deveria continuar tendo esse poder após a morte. Efetivamente, foi o que se chegou a constatar, quando se conseguiu realizar as condições necessárias para essas manifestações transcendentes.

Aqui, todas as objeções desaparecem. A prova fotográfica tem um valor documentário de extrema importância, porque mostra que a famosa teoria da alucinação é notoriamente inaplicável a esses fatos. A placa sensível é um testemunho científico que atesta que a alma sobrevive à desagregação do corpo, que ela conserva uma forma física no espaço, e que a morte não conseguiu provocar sua destruição.

A que se reduzem todas as declarações empoladas a respeito do sobrenatural e do prodigioso diante de tais resultados? Devemos reconhecer que os espíritos empenharam-se obstinadamente em contrariar seus contestadores. Não satisfeitos em mostrar-se aos seus parentes ou amigos, apareceram em fotografias, e dessa vez foi realmente forçoso reconhecer que o fenômeno era verdadeiramente objetivo, uma vez que a placa de colódio conservava-lhe a marca indelével.

Baseados em Russel Wallace, o eminente naturalista, reuniremos sumariamente fatos bem constatados.[1]

Zomba-se freqüentemente das fotografias espíritas, porque se pode imitar algumas delas com facilidade. Um pouco de reflexão, porém, mostrará que essa mesma facilidade permite igualmente precaver-se contra a impostura, uma vez que os meios de imitação são muito bem conhecidos. Seja como for, deve-se admitir que um fotógrafo experiente, que forneça as placas e acompanhe atentamente as operações, ou que as realize pessoalmente, não pode ser enganado a tal ponto.

Aliás, um meio muito simples de constatar se a imagem que aparece é mesmo a de um espírito desencarnado, é verificar se ela é reconhecida pela pessoa que posou, ou por membros da sua família; se a resposta é sim, o fenômeno é real. É o caso de Wallace, que o narra como se segue:

"14 de março de 1874, fui à casa do sr. Hidson, tendo sido convidado a ir, pela primeira e única vez, acompanhado da sra. Guppy como médium. Esperava que, se obtivesse algum retrato espírita, seria o de meu irmão mais velho, em nome de quem haviam sido recebidas freqüentes mensagens por intermédio da sra. Guppy; antes de dirigir-me à casa do sr. Hidson, tive uma sessão com a sra. Guppy, obtendo uma comunicação, através de pancadas, informando-me que minha mãe apareceria na placa, se conseguisse.

Posei três vezes, sempre escolhendo minha própria posição. Sobre a prova, a cada vez, uma segunda figura apareceu juntamente com a minha. A primeira representava um indivíduo do sexo masculino, empunhando uma espada curta; a segunda, uma pessoa de pé, aparentemente parada ao meu lado, um pouco atrás de mim, olhando para baixo, na minha direção, e segurando uma buquê de flores. Na terceira sessão, depois de ter-me ajeitado e a placa preparada ter sido colocada na câmara escura, pedi que a aparição se aproximasse de mim, e a terceira placa mostra a imagem de uma mulher agarrada a mim, diante de mim, de tal forma que a roupa ampla e pregueada que veste cobre toda a parte inferior do meu corpo.

Vi todas as placas reveladas, e, em todos os casos, a imagem mostrou-se no momento em que o líquido da revelação foi espalhado, ao passo que meu retrato só se tornou visível vinte segundos mais tarde. Não reconheci nenhuma das imagens nos negativos, porém, assim que obtive as provas, o primeiro relance mostrou-me que a terceira placa continha o retrato inconteste da minha mãe, e semelhante quanto aos traços e à expressão; não se tratava de uma semelhança como a existente num retrato tirado durante a vida, mas de uma semelhança meio idealizada, sendo para mim, no entanto, uma semelhança quanto à qual não poderia equivocar-me.

A segunda fotografia é muito menos nítida; os olhos voltam-se para baixo; o rosto tem uma expressão diferente da que tem na terceira, de modo que, inicialmente, concluo que ali estava uma pessoa diferente. Tendo enviado os dois retratos de mulher para minha irmã, ela achou que o segundo parecia bem mais com minha mãe do que o terceiro, e que, embora indistinta, a imagem apresentava uma boa semelhança, ao passo que a terceira tinha alguma semelhança com ela quanto à expressão, mas com um quê de inexato na boca e no queixo. Foi constatado que isso se devia, em parte, ao fato de a fotografia ter sido lavada; estava coberta de manchas esbranquiçadas, mas era a que mais se parecia com minha mãe. Eu ainda não tinha constatado a semelhança do segundo retrato quando, examinando-o algumas semanas mais tarde com uma lente de aumento, logo percebi um traço especial significativo do rosto natural da minha mãe, ou seja: o lábio e o maxilar inferiores extraordinariamente salientes.

Os dois espectros seguram um buquê de flores exatamente igual; é digno de nota que, enquanto estava posando para o segundo grupo, o médium tenha dito:

– Vejo alguém, e há flores."

Esse retrato foi reconhecido também pelo irmão de R. Wallace,[2] que não é espírita.

Se um médium declara que está vendo um espírito, quando

os outros assistentes nada vêem, que esse espírito está em tal lugar, que tem um rosto, vestes cuja descrição é feita pelo médium, e a seguir a placa fotográfica confirma-lhe a descrição em todos os pontos, não se poderá negar que, incontestavelmente, o espírito existe no lugar indicado. Eis vários exemplos dessas notáveis manifestações.

O autor dessas experiências é o sr. Beattie, de Clifton, a quem o editor do *British Journal of Photografy* se refere nestes termos:

"Quem quer que conheça o sr. Beattie considera-o um fotógrafo atento e hábil, um dos últimos homens do mundo que poderiam ser enganados, pelo menos no que concerne e diz respeito à fotografia; ele é incapaz de enganar os outros.

O sr. Beattie foi auxiliado em suas pesquisas pelo dr. Thomson, médico em Edinburgo, que se dedicou à fotografia como amador durante vinte e cinco anos. Esses observadores fizeram seus ensaios no ateliê de um amigo não espiritualista (mas que se tornou médium no curso das experiências); usaram, como médium, um comerciante a quem eram muito ligados. O conjunto do trabalho fotográfico foi feito pelos srs. Beattie e Thomson; as outras duas pessoas ficavam sentadas a uma mesinha. As provas foram tomadas em séries de três, a poucos segundos uma da outra, e várias dessas séries foram tomadas em cada sessão...

Há duas outras provas tomadas, como todas as precedentes, em 1872, de que todas as fases foram descritas pelo médium durante a exposição da placa. A primeira aparição – disse ele – era um espesso nevoeiro branco; a prova saiu toda sombreada de branco, sem o menor sinal de modelos. A outra fotografia foi descrita antecipadamente como devendo ser uma neblina nebulosa, com uma pessoa no meio dela: na prova, via-se apenas uma figura humana branca, no meio de uma superfície quase uniformemente nublada. Durante as experiências feitas em 1873, o médium, em cada caso, descreveu minuciosa e corretamente as figuras que deviam aparecer a seguir na placa. Numa delas, há uma estrela luminosa cintilante, de grandes dimensões, tendo no centro um rosto humano bem visível. É a última das três em que se manifestou uma imagem, e tudo tinha sido cuidadosamente anunciado pelo médium.

Numa outra série de três, antes de mais nada o médium descreveu o seguinte: 'Uma luz atrás dele, vinda do assoalho"; a seguir: 'uma luz subindo no braço de uma outra pessoa, e proveniente, ou parecendo provir, da perna'; para a terceira: 'a mesma luz existe, mas com uma coluna subindo na mesa até suas mãos; é quente.' Então, de repente exclamou: 'Que luz brilhante, lá, no alto! Não consegues vê-la?' Fez um gesto indicando com a mão. Essas palavras descreviam com muita fidelidade o que foram as três provas, e na última percebia-se a mão do médium mostrando uma mancha branca que aparecia acima da sua cabeça."

Mencionamos mais uma fotografia isolada e impressionante.

"Durante a pose, um dos médiuns disse que via, em segundo plano, uma imagem escura; o outro médium percebia uma figura brilhante ao lado da escura. Na fotografia, as duas imagens apareceram; a brilhante, muito debilmente; a escura, com nitidez bem maior; esta última tem dimensões gigantescas, o rosto maciço, com feições grosseiras, e uma longa cabeleira."

Essas experiências só foram possíveis com muito trabalho e perseverança. Às vezes, vinte provas consecutivas nada apresentavam de anormal. Foram feitas mais de cem, e mais da metade foram um completo fracasso. Mas os sucessos obtidos compensam plenamente os esforços feitos. Demonstram, com certeza: 1º a existência objetiva dos espíritos; 2º a faculdade, em certos seres, chamados médiuns, de ver formas invisíveis para todo mundo.

Sendo a prova fotográfica da visão mediúnica da maior importância, citaremos o fato seguinte, extraído da obra do sr. Aksakof, *Animisme et Spiritisme*, pág. 67 e segs.

Eis a seguir uma carta do sr. Bromson Murray,[3] publicada no *Banner of Light* de 25 de janeiro de 1873:

"Senhor Diretor,

Nos últimos dias do mês de setembro passado, o sr. W. H. Mumler, da sua cidade (Boston), 170, West Springfield Street, encontrando-se em estado de transe, no curso do qual dava conselhos médicos a um dos seus pacientes, interrompeu-se para dizer-me que, quando o sr. Mumler tirasse minha fotografia, na mesma placa apareceria, ao lado da minha, a imagem de uma mulher que desejava ardentemente comunicar sua sobrevivência ao seu marido, tendo procurado em vão, até o presente, uma oportunidade de aproximar-se dele, achava que o conseguiria por meu intermédio. O sr. Mumler acrescentou: 'Com a ajuda de uma lupa, poder-se-á distinguir na placa as letras R. Bonner.' Em vão perguntei-lhe se, acaso, essas letras não significavam Robert Bonner. Quando me preparava para posar para a fotografia, caí em transe, coisa que nunca me tinha acontecido; apesar dos seus esforços, o sr. Mumler não conseguiu colocar-me na posição desejada. Foi-lhe impossível fazer-me ficar ereto e apoiar-me a cabeça contra o suporte. Conseqüentemente, minha fotografia foi tomada na situação indicada, e, ao lado, apareceu a imagem de uma mulher com tinta, e as letras formadas por botões de flores, como me tinha sido predito. Infelizmente, eu não conhecia ninguém chamado Bonner, ninguém que pudesse reconhecer a identidade da figura fotografada.

De volta à cidade, contei a várias pessoas o que tinha acontecido; uma delas disse-me que recentemente conhecera um sr. Bonner, da Geórgia, e que gostaria de mostrar-lhe a fotografia. Quinze dias mais tarde, mandou pedir-me que fosse à sua casa. Alguns instantes depois, entrou um visitante: era um tal sr. Robert Bonner, que me disse que a fotografia era da sua mulher, e que achava a semelhança perfeita. Aliás, ninguém aqui contesta a semelhança existente entre esta fotografia e um retrato da sra. Bonner tirado dois anos antes da sua morte.[4]

O sr. Bonner obteve também a fotografia da falecida esposa, numa pose previamente escolhida, através de um médium de Nova Iorque que não a conhecia, como tampouco a conhecia o fotógrafo, que estava em Boston.

O jornal *Le Médium*, de 1872, também faz referência a uma fotografia de espírito obtida ao mesmo tempo em que a placa ia ser descoberta e a sra. Connant (o médium), voltando-se para a direita, exclamava: "Oh! Eis minha pequena Wash-Ti!" (uma garota indiana que freqüentemente se manifestava por seu intermédio), estendendo a mão esquerda na sua direção, como se para pegar na mão dela. Vê-se na fotografia a imagem perfeitamente reconhecível da pequena indiana, com os dedos da mão direita na mão da sra. Connant. Aqui, temos, portanto, a fotografia de uma figura astral, anunciada e reconhecida pelo médium sensitivo no momento da exposição. É uma outra confirmação das experiências do sr. Beattie.

Poderíamos multiplicar o número de citações semelhantes, mas a exigüidade do nosso plano obriga-nos a remeter o leitor às obras do eminente naturalista e do sábio russo. Num trabalho anterior,[5] reproduzimos a fotografia de um espírito, obtida em plena obscuridade pelo sr. Aksakof, assistido pelo médium Eglinton; daqui a pouco veremos também o grande físico inglês William Crookes tirar uma série de fotografias de uma forma materializada.

Examinemos outro aspecto do fenômeno.

Impressões e moldes de formas materializadas

Os casos de aparições de duplos de pessoas vivas, ou de espíritos manifestando-se após sua morte terrestre, narrados e controlados pela Sociedade de Pesquisas Científicas, são manifestações isoladas, reais, mas relativamente muito raras, e produzindo-se em circunstâncias tão excepcionais que era difícil fazer uma outra análise a não ser a resultante do relato verídico do acontecimento. Os espíritas, que há muito tempo estão familiarizados com esses fenômenos, fizeram um minucioso estudo de todos os tipos possíveis de comunicação dos espíritos conosco. Entre os mais notáveis, podem-se citar as diversas impressões deixadas pelos seres do espaço em substâncias moles ou friáveis durante as sessões em que eram evocados. Em poucas palavras, resumiremos essas experiências tão convincentes, às quais voltaremos no capítulo seguinte.

Os céticos afirmam que não se pode assegurar que não se esteja alucinado, ao constatar a presença de uma aparição, a menos que a forma deixe uma marca da sua passagem, que subsista após o desaparecimento da imagem.

Os fatos que se seguem respondem a esse desejo.

O eminente astrônomo alemão Zoëllner obteve, sobre folhas de papel escurecidas e colocadas entre lousas apoiadas sobre os joelhos, duas impressões, uma, de um pé direito, a outra, de um pé esquerdo, sem que o médium tivesse tocado nas lousas.

A Alma é Imortal 177

Em outra circunstância, o papel enegrecido foi colocado numa prancheta; nele imprimiu-se a marca de um pé, quatro centímetros menor do que o pé de Slade(6). Num recipiente cheio de farinha, foi encontrada a impressão de uma mão, com todas as sinuosidades da epiderme claramente visíveis.

Já chamamos a atenção para o fato de que as aparições, sempre, se parecem, em todos os traços, com as pessoas de quem são o desdobramento; faremos observar, também, que os espíritos que se materializam têm momentaneamente um corpo físico idêntico a um corpo material normal, pois as marcas que deixam mostram uma perfeita similitude com as que seriam produzidas pelas mesmas partes de um corpo vivo.

O prof. Chiaïa, de Nápoles, com a ajuda de Eusápia Paladino, teve a idéia de munir-se de argila para esculturas, e o espírito imprimiu seu rosto sobre esse material plástico. Enchendo de gesso a impressão assim obtida, conseguiu uma bela cabeça de homem, com um ar melancólico.[7]

Na América, foram constatados resultados da mesma ordem, e até mesmo descobriu-se um novo meio de obter reproduções fiéis de aparições. Pondo parafina em água quente para derreter, ela sobe à superfície. Pede-se ao espírito que mergulhe ali, diversas vezes, a parte do corpo que se deseja conservar, e ao desmaterializar-se, quando o invólucro de parafina seca, a aparição deixa um molde perfeito. Basta encher-lhe o interior de gesso para ter uma lembrança duradoura do espírito desencarnado. Apresentamos aqui o relato de uma dessas sessões, que reproduzimos segundo o sr. Aksakof, o renomado sábio russo:[8]

"Para completar as experiências do sr. Reimers, juntarei a ata de uma sessão ocorrida em Manchester, no dia 17 de abril de 1876, e que foi resenhada no *The Spiritualist* de 12 de maio seguinte; uma tradução alemã foi publicada em *Psychische Studien*, 1877, págs. 550-553. Entre as cinco testemunhas, os srs. Marthèze, Oxley e Reimers são reconhecidos por mim como os mais dignos de fé:

Nós, abaixo-assinados, pela presente certificamos os fatos seguintes que ocorreram na nossa presença, na residência do sr. Reimers, no dia 17 de abril de 1875. Pesamos cuidadosamente três quartos de libra de parafina, colocamo-la numa vasilha, nela despejando água fervente, o que logo fez a parafina derreter. Se uma mão for mergulhada várias vezes nesse líquido, o sedimento de parafina resfriado forma um molde perfeito. Essa vasilha, bem como outra contendo água fria, foi colocada num canto do aposento. Duas cortinas de seis pés de comprimento e quatro de largura, suspensas em trilhos, formavam uma cabine quadrada, tendo em cada extremidade aberturas de quinze polegadas de largura; estando a parede separada da casa seguinte, e a cabine quase tomada por móveis, a idéia de um alçapão não seria viável; o assoalho também estava cheio de vasos, cadeiras etc.

Uma senhora nossa amiga, dotada desse misterioso poder chamado mediunidade, foi envolvida numa rede que lhe cobria a cabeça, os braços, as mãos, e a fita que passava pela bainha foi apertada o mais forte possível, e em seguida atada; além disso, inseriu-se um pedaço de papel que teria caído caso o nó se tivesse desfeito. Todas as testemunhas concordaram que era impossível que o médium se libertasse sozinho sem trair-se. Nesse estado, ela foi conduzida à cabine que, exceto pela cadeira, vasos e biblioteca, estava perfeitamente vazia. Não havia nada visível perto desses objetos, que examinamos a plena luz do gás.

O aposento foi fechado. Baixamos o gás, mas ainda era possível distinguir alguma coisa, e nos sentamos a uma distância de quatro a seis pés da cortina. Após passar algum tempo cantando ou tocando músicas, uma figura apareceu na abertura da frente e andou até à outra. Sua bela e brilhante coroa, seus cabelos brancos, e ao redor do pescoço a fita negra onde pendia uma cruz de ouro, foram vistos, distintamente, por todos os assistentes. Logo uma outra figura feminina apareceu, também com uma coroa visível, mostrando-se ao mesmo tempo que a primeira, e, elevando-se acima da cabine na direção do teto, saudou graciosamente todos os assistentes. Uma voz masculina muito forte, vindo do canto, anunciou sua tentativa de executar os moldes.

Então a primeira figura de novo apareceu na abertura e, fazendo um sinal para que o sr. Marthèze se aproximasse para apertar-lhe a mão, tirou-lhe o anel do dedo, e o sr. Marthèze viu ao mesmo tempo, no canto oposto, o médium envolto na rede. A figura, porém, desapareceu rapidamente na direção do médium.

A Alma é Imortal 179

Tendo o sr. Marthèze voltado a sentar-se, a voz da cabine perguntou que mão queríamos, e pouco depois o sr. Marthèze foi novamente chamado à abertura para receber o molde de uma mão esquerda; inspecionando-a, descobriu-se o anel num dos dedos do molde. O sr. Reimers foi chamado a seguir e, da mesma maneira, recebeu a mão direita destinada aos seus sábios amigos de Leipzig, conforme o desejo que lhe foi expressamente formulado. Em seguida, ouviu-se o médium tossir; durante todo o tempo (mais de uma hora) sua tosse não se manifestara, o que havia dado lugar a temores de insucesso, já que no começo os acessos tinham sido violentos. Quando ela saiu da cabine, examinamos os nós e ... vimos que tudo se encontrava no mesmo estado. Tiramos toda a parafina que restava na vasilha e, pesando-a juntamente com os dois moldes obtidos, encontramos um pouco mais do que três quartos de libra, sendo o pequeno excedente devido à água aderida à parafina, como foi constatado ao sacudi-la. A proporção de água dos moldes respondia perfeitamente pelo resto; isso concluiu nossas experiências.

As mãos obtidas diferem consideravelmente, sob todos os aspectos, das do médium, mas todas mostram pequenas marcas (muito bem reveladas por lentes de aumento) de uma mão miúda, da mesma individualidade que mais de uma vez nos deu moldes nas mesmas condições experimentais.

Assinaram os senhores:

J. N. Tiedman Marthèze, Palmeirai square, Brington;

Christian Reimers, 2, Ducie avenue, Oxford road, Manchester;

William Oxley, 65, Burwen road, Manchester;

Thomas Gaskell, 69, Oldham road, Manchester;

Henry Marsh, Birch cottage, Fairy lane, Bury new-road, Manchester."

Observe-se que todas as precauções são tomadas pelos experimentadores espíritas para precaver-se de um erro qualquer, proveniente de um ato pessoal, ou do médium. Essas experiências, ou outras análogas, freqüentemente repetidas, permitiram obter centenas de moldes reproduzindo diversas partes de materializações de espíritos de todas as idades e de todos os sexos. Em todas as experiências, são membros semelhantes aos que se

obteria pela mesma operação, se praticada com seres vivos.
O sr. de Bodisco, camareiro do czar, publicou[9] curiosas experiências de materializações feitas com um médium, a srta. K.

"Não hesito – diz ele – em declarar que o corpo astral (ou psíquico) é o mais importante de todos os corpos na natureza; apesar da obstinação das ciências experimentais em ignorá-lo, esse corpo é governado por leis cujo estudo trará luz a muitos corações que buscam ser consolados por uma prova real da vida futura. Esse corpo constitui a única parte do corpo humano que é imperecível, é o zoo-éter, ou matéria primordial, ou força vital."
Quatro fotografias foram tiradas pelo sr. de Bodisco; mostram os diversos estados de materialização, desde a aparição astral ou psíquica envolvendo o corpo do médium até à condensação de uma forma da qual só se vê a cabeça, o restante do corpo parecendo envolto numa espécie de gaze. Ao lado da forma, percebe-se o corpo do médium em letargia sobre o sofá.

História de Katie King

Os fenômenos de materialização são as mais elevadas e incontestáveis demonstrações da imortalidade.
Ver um ente falecido aparecer diante dos assistentes com uma forma corpórea, ouvi-lo falar, vê-lo andar, escrever e depois desaparecer, seja de repente, seja aos poucos, sob os olhos dos observadores, é certamente o mais cativante e estranho dos espetáculos. Para um incrédulo, isso ultrapassa os limites da verossimilhança, e é preciso bem mais do que provas físicas irrefutáveis para que o fenômeno não seja atribuído à fraude ou à alucinação.
Felizmente, existe um bom número de observações relatadas por homens íntegros, com a imparcialidade e a competência necessárias para dar a esses fenômenos o suporte da sua autoridade.
Na companhia do médium Eglinton, o sr. Aksakof fez uma série de experiências nas quais foram tomadas as mais minuciosas precauções, o que lhe permitiu chegar a resultados perfeitamente inatacáveis do ponto de vista científico. A grande quantidade de matérias que temos para tratar obriga-nos, embora a contragosto, a remeter o leitor às obras originais, onde esses

casos estão detalhadamente expostos. Pode-se consultar, com proveito, *Animisme et Spiritisme*, de Aksakof; *Essai de Spiritisme Scientifique*, de Metzger; *Après la Mort*, de Léon Denis, e *Psychisme Expérimental*, de Erny.

Aqui, queremos dar algumas informações pouco conhecidas a respeito da célebre Katie King, cuja existência foi posta fora de dúvida pelos trabalhos, daqui por diante clássicos, de William Crookes, consignados no seu livro *Recherches Expérimentales sur le Spiritisme*. Nos serviremos dos estudos publicados na "Revista Espírita"[10] pela sra. De Laversay, abreviando o máximo possível essa interessante tradução da obra de Epes Sergent, publicada em Boston em 1875.

Muitas pessoas, pouco a par da literatura espírita, supõem que o espírito de Katie King foi examinado somente por William Crookes; veremos que existem muitos atestados relativos à sua existência, provenientes de testemunhas reconhecidas no mundo literário e científico. Quando o ilustre químico teve que verificar a mediunidade da srta. Cook, Katie já se materializava há muito tempo. Os grandes médiuns, que são tão raros, não se manifestam de uma hora para outra. É preciso algum tempo para chegar a produzir fenômenos físicos. De um lado, o médium precisa de treinamento, e do outro, o espírito que dirige as manifestações é obrigado a exercitar-se longamente para manipular os fluidos sutis com a necessária precisão.

Em 1872 a srta. Cook tinha dezesseis anos. Desde a mais tenra infância via espíritos e ouvia vozes; porém, como só ela constatava esses fatos, seus pais não acreditavam no que dizia. Após ter assistido a sessões espíritas, soube-se que a jovem era médium e que obteria as mais belas comunicações. O sr. e a sra. Cook inicialmente se opuseram a isso. Contudo, depois de terem sido visitados freqüentemente pelos espíritos, decidiram aceder ao desejo dos atores invisíveis, e foi então que ocorreram fenômenos realmente convincentes.

No jornal *Le Spiritualiste*, o sr. Harrison diz que no dia 21 de abril de 1872 aconteceu um incidente curioso. De repente ouviram-se batidas nos vidros; abrimos a janela e os postigos sem nada descobrir. Então, a voz de um espírito se fez ouvir, dizendo: "Sr. Cook, é preciso desobstruir a calha, se não qui-

ser que as fundações da sua casa sejam prejudicadas. A calha está entupida." Espantado, ele fez imediatamente uma inspeção. Era verdade! Tinha chovido e o quintal da casa estava cheio da água que transbordara. Ninguém tivera conhecimento daquele transtorno antes que o espírito o anunciasse de modo tão extraordinário. Acompanhando o progresso da mediunidade da srta. Cook, assistimos ao desdobramento da série de fenômenos que se produzem sucessivamente, tornando-se cada dia mais intensos, até redundar na materialização de Katie. Eis a primeira sessão em que ela aparece:
Até então, as sessões aconteciam na obscuridade. O sr. Harrison quis mudar esse estado de coisas e fez várias tentativas na casa do sr. Cook, com luzes diferentes. Obteve uma luz fosforescente por meio de uma garrafa aquecida, revestida interiormente com uma camada de fósforo misturado com óleo de cravo-da-índia. Graças a essa luminária, podia-se ver o que se passava durante a sessão obscura. A 22 de maio de 1872, a sra. Cook, as crianças, a tia e a criada se reuniram e o espírito de Katie King se materializou parcialmente. A srta. Cook não estava adormecida, como se vê pela carta que dirigiu ao sr. Harrison no dia seguinte. Eis o relato:

"Ontem à tarde Katie King nos disse que tentaria produzir alguns fenômenos se concordássemos, porém, em fazer uma cabine escura, com a ajuda de cortinas. Acrescentou que devíamos dar-lhe uma garrafa de óleo fosforescente, porque não podia apanhar em mim o fósforo necessário, devido ao desenvolvimento insuficiente da minha mediunidade; desejava iluminar sua imagem para tornar-se visível.

Encantada com a idéia, fiz os preparativos necessários; tudo ficou pronto às oito e meia, ontem à noite; minha mãe, minha tia, as crianças e a empregada acomodaram-se no lado de fora, sobre os degraus da escada. Deixaram-me sozinha na sala de jantar (não me sentia importante, porque estava muito assustada).

Katie apareceu na abertura da cortina; seus lábios moveram-se e, finalmente, ela conseguiu falar. Conversou com mamãe durante alguns minutos; todos puderam ver-lhe o movimento dos lábios. Como não a via bem no lugar onde eu estava,

A Alma é Imortal 183

pedi-lhe que se voltasse para mim. O espírito respondeu-me: 'Certamente, eu o farei'. Vi, então, que só o alto do seu corpo, até o busto, estava formado, o resto da aparição assemelhava-se a uma nuvem, vagamente luminosa.

Após alguns instantes de expectativa, o espírito de Katie começou por trazer algumas folhas frescas de hera; não havia iguais em nosso jardim. Depois vimos aparecer, fora da cortina, um braço e uma mão levantando a garrafa perto do rosto, e todos o percebemos claramente. Ela ficou ali por dois minutos, depois desapareceu. O rosto era ovalado, o nariz aquilino, os olhos vivos e a boca muito bonita.

Katie pediu a mamãe que olhasse bem para ela, pois sabia que tinha um ar lúgubre. Quanto a mim, estava muito impressionada quando o espírito se aproximou de mim; estava emocionada demais para falar, ou mesmo fazer um gesto. Na última vez que se mostrou na cortina, ela ficou bem uns cinco minutos e encarregou mamãe de pedir-lhe que venha aqui um dia desta semana... Katie King encerrou a sessão pedindo a bênção de Deus sobre nós. Manifestou sua alegria por ter podido mostrar-se aos nossos olhos."

O sr. Harrison aceitou o convite de Katie no dia 25 de abril; a segunda sessão de materialização aconteceu na sua presença. Ele tomou notas interessantes, que publicou no seu jornal (*The Spiritualist*); eis alguns trechos:

Depoimento do sr. Harrison:

"Uma sessão aconteceu a 25 de abril, na casa do sr. Cook, na minha presença. O médium, srta. Cook, estava sentada numa cabine às escuras. De tempos em tempos, ouvia-se arranhar; o espírito de Katie segurava um tecido leve que ela havia fabricado, com o qual se esforçava por recolher, em torno do médium, os fluidos necessários para materializar-se completamente. Então, ela friccionava o médium com esse tecido. O diálogo seguinte, em voz baixa, aconteceu entre o médium e o espírito:

"Srta. Cook: – Vá embora Katie, não gosto de ser esfregada assim.

Katie: – Não seja boba, esqueça o que tem na cabeça e olhe para mim. (Ela continuava friccionando.)

Srta. Cook: – Não quero. Deixe-me, Katie. Não gosto de

você, você me dá medo.
Katie: – Como você é tola. (Ela friccionava o tempo todo.)
Srta. Cook: – Não quero me prestar a essas manifestações, não gosto disso, deixe-me em paz.
Katie: – Você é só meu médium, e um médium é uma simples máquina de que os espíritos se servem.
Srta. Cook: – Muito bem! Se sou uma simples máquina, não gosto de ser assustada assim. Vá embora.
Katie: – Não seja estouvada."
Por esse diálogo vê-se que a aparição não é o duplo do médium, já que a vontade consciente da jovem está em absoluta oposição com a do espectro que está diante dela. A sra. d'Espérance, outra médium célebre, resolveu não cair mais em transe durante as manifestações, e o conseguiu, o que mostra a independência da sua individualidade psíquica durante as manifestações. O sr. Harrison pôde ver o fenômeno desenvolver-se em sessões ulteriores, e a respeito dele dá o seguinte testemunho:
"O rosto de Katie nos apareceu, com a cabeça toda coberta de branco, para, segundo disse, 'impedir que o fluido se dispersasse muito rapidamente'. Declarou-nos que só seu rosto estava materializado; todos puderam ver-lhe as feições nitidamente. Observamos que seus olhos estavam fechados. Ela se mostrava durante meio minuto, depois desaparecia. Depois, disse-me: 'Willie, veja meu sorriso, veja-me falar"; a seguir gritou: 'Cook, aumente a luz'. Apressamo-nos a obedecer-lhe, e todos puderam ver o rosto de Katie King, brilhantemente iluminado; era um rosto jovem, lindo, feliz, com olhos vivos, meio maliciosos. Não era mais o rosto fosco e indistinto da sua primeira aparição, a 22 de abril, porque, dizia Katie, 'sei melhor o que é preciso fazer'. Quando vimos surgir o rosto de Katie, em plena luz, suas bochechas pareciam naturalmente coradas; todos os assistentes exclamaram: 'Agora nós a estamos vendo perfeitamente!' Katie demonstrou sua satisfação estendendo o braço fora da cortina e dando pancadinhas na parede com um leque que encontrara ao seu alcance."
As sessões continuaram com sucesso. As forças da Katie King aumentav am cada vez mais, mas durante muito tempo ela só permitia uma tênue claridade enquanto se materializa-

va. Sua cabeça estava sempre envolta em véus brancos, porque ela não a formava de uma maneira completa, a fim de utilizar menor quantidade de fluido e não fatigar o médium. Após um bom número de sessões, Katie conseguiu mostrar, em plena luz, o rosto descoberto, os braços e as mãos.

Nessa época, a srta. Cook estava quase sempre acordada durante a presença do espírito; algumas vezes, porém, quando fazia mau tempo ou as condições eram desfavoráveis, a srta. Cook adormecia sob a influência espírita, o que aumentava o poder, e impedia que a atividade mental do médium perturbasse a ação das forças magnéticas. Mais tarde, Katie só passou a aparecer se o médium estivesse em transe. Foram realizadas algumas sessões para obter a aparição de outros espíritos; mas foi preciso realizar essas sessões com muito pouca claridade, e elas foram menos perfeitas do que aquelas em que Katie aparecia; constatou-se, todavia, a aparição de rostos conhecidos, cuja autenticidade foi comprovada. Adiante veremos o depoimento da sra. Florence Marryat, a conhecida escritora.

Numa sessão ocorrida a 20 de janeiro de 1873, em Hackney, seu rosto transformou-se; de branco passou a negro em poucos segundos; isso aconteceu várias vezes. A seguir, para mostrar que suas mãos não eram movidas mecanicamente, costurou a cortina que se tinha rasgado. Em outra sessão, a 12 de março e no mesmo local, as mãos da srta. Cook foram atadas com laços lacrados com cera. Então Katie King apareceu, a uma certa distância, na frente da cortina, com as mãos completamente livres.

Vê-se que, só após prolongadas experiências, inicialmente muito imperfeitas, e completando-se sucessivamente, o espírito de Katie King adquiriu a expansão que lhe permitiu manifestar-se livremente, em plena claridade, sob a forma humana, fora e diante da cabine escura, perante um grupo de espectadores maravilhados.

A partir desse momento, fiscalizações extremamente severas foram organizadas, e foi após ter estudado com o máximo rigor possível que o sr. Benjamin Coleman, o dr. Gully, o dr. Sexton, proclamaram a realidade dessas manifestações transcendentais. Várias fotografias de Katie King foram tomadas à luz de magnésio: ela estava na sala, completamente materializada, de pé, sob condições rígidas de fiscalização. Desde o início da mediunidade da srta. Cook, o sr. Blackburn, de Manchester, com discreta liberalidade, fez-lhe uma doação importante que lhe garantiu a existência; agiu dessa forma para o progresso da ciência. Todas as sessões da srta. Cook foram realizadas gratuitamente.

Primeiras fotografias de Katie King

Na primavera de 1873 ocorreram várias sessões tendo por objetivo conseguir fotografias de Katie King. A 7 de maio, quatro fotografias foram tomadas com sucesso; uma delas foi reproduzida por gravura.

Na fotografia, disse-nos o sr. Harrison, os traços são mais finos e belos e há uma expressão de dignidade na fisionomia quase etérea, que a reprodução da gravura que foi editada não traduz bem.

As experiências fotográficas estão bem descritas na ata abaixo, que foi redigida após uma sessão, e assinada pelos seguintes nomes: Amélia Corner, Caroline Corner, srs. Luxmore, G. Trapp e W. Harrison. Eis as precauções que haviam sido tomadas ao iniciar-se a sessão:

A sra. Corner e sua filha tinham acompanhado a srta. Cook até seu quarto, onde lhe pediram a gentileza de despir-se, para melhor examinar-lhe a roupa. Fizeram-na pôr um longo casacão de lã cinza para substituir a roupa que havia tirado. A seguir, ela foi conduzida à sala de sessões; seus pulsos foram atados firmemente com uma fita de fibra. Os nós foram examinados pela assistência, e colocaram-se lacres nas pontas da fita. A cabine foi examinada em todos os sentidos, depois a srta. Cook sentou-se lá. A fita que a atava foi passada por um anel fixado no assoalho, depois sob a cortina, e a ponta foi amarrada a uma cadeira colocada fora da cabine; desse modo, se o médium se mexesse, imediatamente se perceberia.

A sessão começou às seis horas da tarde e durou mais ou menos duas horas, com um intervalo de uns trinta minutos. O médium adormeceu assim que se instalou na cabine, e alguns minutos depois Katie apareceu e adiantou-se na sala. A sra. Cook também estava assistindo à sessão com seus filhos menores, que se divertiam muito conversando com o espírito.

Katie estava vestida de branco; naquela tarde, sua roupa era decotada, com mangas bem curtas, de modo que se podia admirar-lhe o pescoço maravilhoso e os belos braços. Até a touca, que sempre lhe tapava a cabeça, estava levemente puxada para trás, deixando ver seus cabelos castanhos. Seus olhos eram grandes e brilhantes, cinzentos, ou de um azul escuro. A tez era alva e corada, os lábios rosados, e ela parecia bem viva. Vendo nosso prazer em contemplá-la assim, diante de nós, Katie redobrou seus esforços para permitir que tivéssemos uma boa sessão. Depois, quando parou de posar diante do aparelho, saiu passeando, conversando com todo mundo, criticando os assistentes, o fotógrafo e seus arranjos, bem à vontade. Pouco a pouco, ousou aproximar-se mais de nós. Enquanto a fotografavam, Katie apoiou-se no ombro do sr. Luxmore; chegou mesmo a segurar a lâmpada uma vez, para melhor iluminar-lhe o rosto.

Permitiu que o sr. Luxmore e a sra. Corner passassem a mão na sua roupa para assegurar-se de que ela só usava uma veste. Depois Katie divertiu-se implicando com o sr. Luxmore; deu-lhe tapas nas bochechas, puxou-lhe os cabelos e pegou seu pincenê para olhar as pessoas na sala. As fotografia foram tomadas à luz de magnésio; o resto do tempo a iluminação consistia de uma vela e um pequeno lampião. Quando levaram a placa para revelá-la, Katie correu atrás do sr. Harrison para vê-lo revelar.

Naquela tarde, aconteceu também uma coisa curiosa; no momento em que Katie descansava diante da cabine, esperando para posar, viu-se aparecer na abertura superior um braço de homem, nu até o ombro, e agitando os dedos. Katie se virou, repreendeu o intruso, dizendo que não era certo um outro espírito vir atrapalhar tudo quando ela estava posando para seu retrato, e mandou que fosse embora o mais rápido possível. Quase ao final da sessão, Katie declarou que suas forças estavam acabando, que estava prestes a desaparecer. Seu poder estava enfraquecido a tal ponto, que a luz que penetrava na cabine em que ela se havia retirado parecia dissolvê-la; então, todos a viram cair, completamente sem corpo, com o pescoço tocando no chão. O médium continuava amarrado como no início.

Chamamos a atenção do leitor especialmente para esse detalhe, que mostra claramente que a aparição não é um manequim preparado, nem o médium disfarçado. Quanto a esse ponto, eis um outro testemunho também demonstrativo: é o da sra. Florence Marryat.[12]

"Um dia perguntaram a Katie King se não podia mostrar-se com uma iluminação mais forte. (Ela admitia apenas um bico de gás, e ainda por cima era preciso baixá-lo bem.) A pergunta pareceu irritá-la muito; deu-nos a seguinte resposta:

– Já lhes declarei muitas vezes que não posso suportar a intensidade de uma luz forte. Não sei por que me é impossível, e, se duvidam da minha palavra, iluminem tudo aqui, e verão o que acontecerá. Apenas previno-os de que, se me puserem à prova, não poderei reaparecer diante de vocês; portanto, escolham.

As pessoas presentes se consultaram; decidiu-se tentar a experiência a fim de ver o que aconteceria. Queríamos resolver definitivamente a questão de saber se maior ou menor claridade interferia no fenômeno da materialização. Katie foi avisada da nossa decisão e concordou com a experiência. Mais tarde ficamos sabendo que lhe tínhamos causado um grande sofrimento.

O espírito de Katie postou-se de pé diante da parede do salão e estendeu os braços em cruz, aguardando sua dissolução. Acendemos os três bicos de gás. (O aposento tinha mais ou menos dezesseis pés quadrados.)

O efeito produzido em Katie foi extraordinário. Ela resistiu apenas um instante, depois a vimos dissolver-se sob nossos olhos, como um boneco de cera diante de uma fogueira. Primeiro, suas feições apagaram-se, não as distinguíamos mais. Os olhos afundaram nas órbitas, o nariz desapareceu, a testa parecia ter entrado na cabeça. Depois os membros cederam e o corpo caiu como um edifício que tivesse desmoronado. Só restou sua cabeça sobre o tapete, depois um pouco de tecido branco que desapareceu como se subitamente a tivessem despido. Ficamos por alguns instantes com os olhos fixos no ponto onde Katie tinha desaparecido. Assim se encerrou esta memorável sessão."

A Alma é Imortal 189

Com a prática, o espírito adquire muito mais força, já que William Crookes conseguiu fazer uma seqüência de mais de quarenta clichês, utilizando luz elétrica. Acabamos de verificar que um espírito tentou materializar-se ao mesmo tempo que Katie. Na verdade, não foi o único espírito a mostrar-se.

Eis mais um atestado da sra. Marryat, que reconheceu uma deformação característica do lábio da sua filha numa aparição que segurava em seus braços. Ouçamos seu relato:

"A sessão aconteceu numa salinha da associação; não havia móveis, nem tapetes. Três cadeiras de palha foram colocadas no aposento para que pudéssemos sentar-nos. Num canto, suspendemos um velho xale preto para formar a cabine necessária; colocamos uma almofada para que a srta. Cook pudesse apoiar a cabeça.

A srta. Florence Cook é uma jovem morena, miúda, de olhos negros, cabelos cacheados; usava um vestido de lã cinzento, enfeitado com fitas cor de cereja. Antes de iniciar-se a sessão, ela me informou que há algum tempo sentia-se enfraquecida durante os transes, e que às vezes acontecia-lhe dormir na sala. Pediu-me, então, que lhe chamasse a atenção caso isso se repetisse, e que a mandasse voltar ao seu lugar, como se fosse uma criança; prometi que o faria, e então a srta. Cook sentou-se no chão, atrás do xale preto que servia de cortina. Podíamos ver a roupa cinzenta do médium, porque o xale não ia até o chão. O gás foi baixado e nos acomodamos nas três cadeiras de palha.

De início, a médium parecia indisposta. Queixava-se de estar sendo maltratada; alguns instantes depois, o xale foi agitado e vimos uma mão aparecer e desaparecer, retirar-se várias vezes sucessivamente. Depois apareceu uma forma, arrastando-se sobre os joelhos para passar sob o xale, e, finalmente, levantou-se. A luz era insuficiente para reconhecer-lhe os traços. O sr. Harrison perguntou-lhe se estávamos diante da sra. Stewart. O espírito sacudiu a cabeça.

– Quem poderá ser? – perguntei ao sr. Harison.
– Mamãe, a senhora não está me reconhecendo?
Quis correr na sua direção, mas ela me disse:
– Fique no seu lugar e irei para junto da senhora.
Um instante depois, Florence veio sentar-se nos meus joe-

lhos. Tinha os cabelos longos e ondulados, seus braços estavam nus, assim como os pés. Sua roupa não tinha forma, dir-se-ia que ela estava envolta em alguns metros de musselina; e, fato raro, esse espírito não usava touca, sua cabeça estava nua.
– Florence, minha querida, és mesmo tu?
– Aumente a luz – respondeu ela – e olhe para minha boca.
Vimos então, nitidamente, seu lábio deformado, como na hora do seu nascimento. Os médicos que a tinham visto na ocasião declararam que era um caso muito raro. Minha filha vivera só alguns dias. E parecia ter 17 anos.
Vendo aquela prova incontestável de identidade, comecei a chorar, sem conseguir dizer uma só palavra.
A srta. Cook agitava-se muito por trás do xale; depois, de repente, arremessou-se na nossa direção, gritando:
– Chega, não agüento mais.
Vimo-la então no lado de fora, ao mesmo tempo que o espírito da minha filha, que estava nos meus joelhos, mas isso durou um breve instante, a forma que eu segurava correu para a cabine e desapareceu. Lembrei-me então de que a srta. Cook me pedira que lhe chamasse a atenção se andasse pela sala, e a repreendi severamente. Ela voltou ao seu lugar, atrás da cortina, e imediatamente o espírito veio de novo para junto de mim, dizendo:
– Não a deixe voltar, ela me dá um medo horrível.
Disse-lhe, então:
– Mas, Florence, neste mundo, nós mortais temos medo de aparições e, parece-me, tens medo do teu médium.
– Tenho medo de que ela me faça ir embora.
A srta. Cook, porém, não se mexeu mais e Florence ficou conosco mais um pouco. Pôs seus braços ao redor do meu pescoço e abraçou-me várias vezes. Nessa época eu andava muito atormentada. Florence me disse que, se tinha conseguido aparecer diante de mim marcada daquela forma, era para convencer-me das verdades do espiritismo e de que eu encontraria nele fontes de consolação.
– Às vezes, mamãe, a senhora duvida – disse ela – e acha que seus olhos e seus ouvidos a enganaram; não deve mais duvi-

dar, e não pense que estou desfigurada em espírito. Assumi esta marca hoje para melhor convencê-la. Lembre-se de que estou sempre com a senhora.

Eu não conseguia falar, tamanha era a minha emoção ao pensar que tinha nos braços a filha que eu tinha posto num caixão, que não estava morta e aniquilada, mas transformada agora numa moça. Continuei muda, meus braços ao redor dela, meu coração batendo contra o seu. Depois o poder diminuiu; Florence me deu um último beijo e deixou-me, estupefata e maravilhada com tudo o que tinha acontecido."

A sra. Florence Marryat acrescenta que voltou a ver esse espírito várias vezes, em outras sessões com diferentes médiuns; recebeu dele excelentes conselhos.

Compreende-se facilmente que fenômenos tão extraordinários tenham sido obstinadamente negados pelos incrédulos. Levantaram-se acirradas polêmicas, mesmo entre espíritas, e delas não escaparam tampouco as experiências e as afirmações de William Crookes para confirmar a autenticidade absoluta de Katie King. Remetemos o leitor à sua obra, mas devemos assinalar, especialmente, que Katie King é mesmo um ser anatomicamente semelhante a um ser vivo.

As experiências de Crookes

Os trabalhos do grande sábio inglês são particularmente interessantes do ponto de vista que nos ocupa.[13] Por isso, reproduzimos uma pequena parte do seu relato, porque é realmente demonstrativo; ele nos mostrará um espírito tão bem materializado, que não se conseguiria distingui-lo de uma pessoa comum.

Essa notável experiência estabelece pertinentemente que o perispírito reproduz não apenas o exterior de uma pessoa, mas também todas as partes internas do seu corpo.

"Uma das fotografias mais interessantes é aquela em que estou de pé ao lado de Katie; ela está com seu pé nu sobre um ponto particular do assoalho. Em seguida, vesti a srta. Cook como Katie; ela e eu nos colocamos exatamente na mesma posição, e fomos fotografados pelas mesmas objetivas, colocadas exatamente como na outra experiência, e iluminados pela mesma luz. Quando os dois desenhos são postos um sobre o outro, as duas fotografias minhas coincidem exatamente quanto à estatura etc., mas Katie é meia cabeça mais alta do que a srta. Cook e, comparada com ela, parece gorda. Em muitas provas, a largura do rosto e a corpulência diferem essencialmente das do seu médium, e as fotografias permitem ver vários outros pontos divergentes..."

Isto responde à objeção freqüentemente feita de que, nas sessões espíritas, as aparições fotografadas devem-se a desdobramentos do médium. Continuemos:

"Recentemente vi Katie tão bem, quando estava iluminada por luz elétrica, que posso acrescentar alguns traços às diferenças que, num artigo anterior, estabeleci entre ela e seu médium. Tenho a mais absoluta certeza de que a srta. Cook e Katie são duas individualidades distintas, pelo menos no que concerne a seus corpos. Várias pequenas marcas que existem no rosto da srta. Cook não existem no de Katie. O cabelo da srta. Cook é de um castanho tão escuro que quase parece preto; uma mecha do cabelo de Katie, que está ali, diante de mim, e que ela me permitiu que cortasse das suas tranças exuberantes, após tê-las acompanhado com meus próprios dedos até o alto da cabeça, assegurando-me de que não eram postiças, é de um belo castanho dourado.

Uma noite, contei as pulsações de Katie; seu pulso batia regularmente 75, ao passo que o da srta. Cook, pouco depois, chegava a 90, sua média habitual. Encostando o ouvido no peito de Katie, podia ouvir-lhe o coração batendo, e suas pulsações eram ainda mais regulares do que as do coração da srta. Cook quando, depois da sessão, permitiu-me fazer a mesma experiência. Testados da mesma maneira, os pulmões de Katie mostraram-se mais saudáveis do que os do seu médium, porque, no momento em que fiz minha experiência, a srta. Cook seguia um tratamento médico devido a uma forte gripe."

Assistimos às primeiras manifestações de Katie King. Eis agora a última vez em que ela apareceu. Entre os espectadores estavam a sra. Florence Marryat, o sr. Tapp, William Crookes e Mary, uma auxiliar.[14]

A Alma é Imortal 193

A última sessão

Às sete horas e 23 minutos da noite, o sr. Crookes conduziu a srta. Cook à cabine escura, onde ela se deitou no chão, com a cabeça apoiada numa almofada. Às sete horas e 28 minutos, Katie falou pela primeira vez, e às 7 horas e 30 minutos apareceu fora da cortina e na sua forma completa. Estava vestida de branco, mangas curtas, pescoço nu. Tinha longos cabelos castanho-claros, de um tom dourado, caindo em cachos nos dois lados da cabeça e ao longo das costas até à cintura. Usava um longo véu branco que só foi baixado sobre o rosto uma ou duas vezes durante a sessão.

Ao médium usava um vestido de lã azul-claro. Durante quase toda a sessão, Katie ficou de pé diante deles; a cortina da cabine estava aberta e todos podiam ver nitidamente a médium adormecida, com o rosto coberto por um xale vermelho, para protegê-lo da luz. Ela não havia saído da posição inicial desde o começo da sessão, durante a qual a luz espalhava uma viva claridade. Katie falou da sua partida próxima e aceitou um buquê que o sr. Tapp lhe trouxera, bem como alguns lírios juntados a ele e oferecidos pelo sr. Crookes. Katie convidou o sr. Tapp a desatar o buquê e colocar as flores no chão diante dela; sentou-se, então, à moda turca, e pediu que todos fizéssemos o mesmo ao redor dela. Dividiu a seguir as flores, fazendo com elas pequenos buquês, que amarrou com uma fita azul.

Escreveu também cartas de despedida a alguns de seus amigos, assinando-se Annie Owen Morgan, e dizendo que era seu verdadeiro nome durante sua vida terrestre. Igualmente, escreveu uma carta a sua médium, e escolheu para ela um botão de rosa como presente de despedida. Pegou então uma tesoura, cortou uma mecha dos seus cabelos e deu a todos nós uma boa porção. Em seguida tomou o braço do sr. Crookes, andou pela sala e apertou a mão de todos. Depois, voltou a sentar-se, cortou vários pedaços do seu vestido e do seu véu e deu-os de presente. Enquanto estava sentada entre o sr. Crookes e o sr. Tapp, e vendo buracos tão grandes na sua roupa, perguntaram-lhe se poderia reparar o dano, como havia feito em outras ocasiões. Ela expôs então a parte cortada à claridade da luz, bateu nela, e instantaneamente aquela parte ficou tão nítida e completa como antes. Os que se encontravam perto dela tocaram no tecido e o examinaram, com sua permissão; todos afirmaram que, ali, onde um momento antes tinham visto buracos com várias polegadas de diâmetro, não havia nem buraco nem costura, nem qualquer parte reposta.

A seguir, deu suas últimas instruções ao sr. Crookes e aos outros amigos quanto à conduta a ser adotada no tocante a manifestações, prometidas por ela através de sua médium. Essas instruções foram anotadas com cuidado e entregues ao sr. Crookes. Então, ela pareceu cansada, dizia tristemente que queria ir embora, que sua força estava diminuindo; reiterou suas despedidas a todos de modo muito afetuoso. Os assistentes lhe agradeceram pelas maravilhosas manifestações que lhes tinha proporcionado.

Enquanto dirigia aos seus amigos um último olhar grave e pensativo, deixou a cortina cair e tornou-se invisível. Ouvimo-la despertar a médium que, chorando, pediu-lhe que ficasse um pouco mais; mas Katie disse-lhe: "Minha cara, não posso. Minha missão foi cumprida, que Deus te abençoe!" – e ouvimos o som do seu beijo de despedida. A médium apresentou-se então entre nós, completamente esgotada e profundamente consternada.

Vemos o quanto a srta. Cook, inicialmente rebelde, apegara-se à sua amiga invisível. Katie dizia que doravante não poderia mais falar ou mostrar seu rosto; que, ao realizar durante três anos aquelas manifestações físicas, passara uma vida bem difícil para expiar suas faltas; que estava decidida a elevar-se, de agora em diante, a um grau superior da vida espiritual; que só a longos intervalos poderia corresponder-se por escrito com sua médium, mas que esta poderia vê-la sempre através da lucidez magnética.[15]

O caso da sra. Livermore

As aparições de Katie King foram tão numerosas e observadas com tanta freqüência, que não é possível duvidar por um instante sequer que não fosse um espírito que assim se manifestava; mas, como ela declarava ter vivido outrora com o nome de

Annie Morgan, durante o reinado de Carlos I, não era possível verificar-lhe a identidade. Constatamos que Florence, a filha da sra. Marryat, deu-se a reconhecer graças a um sinal particular no lábio; veremos, segundo o sr. Aksakof,[16] que seria impossível encontrar um caso mais concludente, mais perfeito como prova de identidade da aparição de uma forma materializada, do que o que nos apresenta o caso de Estelle, falecida em 1860, ao seu marido, sr. Livermore.

Essa observação reúne todas as condições para tornar-se clássica; ela responde a todas as exigências da crítica. Pode-se encontrar-lhe o relato no *The Spiritual Magazine* de 1861, nos artigos do sr. B. Coleman, que obtinha todos os pormenores diretamente do sr. Livermore (eles foram em seguida publicados sob a forma de uma brochura intitulada *Spiritualism in America*, Londres, 1861) e, finalmente, na obra de Dale Owen, que extraiu os detalhes do manuscrito do sr. Livermore.

A materialização da mesma figura continuou por cinco anos, de 1861 a 1866, durante os quais o sr. Livermore teve 383 sessões com o médium Kate Fox, e cujas particularidades foram registradas pelo sr. Livermore num jornal. Elas ocorreram em completa obscuridade. Na maioria das vezes, o sr. Livermore estava sozinho com a médium, cujas mãos segurava durante toda a sessão. Durante todo o tempo, a médium estava em seu estado normal e era testemunha consciente de tudo o que se passava.

A materialização visível da figura de Estelle foi gradual; seu marido só conseguiu reconhecê-la na quadragésima terceira sessão, através de uma claridade intensa, de origem misteriosa, proveniente do fenômeno, e geralmente sob a direção de uma outra figura que acompanhava Estelle e a ajudava em suas manifestações, e que dizia chamar-se Franklin.

A partir de então, a aparição de Estelle tornou-se cada vez mais perfeita e conseguiu até suportar a luz de uma lanterna levada pelo sr. Livermore. Felizmente, para a apreciação do fato, a figura não conseguiu falar, pronunciou só algumas palavras, e todo o lado intelectual da manifestação revestiu-se de uma forma que deixou traços imperccívcis. Trata-se das inúmeras comunicações escritas pela própria Stelle; todas, num total de uma centena, foram recebidas em cartas que o sr. Livermore levava e classificava pessoalmente; enquanto a aparição escrevia, o sr. Livermore, segurando as mãos de Kate Fox, podia ver perfeitamente a mão e toda a imagem daquela que escrevia. Nessas comunicações, a letra é uma reprodução perfeita da caligrafia da sra. Livermore viva. Numa carta do sr. Livermore ao sr. B. Coleman, de Londres, que ele conhecera na América, lemos: "Finalmente acabamos de obter cartas datadas. A primeira desse tipo, de sexta-feira, 3 de maio de 1861, era escrita muito cuidadosa e corretamente, e a identidade da escrita da minha mulher pôde ser estabelecida de modo categórico por comparações minuciosas; o estilo e a redação do 'espírito' são para mim provas positivas da identidade do autor, mesmo se deixarmos de lado as outras provas, ainda mais conclusivas, que obtive." Mais tarde, em outra carta, o sr. Livermore acrescenta: "Sua identidade foi estabelecida de modo a não deixar qualquer dúvida: primeiro, por sua aparência, depois, por sua escrita, e, finalmente, por sua individualidade mental, sem falar de numerosas outras provas que seriam persuasivas nos casos comuns, mas que não levei em consideração, a não ser como provas de apoio.

O testemunho do sr. Coleman confirma o do sr. Livermore, e amostras da escrita de Estelle quando viva, e depois da sua morte, foram publicadas no *Spiritual Magazine,* em 1861. A escrita é certamente uma prova absoluta e realmente conclusiva da identidade do ser que se materializa, porque é uma espécie de fotografia da personalidade, de que sempre foi considerada a expressão fiel e constante. Além dessa prova material e intelectual, encontramos mais outra em várias comunicações escritas por Estelle em francês, língua que o médium desconhecia completamente. Eis, a esse respeito, o testemunho decisivo do sr. Livermore: "Um papel que eu mesmo tinha levado foi-me tirado da mão e, instantes depois, foi-me visivelmente devolvido. Nele, li uma admirável mensagem escrita em francês castiço. Minha mulher dominava muito bem o francês, que lia e escrevia corretamente, ao passo que a srta. Fox não tinha dele a mínima noção."[17]

O sr. Aksakof, tão exigente quanto a provas, escreveu: "Encontramos aqui uma dupla prova de identidade, constatada não apenas pela escrita, semelhante em todos os pontos à do defunto, mas também numa língua desconhecida pelo médium. O caso é extremamente importante e, a nosso ver, apresenta uma prova de identidade absoluta."

A cessação das manifestações de Estelle através da materialização apresenta uma notável semelhança com o fim das aparições de Katie. Lemos em Owen: "Foi na sessão no. 388, a 26 de abril de 1866, que a forma de Estelle apareceu pela última vez. Desse dia em diante, o sr. Livermore não voltou a ver a figura que lhe era familiar, embora tenha recebido, até o momento em que escrevo (1871), numerosas mensagens plenas de simpatia e afeto."

Parece-nos bem demonstrado que a imortalidade sobressai com total evidência dessas manifestações sugestivas. As mais ousadas teorias não poderão lutar contra fatos dessa natureza, que por si sós nos confirmam essa vida de além-túmulo, cuja existência já era dada como mais do que provável por todos os outros gêneros de comunicações entre os homens e os espíritos.

Resumo

Na breve exposição que acabamos de apresentar ao leitor, conseguimos reproduzir apenas um único relato concernente a cada um dos casos particulares, que gostaríamos de apresentar em maior número. Aliás, é fácil consultar as obras citadas, e convencer-se de que a quantidade de testemunhos autênticos, relatando fatos de aparições de vivos ou mortos, é considerável. A maioria provém de pessoas absolutamente dignas de fé, sem qualquer interesse em enganar, e a veracidade dessas afirmações foi controlada com o máximo cuidado possível por homens sábios, prudentes e imparciais; mas, supondo-se mesmo que alguns desses relatos sejam falsos, outros reproduzidos inexatamente, ainda resta um número suficiente (várias centenas) para estabelecer **a certeza do desdobramento do ser humano e da sobrevivência da alma após a morte**.

Em quase todas as narrativas, foi-nos fácil constatar que o corpo dormia, que o espírito se manifestava longe da sua presença. A realidade da alma, isto é, do eu pensante e voluntário, ao mesmo tempo que sua individualidade distinta do corpo, afirmam-se forçosamente como corolários do fenômeno de desdobramento.

Realmente, temos observado por testemunhos precisos como os de Varley, do jovem gravador citado pelo dr. Gibier e pelos casos de Newnham e de Sophie, que durante o sono a alma humana pode desligar-se e manifestar sua autonomia; ela é, portanto, diferente do organismo material e é impossível explicar esses fenômenos psicológicos por uma ação do cérebro, uma vez que o sono é, segundo a ciência, caracterizado pelo desaparecimento da atividade psíquica.[18]

Esse eu que se desloca não é uma substância incorpórea, é um ser bem definido, que possui um invólucro que reproduz os traços do corpo; e, quando se deixa ver, é graças a essa identidade absoluta com o invólucro carnal que se pode reconhecê-lo.

O grau de materialidade do perispírito é variável; às vezes é uma simples névoa branca que esboça os traços, atenuando-os; outras, ele tem contornos bem nítidos e parece um retrato animado; finalmente, pode acontecer que se mostre com todas as características da realidade, e constata-se que ele possui tangibilidade suficiente para executar ações físicas sobre a matéria inerte, e para revelar a existência de um organismo interno semelhante ao de um indivíduo vivo.

A distância que separa o corpo da sua alma não tem qualquer influência sobre a intensidade das manifestações. Já vimos vários exemplos perfeitamente convincentes.

Esse invólucro da alma só acusa sua existência distinta do corpo em circunstância muito raras, contudo acha-se ali no estado normal, como o indicam as experiências sobre a exteriorização da sensibilidade, e a ação de medicamentos à distância. Aliás, a certeza da coexistência do corpo e do perispírito resulta da sobrevivência deste último à destruição do invólucro carnal. Essa imortalidade foi estabelecida por diversas experiências que possuem todas as características necessárias para estabelecer a convicção.

As aparições de mortos ou de vivos são idênticas: atuam do mesmo modo, produzem os mesmos efeitos, portanto, a causa a que são devidos é a mesma: é a alma emancipada do corpo. Deve-se notar que não poderia ser de outro modo, já que, em ambos os casos, ela está livre da sua prisão carnal.

Portanto, se descobrirmos nas aparições de mortos características que não haviam sido postas em evidência nas aparições de pessoas vivas, poderemos concluir, legitimamente, que o duplo humano também as possui.

A continuidade que existe entre todos os fenômenos da natureza nos permitirá compreender a ligação existente entre as manifestações da alma produzidas por sua ação à distância e as que são devidas à sua saída do corpo. Transmissão de pensamento, telepatia, exteriorização parcial, desdobramento são fenômenos que formam uma cadeia ininterrupta, uma gradação de poderes anímicos.

As circunstâncias que acompanham as aparições de vivos são, em geral, suficientemente demonstrativas por si sós para estabelecer a objetividade da aparição. Em todos os casos citados, pusemos em evidência essa característica, mas não foi possível fornecer provas absolutas a respeito desses fenômenos que, por sua raridade e espontaneidade se opõem a qualquer investigação metódica. O mesmo não acontece quando essas aparições se produzem nas sessões espíritas, em que são solicitadas. Lá, espera-se vê-las produzir-se, e todas as precauções são tomadas para verificar-lhes cuidadosamente a objetividade.

A fotografia é uma das garantias mais seguras que possamos fornecer. Se, a rigor, para explicar as aparições é possível admitir uma alucinação agindo sobre cérebros predispostos, essa explicação cai por terra diante da realidade brutal que se inscreve na camada de colódio; aqui, não há ilusão possível; o fenômeno acusa sua realidade deixando uma marca inegável sobre a camada sensível. Ora, já fotografamos o corpo fluídico durante a vida e depois da morte, o que nos dá a certeza absoluta de que a alma continua existindo, tanto na Terra como no espaço.

Além do mais, a continuidade do ser revela-se bem claramente através das aparições algumas horas depois da morte. Tudo se passa como se o indivíduo que aparece ainda estivesse vivo; o perispírito que acaba de deixar o corpo retraça-lhe fielmente não apenas a imagem, mas também a configuração física, que se revela pelas marcas deixadas sobre papel enegrecido e por moldes. Que maravilhosa descoberta esta da possibilidade de convencer-se, por testemunhos materiais, da sobrevivência integral do ser pensante! Finalmente, vemos, nas experiências de Crookes, que o espírito materializado é sem dúvida um ser que, temporariamente, vive como se tivesse nascido na Terra. Seu coração bate, seus pulmões funcionam, ele anda, fala, dá uma mecha dos seus cabelos. Portanto, seu perispírito tem em si tudo o que é necessário para criar todos os seus órgãos, com a força e a matéria hauridas do médium; é o desabrochar completo do fenômeno, que vimos esboçado somente pelas aparições falantes.[19]

Quer os sábios oficiais fechem os olhos, quer a imprensa silencie obstinadamente sobre esses fatos notáveis, isso não impedirá a verdade de brilhar diante dos olhos de pessoas sem preconceitos. Essa demonstração material da sobrevivência tem uma capital importância para o futuro da humanidade. Ninguém poderá destruir a quantidade de provas que trazemos. Cedo ou tarde, os mais orgulhosos serão forçados a curvar-se diante da evidência, e a reconhecer que os espíritas, tão escarnecidos, dotaram a ciência da maior e mais fecunda descoberta jamais feita na Terra.

Conclusão

Pela observação e pela experiência, portanto, parece-nos estabelecido que:
1º O ser humano pode desdobrar-se em duas partes: o corpo e a alma;
2º a alma, ao separar-se do corpo, lhe reproduz fielmente a imagem;
3º as manifestações anímicas são independentes do corpo físico; durante o desligamento, quando a alma está totalmente exteriorizada, o corpo não passa de uma massa inerte;
4º a aparição pode apresentar todos os graus de materialidade, desde uma simples aparência até uma realidade concreta, que lhe permite andar, falar e atuar sobre a matéria bruta;
5º a forma fluídica da alma pode ser fotografada;
6º a forma fluídica da alma, durante a vida, ou depois da morte, pode deixar marcas ou moldes;

7º durante a vida, a alma pode perceber sensações fora dos órgãos dos sentidos;
8º a forma fluídica reproduz não apenas o exterior, mas também toda a constituição interna do ser;
9º a morte não destruiu a alma; ela persiste com todas as suas faculdades psíquicas e com um organismo físico, visível e imponderável, que possui, em estado latente, todas as leis biológicas do ser humano.

As consequências

Que se deve concluir de todos esses fatos? Em primeiro lugar, somos forçados a admitir que o corpo e a alma são duas entidades absolutamente distintas; podendo separar-se e apresentando, cada uma delas, características inequívocas de substancialidade. Devemos observar também que o organismo físico é apenas um invólucro, que se torna inerte tão logo o princípio pensante dele se separa. A parte sensível, inteligente, voluntária do homem reside no duplo, e se revela como causa da vida psíquica. Sendo assim, é racional imaginar, para explicar os fenômenos espíritas, outros fatores além da alma humana?

Evidentemente, não, e todas as teorias que admitem a intervenção de seres imaginários: demônios, elementais, elementares, egrégoras, idéias coletivas, não podem resistir ao exame dos fatos, nem perceber a causa dos fenômenos observados. No caso em que o espírito de um vivo se manifesta de um modo qualquer, é possível remontarmos do efeito à causa e descobrir-lhe a razão eficiente; é realmente a psiquê humana em saída temporária fora dos limites do seu organismo.

Sabemos que ela busca no corpo material a força necessária para suas manifestações; que, se essa alma vier a deixar definitivamente seu corpo material, ela será obrigada a recorrer a um médium, para nele encontrar a energia indispensável. Assim se explicam claramente todas as manifestações. Há nesses fatos, que se desenrolam em séries paralelas, não apenas um parentesco evidente, mas uma semelhança tão grande que chega à identidade; portanto, em boa lógica, a causa é necessariamente a mesma: em todos os casos, é a alma.

Suportamos por muito tempo a insistência com que os incrédulos, como Hartmann, tentaram explicar todos os fatos espíritas pela ação incorpórea e inconsciente do médium. Mas os fenômenos, numerosos, responderam vitoriosamente a essa afirmação inexata. Como provas irrecusáveis, os espíritos revelaram que tinham uma personalidade completamente autônoma, e independente da dos assistentes. Demonstaram peremptoriamente sua sobrevivência por uma quantidade prodigiosa de comunicações que iam além dos conhecimentos de todos os observadores.[20] Foi-lhes possível estabelecer sua identidade por sua assinatura autêntica; por relatos de coisas que só eles poderiam conhecer; por predições relativas ao futuro, que se realizaram minuciosamente; em resumo, a imortalidade foi cientificamente provada.

Foi, certamente, a mais importante e fecunda descoberta do século XIX. Chegar a conhecimentos decisivos sobre o pós-morte é revolucionar toda a humanidade, dando à moral uma base científica e uma sanção natural, fora de qualquer credo dogmático e arbitrário. Sem dúvida, a humanidade não se transformará bruscamente, tão logo essas consoladoras certezas tiverem penetrado nas massas; ela não se tornará melhor subitamente, mas possuirá a mais potente alavanca que existe para erguer o montão de erros acumulados há seis mil anos. Seus mestres poderão falar com autoridade dos deveres que incumbem a todo homem vindo à Terra. Exporão diante dos mais recalcitrantes os destinos futuros, e a vida de além-túmulo, na qual a maioria não acredita, se tornará tão evidente quanto a claridade do sol. Então se compreenderá que a estada terrestre é apenas uma etapa nos destinos do homem; que existe algo mais útil do que a satisfação dos aspectos materiais, e que será preciso, apesar de tudo, conseguir refrear suas paixões e domar seus vícios. Eis os verdadeiros benefícios que o espiritismo traz consigo.

Doutrina abençoada e emancipadora, que tua claridade possa estender-se logo sobre toda a Terra para trazer certeza aos que duvidam, abrandar as dores dos corações despedaçados pela partida de seres ternamente amados, e dar aos que lutam contra a aspereza da vida coragem para superar as duras necessidades deste mundo tão bárbaro ainda.

A Alma é Imortal

Notas

1. Russel Wallace, Alfred, *Les Miracles et le Moderne Spiritualisme*, pág. 255 e segs.
2. *Op. cit.*, pág.268 e segs.
3. É um conceituado espiritualista de Nova Iorque, que não pertence à categoria das pessoas que acreditam cegamente em tudo que dizem ser fenômenos mediúnicos; participou de várias comissões que desmascararam as imposturas de pretensos médiuns. (Nota do sr. Aksakof.)
4. Ver, no final do livro de Aksakof, os retratos fluídicos do espírito dessa senhora, em diferentes poses, e sua fotografia durante a vida.
5. *Le Phénomène Spirite.* Quanto a estas experiências, e às narradas nos dois parágrafos seguintes, ver o capítulo intitulado: *Spiritisme Transcendental*.
6. Slade era o médium; foi ele quem, mais tarde, auxiliou o dr. Gibier. Ver *Le Spiritisme* ou *Fakirisme Occidental*, onde suas experiências estão relatadas.
7. *Revista Espírita*, 1887, pág. 427. Ver também as experiências do dr. Vizani-Scozzi com Eusápia Paladino, *Revue Scientifique et Morale du Spiritisme*, setembro e outubro de 1898.
8. Ver *Animisme et Spiritisme*, do sábio russo, onde estão consignadas numerosas observações rigorosas.
9. *L'Initiation*, fevereiro de 1883. Ver também seu livro: *Traits de Lumière*.
10. *Revista Espírita*: "História de Katie King", pela sra. de Laversay, março, abril, maio, junho, julho, agosto, setembro, outubro de 1897.
11. Mme. d'Espérance, *Au Pays de l'Ombre*.
12. Marryat, Florence, *There is no Death*.
13. Ver *Recherches sur le Moderne Spiritualisme*.
14. *The Spiritualist*, 29 de maio de 1874.
15. Crookes, William, *Recherches sur le Spiritualisme*, fim.
16. *Animisme et Spiritisme*, pág. 160 e segs.
17. *Le Spiritisme en Amérique*, pág. 34.
18. Ver a tese do dr. Dupin: *Le Neurone et les Hypothèses Histologiques sur son Mode de Fonctionnement. Théorie Histologique du Sommeil* (citada pelo dr. Geley no seu livro *L'Être Subconscient*.
19. Ver: *Un cas de Dématérialisation Partielle du Corps d'un Médium*, de Aksakof. Através da sua leitura, poderemos convencer-nos de que a matéria de que o corpo temporário do espírito é formado é extraída do corpo material do médium.
20. Aksakof, *Animisme et Spiritisme*. Ver todos os gêneros de provas que possuímos com relação às manifestações. Consultar também nossas obras *Le Phénomène Spirite* e *Les Recherches sur la Mediumnité*.

Terceira parte
O espiritismo e a ciência

Capítulo I
Estudo do perispírito

De que é formado esse perispírito cuja existência nos é demonstrada durante a vida e após a morte? Qual é a substância que constitui esse invólucro permanente da alma? Esta é a primeira questão que vamos tentar resolver.

Todos os relatos, todas as experiências citadas não nos esclarecem quanto a esse ponto importante; não foi possível submeter esse corpo imaterial aos nossos reagentes; quanto ao presente, portanto, somos forçados a referir-nos à sua observação e ao que os espíritos nos disseram a seu respeito. Aliás, dificilmente poderíamos encontrar melhores instrutores do que os que produzem as aparições. Não nos esqueçamos de que eles põem em ação leis que ainda precisamos descobrir, pois nos mostraram que uma matéria invisível ao olho podia impressionar uma placa fotográfica, mesmo na mais absoluta escuridão.[1] Os fenômenos de transporte constituem outra prova da sua ação sobre a matéria, produzindo-se por processos que sequer imaginamos. E que dizer das materializações que geram, por um instante, um ser tangível, tão vivo quanto os assistentes, a não ser que a ciência humana é radicalmente impotente para explicar essas manifestações de uma biologia extraterrestre?

Até mais amplas informações, nos contentaremos com os esclarecimentos que as individualidades do espaço houverem por bem transmitir-nos, e tentaremos estabelecer que eles nada contêm que contrarie as leis conhecidas, não tomadas na sua rigorosa acepção, mas encaradas segundo sua filosofia. Nesses estudos, não se deve exigir uma demonstração regular, impossível de ser fornecida; mas se pudermos, por analogias extraídas das leis naturais, fazer uma idéia bastante clara da causa dos fenômenos e do seu provável modo de produção, ocorrerá um progresso no andamento da investigação, banindo de nossas concepções a idéia do sobrenatural.

O conhecimento do perispírito é da maior importância para a explicação das anomalias que os pacientes sonambúlicos apresentam, nos casos bem constatados de visão à distância, de telepatia, de transmissão de pensamentos, e da perda da lembrança ao despertar. Da mesma forma, os fenômenos de personalidades múltiplas, os casos de bicorporalidade e as aparições tangíveis de que falamos podem compreender-se muito bem, admitindo-se nossa teoria, já que são totalmente inexplicáveis pelo ensinamento materialista.

Diante desses fatos, os sábios oficiais mantêm um mutismo cauteloso. Se, por acaso, falam dessas experiências, é para declará-las apócrifas, indignas de prender a atenção de homens inteligentes, e as denunciam como sendo os derradeiros vestígios atávicos das superstições dos nossos ancestrais.

Entretanto, seria necessário que, de uma vez por todas, nos entendêssemos a esse respeito. Não ignoramos que não se pode absolutamente discutir com idéias preconcebidas, e que o espiritismo hoje se encontra mais ou menos na situação em que o magnetismo se encontrava há uns vinte anos. A história está aí para mostrar-nos a estúpida obstinação dos que ficam petrificados em seus preconceitos. Sabemos o que pensar sobre a profundidade de espírito dos sucessores daqueles que achavam que as pedras talhadas eram produzidas pelo raio; que negaram a eletricidade, zombando de Galvani; que infamaram e perseguiram Mesmer; que consideraram extravagâncias o telefone e o fonógrafo, como, aliás, todas as descobertas novas. Assim, sem importar-nos com esse ostracismo, mais ou menos sincero, exporemos corajosamente nosso modo de ver, assentando-o sobre fatos incontestáveis e bem estudados.

A despeito de todas as negações possíveis, o fenômeno espírita é uma verdade hoje tão bem verificada que não há fatos científicos melhor estabelecidos entre aqueles cuja observação não é cotidiana, tais como: a queda de aerólitos, as auroras boreais, as tempestades magnéticas etc. A ciência prende-se a este dilema: ou os espíritos são charlatães, e tudo o que anunciam é falso; então ela deve denunciá-los, pois está encarregada da instrução do povo; ou os fatos observados pelos espíritos são reais, porém mal relatados, e as conclusões que daí se tiram são errôneas; nesse caso, a ciência também é obrigada a retificar os erros. Portanto, seja qual for a eventualidade que se tenha em vista, nota-se que o silêncio ou o desdém não têm sentido. Por isso chamamos sinceramente a atenção dos homens de boa-fé para nossas teorias que, embora ainda muito incompletas, analisam de maneira lógica os diferentes fenômenos de que anteriormente falamos.

Eis, a seguir, sucintamente, os princípios gerais sobre os quais nos basearemos. São os de Allan Kardec, que, na sua obra, resumiu magistralmente todo o ensinamento dos espíritos que o instruíram.[2]

Princípios gerais

Reconhecemos a existência de uma causa eficiente e diretora do Universo, é a sublime inteligência que mantém a harmonia do cosmos por sua vontade todo-poderosa, imutável, infinita, eterna. A alma, a força e a matéria são igualmente eternas, não podem extinguir-se.

A ciência estabelece a conservação da matéria e da energia,[3] prova rigorosamente que elas são indestrutíveis, mas indefinidamente transformáveis; da mesma forma, o espiritismo estabelece a certeza da imortalidade do eu pensante.

O princípio espiritual é a causa de todos os fenômenos intelectuais que se produzem nos seres vivos; no homem, esse princípio vem a ser a alma. Ela se revela à observação como absolutamente distinta da matéria, não só porque as faculdades que a determinam (tais como a sensação, o pensamento, ou a vontade) não podem conceber-se revestidas de propriedades físicas, mas sobretudo porque ela é uma causa de movimento e porque se conhece plenamente, o que a diferencia de todos os outros seres vivos, e, com mais razão ainda, dos corpos brutos.

A natureza da alma nos é desconhecida; tentar defini-la dizendo que é imaterial nada significa, a menos que, com essa palavra, se pretenda especificar a diferença entre a sua constituição e a da matéria; mas, seja qual for sua forma de existência, ela se mostra simples e idêntica. Nossa ignorância a respeito da natureza da alma, aliás, é da mesma espécie e tão absoluta quanto a que concerne à natureza da matéria ou à natureza da energia; quanto ao presente, somos completamente incapazes de penetrar as causas primeiras; devemos, pois, contentar-nos em definir a alma, a matéria e a energia por suas manifestações, sem querer investigar se provêm umas das outras, de um modo qualquer.

A alma não é certamente a resultante das funções vitais do cérebro, já que subsiste após a morte do corpo. A análise das suas faculdades estabelece que ela é simples, isto é, indivisível, e a experiência espírita confirma esta verdade, ao mostrar que ela mantém, depois da morte, sua personalidade integral. O espiritismo, que só se apóia nos fatos, reduz a nada todas as teorias que afirmam que a alma sofre uma desagregação qualquer. O que se constata, ao contrário, é a indestrutibilidade do princípio pensante.

A alma desenvolve suas faculdades por uma evolução incessante que tem por teatro, alternadamente, o espaço e o mundo terrestre. Em cada uma das suas passagens, ela adquire uma nova soma de conhecimentos intelectuais e morais que conserva para sempre, e que aperfeiçoa e aumenta através de uma evolução sem fim.

A alma possui um livre arbítrio que é proporcional ao número das suas encarnações, e sua responsabilidade depende do seu grau de aperfeiçoamento moral e intelectual. Assim como o mundo é regido por leis imutáveis, também o mundo espiritual é dirigido por uma justiça infalível, de modo que as leis morais têm uma sanção absoluta após a morte. Como o Universo não se limita ao imperceptível grão de areia que habitamos, como o espaço fervilha de sóis e de planetas, em número indefinido, admitamos que as existências futuras do princípio pensante podem desenvolver-se em diferentes sistemas, de modo que nossa existência se perpetue na imensidão sem limites.

Como pode a alma cumprir esse processo evolutivo conservando sua individualidade e os conhecimentos adquiridos? Como atua sobre a matéria tangível durante a encarnação? É o que tentamos estabelecer em nosso estudo sobre a evolução anímica. Aqui, primeiramente devemos compreender bem o papel de cada uma das partes que formam o homem vivo.

O ensinamento dos espíritos

Se a questão do homem espiritual ficou tanto tempo no estado hipotético, é porque faltavam meios para a investigação direta. Assim como as ciências só conseguiram desenvolver-se seriamente depois da invenção do microscópio, do telescópio, da análise espectral e da fotografia, e recentemente da radiografia, também o estudo do espírito tomou um impulso prodigioso com a hipnose, e principalmente depois que a mediunidade nos permitiu submeter a estudos o espírito desligado da matéria corpórea. Eis o que nossas relações com os espíritos nos ensinaram sobre a constituição da alma.

Das numerosas observações feitas no mundo todo, segue-se que o homem é formado pela reunião de três princípios: 1º a alma, ou espírito, causa da vida psíquica; 2º o corpo, invólucro material e ao qual a alma está temporariamente associada durante sua passagem pela Terra; 3º o perispírito, substrato fluídico que serve de ligação entre a alma e o corpo, por intermédio da energia vital. É do estudo desse órgão que resultam conhecimentos novos que nos permitem explicar as relações entre a alma e o corpo; a idéia diretriz que preside à formação de todo indivíduo vivo; a conservação do tipo individual e específico, apesar das perpétuas modificações da matéria; finalmente, o mecanismo tão complicado da máquina viva.

A morte é a desagregação do invólucro carnal, que a alma abandona ao deixar a Terra; o perispírito acompanha a alma, à qual permanece ligado. Ele é formado por matéria num estado de extrema rarefação. Portanto, o corpo etéreo, invisível para nós no estado normal, existe durante a vida terrestre. É o intermediário pelo qual passam as sensações físicas percebidas pelo ser, e é por esse intermediário que o espírito pode manifestar, externamente, seu estado mental.

Diz-se que o espírito é uma chama, uma centelha etc., o que deve aplicar-se ao espírito propriamente dito, como princípio intelectual e moral, ao qual não se conseguiria atribuir uma forma determinada; seja qual for o grau em que se encontre na humanidade ou na animalidade, ele está sempre intimamente associado ao perispírito, cuja eterização é proporcional ao seu adiantamento moral. De modo que, para nós, a idéia de espírito é inseparável da idéia de uma forma qualquer, e não concebemos um sem a outra. "O perispírito é, portanto, parte integrante do espírito, como o corpo é parte integrante do homem; mas o perispírito sozinho não é o espírito, assim como o corpo sozinho não é o homem, porque o perispírito não pensa, não age sozinho; ele é para o espírito o que o corpo é para o homem; é o agente ou o instrumento da sua ação."

Segundo o ensinamento dos espíritos, essa forma fluídica é haurida no fluido universal, de que ela, como tudo o que existe materialmente, é uma modificação. Daqui a pouco justificaremos esta maneira de ver.

Apesar da extrema sutileza do corpo perispiritual, ele é constantemente mantido agregado pela alma, que podemos considerar como uma centro de força. Sua constituição permite-lhe atravessar todos os corpos com mais facilidade do que a luz atravessa o vidro, e o calor, ou os raios X, os diferentes obstáculos opostos à sua propagação. A rapidez do deslocamento da alma parece superior à das ondulações luminosas, e delas difere essencialmente, pois nada a detém e se opera por seu próprio esforço. Sendo o organismo fluídico extremamente rarefeito, a vontade atua sobre o fluido universal e produz o deslocamento. Concebe-se facilmente que, sendo a resistência do meio quase nula, a mais débil ação física originará uma translação no espaço, cuja direção estará submetida à vontade do ser.

O perispírito parece imponderável, de modo que a ação da gravidade parece efetivamente nula com relação a ele; mas não se deveria concluir daí que o perispírito desligado do corpo pode transportar-se, a seu bel-prazer, a todos os pontos do Universo. Logo veremos que o espaço está repleto de matérias variadas, em todos os estados de rarefação, de modo que para o espírito existem certos obstáculos fluídicos que para ele são tão reais quanto a matéria tangível pode ser para nós.

Nos seres mais evoluídos, o perispírito não tem, no espaço, forma absolutamente fixa; ele não é rígido e imobilizado num tipo particular como o corpo físico; mais comumente, é a forma humana que predomina, e que o corpo fluídico assume naturalmente assim que tiver sido deformado pela vontade do espírito.

É através do invólucro fluídico que os espíritos percebem o mundo exterior, mas suas sensações são diferentes das que há na Terra. Sua luz não é a nossa; as ondulações do éter, que sentimos como calor ou luz, são demasiado grosseiras para influenciá-los normalmente; são também insensíveis aos sons e aos odores terrestres. Referimo-nos aqui a espíritos avançados. Mas todas as nossas sensações terrestres têm seus equivalentes mais refinados. É, de certa forma, uma transposição num registro mais elevado, da mesma gama; além disso, eles percebem um número bem maior de vibrações do que as que nos chegam diferenciadas pelos sentidos, e as sensações determinadas por esses diferentes movimentos vibratórios criam uma série de percepções de uma ordem totalmente diversa das que temos consciência.

Os espíritos inferiores, que são maioria no espaço que envolve a Terra, podem ser acessíveis às nossas sensações, principalmente se seu perispírito for muito grosseiro; mas, apesar disso, é só de modo atenuado. Neles, a sensação não é localizada; ela se exerce por todas as partes do corpo espiritual, ao passo que nos homens é sempre relacionada com o ponto do corpo no qual se origina.

Estes são os dados gerais que se encontram na obra de Allan Kardec, a mais completa e mais bem comentada que possuímos sobre o espiritismo. Para dizer a verdade, é a única que trata da filosofia espírita em todas as suas partes, e ficamos admirados ao ver com que sabedoria e com que prudência esse iniciador traçou as linhas mestras da evolução espiritual.

A característica distintiva desta doutrina é a dedução rigorosa. Em vez de forjar seres imaginários para explicar os fatos mediúnicos, o espiritismo deixou o fenômeno revelar-se por si mesmo. Em todas as partes do mundo, há setenta anos, são as almas dos mortos que vêm conversar conosco, que afirmam que viveram na Terra, que fornecem provas disso, provas que mais tarde os evocadores verificam e reconhecem ser exatas. Em resumo, estamos diante de um fato real, visível, palpável, que nada conseguiria invalidar. As negativas não prevalecerão contra a luminosa evidência da experiência moderna. Não existem demônios, vampiros, lêmures, elementais ou outros seres fantásticos imaginados para amedrontar as pessoas comuns, ou desviar, em proveito de obscuros livros de magia, a atenção dos pesquisadores. É a alma dos mortos que se revela através da mesa, da escrita direta e das materializações.

O que é preciso estudar

Pela observação e pela experiência, fomos levados a constatar que o invólucro da alma é material, já que se pode vê-lo, tocá-lo, fotografá-lo. Mas é evidente que essa matéria, pelo menos quanto aos seu estado físico, é diferente da matéria com que estamos diariamente em contato.

O perispírito existente no corpo humano não é visível para

nós; não possui qualquer peso apreciável e, quando sai do corpo para transportar-se ao longe, constata-se que para ele não existem obstáculos. Devemos concluir, dessas observações, que ele é constituído de uma substância invisível, imponderável, e de tal sutileza que nada lhe é impenetrável. Ora, estas são características que parecem mostrar-se como pertencentes à matéria.

Precisamos, então, saber exatamente o que se deve entender pela palavra matéria, e para tanto urge conhecer o que é o átomo, o movimento e a energia. Uma vez adquiridas estas noções, poderemos perguntar-nos como é que uma matéria fluídica pode conservar uma forma determinada, e, principalmente, como a morte não gera a dissolução desse corpo espiritual, já que ela decreta a do corpo físico.

Será necessário, então, nos familiarizarmos com a idéia da unidade de substância, porque, uma vez admitida, claro está que se o perispírito é formado pela matéria primordial, não poderá decompor-se em elementos mais simples, e como a alma era revestida por ele antes do nascimento, isto é, antes de sua entrada no organismo humano, da mesma forma será acompanhada por ele ao deixar seu corpo terrestre.

Se for verdadeiramente possível demonstrar que as concepções científicas atuais nos permitem conceber semelhante matéria, o estudo do perispírito poderá ser racionalmente empreendido, e ela sairá do domínio empírico para entrar no das ciências positivas.

Vejamos então, desde já, como é constituída a matéria.

Notas

1. Aksakof fotografou um espírito em completa escuridão. Ver *Le Phénomène Spirite*, pág. 191 e segs. O dr. Baraduc, no seu livro *L'Âme Humaine, ses Mouvements, ses Lumières*, põe esse fato fora de dúvida ao fotografar os fluidos que emanam do organismo humano. Ver também, na *Revue Scientifique et Morale du Spiritisme*, as experiências do Comandante Darget, 1897, e as nossas, julho de 1898.

2. Kardec, Allan, *O Livro dos Espíritos, O Livro dos Médiuns, Céu e Inferno, A Gênese, o Evangelho segundo o Espiritismo*. Estas obras contêm todos os estudos relativos à alma e ao seu futuro.

3. A descoberta da radioatividade dos corpos parece demonstrar que a matéria se destrói e retorna à energia que a gerou. Contudo, não há contradição, já que, sendo a energia eterna, se a matéria é uma forma dessa energia, ela apenas muda de forma, sem extinguir-se.

Capítulo II
O tempo
O espaço
A matéria primordial

Definitivamente, o que importa saber é quem somos, de onde viemos e para onde vamos. A filosofia é incapaz de esclarecer-nos, porque as conclusões a que as diferentes escolas chegaram opõem-se radicalmente umas às outras. As religiões, aos proscreverem a razão, para invocarem unicamente a fé, querendo impor a crença em dogmas imaginados na época em que os conhecimentos humanos estavam na infância, vêem afastar-se delas os espíritos independentes, que preferem realidades tangíveis e sempre verificáveis da experiência a todas as afirmações autoritárias e ameaçadoras. Iremos fundamentar os principais ensinamentos do espiritismo, mostrar que resultam de estudos minuciosos, que se harmonizam com as modernas concepções, e que constituem uma filosofia religiosa de grandiosa realidade.[1]

O espaço

"O espaço é infinito, pela simples razão de que é impossível atribuir-lhe limites, e porque, apesar da dificuldade que temos de conceber o infinito, é bem mais fácil andarmos eternamente no espaço, em pensamento, do que pararmos num ponto qualquer, depois do qual não víssemos mais extensão alguma a percorrer.

Para imaginarmos a infinidade do espaço, tanto quanto nossas faculdades o permitem, suponhamos que, partindo da Terra, perdida no meio do infinito, rumo a um ponto qualquer do Universo, e isso com a prodigiosa velocidade da centelha elétrica, que percorre milhares de léguas por segundo, mal saímos deste globo e, tendo passado por milhões de lugares, já nos encontramos num ponto onde a Terra nos aparece como uma vaga estrela.

Um instante depois, sempre seguindo na mesma direção, chegamos às estrelas distantes que, da nossa estação terrestre, mal se distinguem; e de lá, não somente a Terra fica inteiramente fora do alcance dos nossos olhos, mas também o Sol, no seu esplendor, fica eclipsado pela extensão que dele nos separa. Sempre animados da mesma velocidade do relâmpago, a cada passo que avançamos transpomos sistemas de mundos, ilhas de luzes etéreas, caminhos estrelados, paragens suntuosas onde Deus semeou os mundos com tanta profusão como semeou as plantas nas pradarias terrestres.

Ora, mal estamos andando há alguns minutos e centenas de milhões e de milhões de léguas já nos separam da Terra, bilhões de mundos passaram sob nossos olhos, e, no entanto, escutai: na realidade, não avançamos um único passo no Universo!

Se continuarmos por anos, séculos, milhares de séculos, milhões de períodos cem vezes seculares, e sempre com a mesma velocidade do relâmpago, não teremos avançado mais, e isso qualquer que seja o lado para onde formos e a direção a que nos dirigirmos, a partir do grão invisível de onde partimos e que se chama Terra.

Eis o que é o espaço!"

Citamos, condensando-os, os principais ensinamentos dos nossos instrutores espirituais relativos ao espaço, ao tempo e à força. Essas noções parecem-nos absolutamente indispensáveis para conhecer a matéria de que o perispírito é formado.

Justificação desta teoria

Essas definições poéticas e grandiosas estão de acordo com o que sabemos de positivo sobre o Universo? Sim, porque, sucessivamente, a luneta, o telescópio e a fotografia nos permitiram penetrar cada vez mais longe nos campos do infinito.

Por séculos a fio nossos pais imaginaram que a criação se limitava à Terra que habitavam e que acreditavam ser plana. O céu era apenas uma abóbada esférica na qual havia pontos brilhantes chamados estrelas. O Sol parecia um archote móvel destinado a distribuir a claridade; éramos os únicos habitantes da criação, feita especialmente para nosso uso. Mais tarde, a observação permitiu verificar a marcha das estrelas; a abóbada celeste movia-se, levando consigo todos os seus pontos luminosos; depois, o estudo dos movimentos planetários e a fixidez da estrela polar levaram Tales de Mileto a reconhecer a esfericidade da Terra, a obliqüidade da eclíptica e a causa dos eclipses.

Pitágoras identificou e ensinou o movimento diurno da Terra sobre seu eixo, seu movimento anual ao redor do Sol, e anexou os planetas e os cometas ao sistema solar. Esses conhecimentos precisos datam de 500 anos a.C. Mas, sendo conhecidos somente por raros iniciados, essas verdades foram esquecidas, e a massa continuou a ser joguete da ilusão. Foi preciso chegar a Galileu e à descoberta da luneta, em 1610, para que concepções justas viessem a retificar os antigos erros.

A partir de então, o Universo se mostra como realmente é. Os planetas são reconhecidos como mundos semelhantes à Terra e muito provavelmente habitados; o Sol não passa de um astro entre tantos outros; o telescópio permite perceber as estrelas e as nebulosas disseminadas a distâncias incalculáveis no espaço ilimitado; finalmente a fotografia, última conquista do gênio humano, permite revelar a presença de mundos que o olho humano, auxiliado por instrumentos mais potentes, jamais havia contemplado.

As placas fotográficas que hoje sabemos preparar são não apenas sensíveis a todos os raios elementares que excitam a retina, mas estendem seu poder às regiões ultravioleta do espectro e às regiões opostas do calor obscuro (infravermelho), onde o olho fica impotente.

Foi assim que os irmãos Henry obtiveram estrelas de 17ª grandeza, que jamais tinham sido avistadas pelo olhar humano. Descobriram também uma nebulosa, invisível devido ao seu afastamento, além das Plêiades.

À medida que se ampliam nossos processos de investigação, a natureza recua os limites do seu império. Onde os mais potentes telescópios revelavam apenas 625 estrelas num canto do céu, a fotografia revelou 1421. Assim, portanto, em nenhum lugar há vazio, por toda parte, e sempre, desenvolvem-se criações em número indefinido! As profundezas insondáveis do espaço, por sua imensidão, fatigam a imaginação mais ardente; pobres seres encravados num átomo imperceptível, não podemos elevar-nos até essas sublimes realidades.

O tempo

Quando queremos avaliar o tempo, chegamos aos mesmos resultados. Os períodos cósmicos nos esmagam sob seu formidável amontoado de séculos. Ouçamos novamente nosso instrutor espiritual:

"Como espaço, tempo também é uma palavra definida por si só; faz-se dele uma idéia mais exata ao estabelecer sua relação com o infinito.

O tempo é a sucessão das coisas; está ligado à eternidade da mesma maneira que as coisas estão ligadas ao infinito. Suponhamo-nos na origem do nosso mundo, na época primitiva em que a Terra ainda não se movia sob a divina impulsão; em resumo: no começo da Gênese. O tempo, então, ainda não saiu do misterioso berço da natureza, e ninguém pode dizer em que época de séculos estamos, já que o pêndulo dos séculos ainda não está em movimento.

Mas, silêncio! A primeira hora de uma Terra isolada soa na sineta eterna, o planeta se move no espaço, e desde então há noite e manhã. Além da Terra, a eternidade permanece impassível e imóvel, embora o tempo ande com relação a muitos outros mundos. Na Terra, o tempo a substitui, e, durante determinada sucessão de gerações, contar-se-ão os anos e os séculos.

Transportemo-nos agora ao último dia deste mundo, à hora em que, curvada sob o peso da vetustez, a Terra se apagará do livro da vida para não mais reaparecer. Aqui se interrompe a sucessão dos acontecimentos; os movimentos terrestres que mediam o tempo cessam, e o tempo acaba com eles.

Tantos mundos no vasto espaço, quantos tempos diversos e incompatíveis. Fora dos mundos, só a eternidade substitui essas sucessões efêmeras, e calmamente enche com sua luz imóvel a imensidão dos céus. Imensidão sem barreiras e eternidade sem limites, tais são as duas grandes propriedades da natureza universal.

O olhar do observador, que incansavelmente percorre as incomensuráveis distâncias do espaço, e o do geólogo, que remonta além do limite das eras, ou que desde as escancaradas profundezas da eternidade, onde se perderão um dia, agem de comum acordo, cada qual no seu rumo, para adquirir a dupla noção do infinito: extensão e duração."

Aqui, também, a ciência confirma esses ensinamentos. Apesar da dificuldade do problema, os físicos, os geólogos tentaram calcular inúmeros períodos de séculos que se escoaram desde a formação da nossa Terra, e as mais inexpressivas avaliações mostram como eram infantis os seis mil anos da Bíblia.

Conforme sr. Charles Lyell – que empregou os métodos correntes em geologia, que consistem em avaliar a idade de um terreno segundo a espessura da camada depositada e a provável rapidez da sua erosão – após numerosas observações feitas em todos os pontos do globo, mais de trezentos milhões de anos se passaram desde a solidificação das camadas superficiais do nosso esferóide.

As experiências do prof. Bischoff sobre o resfriamento do basalto – diz Tyndall[2] – parecem provar que, para resfriar-se de 2.000 graus centígrados, nosso globo precisou de 350 milhões de anos.

Quanto à extensão de tempo exigida pela condensação que a nebulosa primitiva teve que sofrer para chegar a constituir nosso sistema planetário, esta desafia totalmente nossa imaginação e nossas conjeturas.[3] A história do homem é apenas uma ruga imperceptível na superfície do imenso oceano dos tempos. Abordemos agora o estudo do nosso planeta e vejamos quais são os ensinamentos dos espíritos sobre a matéria e a força.

A unidade da matéria

"À primeira vista, nada parece mais profundamente variado, mais essencialmente distinto do que as diversas substâncias que compõem o mundo. Entre os objetos que a arte ou a natureza fazem passar cotidianamente sob nossos olhos, existirão dois que revelem perfeita identidade, ou uma simples igualdade de composição? Quanta dessemelhança do ponto de vista da solidez, da compressibilidade, do peso e das múltiplas propriedades dos corpos entre os gases atmosféricos e um filete de ouro, entre a molécula aquosa da nuvem e a do mineral que forma o arcabouço ósseo do globo! Quanta diversidade entre o tecido químico das diversas plantas que enfeitam o reino vegetal e o dos representantes, não menos numerosos, da animalidade na Terra!

Contudo, podemos estabelecer como princípio absoluto que todas as substâncias, conhecidas ou desconhecidas, por mais dessemelhantes que pareçam, quer do ponto de vista da sua constituição íntima, quer no tocante à sua ação recíproca, na verdade não passam de modos diversos sob os quais a matéria se apresenta, de variedades em que ela se transformou sob a direção das inúmeras forças que a governam."

A química, ao decompor todos os corpos conhecidos, chegou a uma certa quantidade de elementos indecomponíveis em outros princípios; deu-lhes o nome de corpos simples, considera-os primitivos, já que até agora "nenhuma operação conseguiu reduzi-los a partes relativamente mais simples do que eles próprios".

"Mas aí, onde as apreciações do homem, mesmo auxiliado por seus sentidos artificiais mais sensíveis, se detêm, a obra da natureza prossegue; aí, onde o vulgo toma a aparência por realidade, o olhar daquele que conseguiu captar o modo de agir da natureza vê apenas, sob os materiais constitutivos do mundo, a matéria cósmica primitiva, simples e una, diversificada em certas regiões, na época do seu surgimento, partilhada em corpos solidários durante sua vida e que se desmembram um dia no receptáculo do espaço, por sua decomposição.

Se se observa tal diversidade na matéria é porque, sendo em número ilimitado as forças que presidiram à sua transformação, e as condições em que estas se produziram, as várias combinações da matéria só poderiam ser elas próprias ilimitadas.

Portanto, quer a substância que se considere pertença aos fluidos propriamente ditos, ou seja, aos corpos imponderáveis, quer se revista de características e de propriedades comuns da matéria, só existe, em todo o Universo, uma única substância primitiva: o cosmo, ou matéria cósmica dos uranógrafos."

O ensinamento é claro e formal; existe uma matéria primitiva da qual derivam todas as formas que conhecemos. Essas proposições foram confirmadas pela ciência? Se quisermos tomar ao pé da letra, é certo que essa substância ainda não é conhecida; mas, pesando maduramente todos os fatos que passaremos a expor, será fácil ver que, se a demonstração direta não foi fornecida, a tese da unidade da matéria é muito provável e inclui-se entre as mais fundadas preocupações dos físicos.

O estado molecular

Uma das maiores dificuldades que precisamos vencer quando queremos estudar a natureza, é imaginá-la tal qual ela é. Quando vemos blocos de mármore de grãos finos e compactos, enormes vigas de ferro suportando pesos gigantescos, é difícil admitirmos que esses corpos sejam formados de partículas extremamente minúsculas, que não se tocam, chamadas átomos nos corpos simples, e moléculas nos corpos compostos. Esses átomos desafiam a imaginação por sua extraordinária tenuidade. O pó mais impalpável é grosseiro diante da divisibilidade a que se pode chegar. O célebre Tyndall dá um exemplo notável disso. Se dissolvermos 1 grama de resina pura em 87 gramas de álcool absoluto, vertermos a solução num frasco de água clara e a agitarmos fortemente, veremos o líquido tomar uma coloração azulada, que se deve às moléculas da resina em dissolução. Pois bem, Huxley, examinando essa mistura com seu microscópio mais potente, não conseguiu ver partículas distintas: elas tinham, portanto, menos de um quarto de milésimo de milímetro!

O mundo vivo também é formado de moléculas orgânicas, nas quais os átomos entram como partes constituintes. Segundo o Pe. Secchi, em certas diatomáceas circulares, cujo diâmetro se iguala ao comprimento de uma onda luminosa (dois milésimos de milímetro), pode-se contar nesse diâmetro mais de cem células; e cada uma dessas células é ela própria composta de moléculas de diferentes substâncias!

Outros vegetais e infusórios microscópicos têm um comprimento menor do que o de uma onda luminosa, e no entanto eles contêm todos os órgãos necessários à sua nutrição e às suas funções vitais. Em suma, a matéria é de uma divisibilidade quase indefinida, pois, quando se imagina que um miligrama de anilina pode tingir um peso cem milhões de vezes maior de álcool, deve-se desistir de qualquer suposição quanto às partes últimas da matéria.

Esses átomos infinitamente pequenos estão separados uns dos outros por distâncias maiores do que seus diâmetros; são animados incessantemente por movimentos diversos, e a massa mais compacta, o metal mais duro são apenas reuniões de partes semelhantes, mas afastadas umas das outras, em vibrações ou giros perpétuos, e sem contato material entre si. A compressibilidade, isto é, a faculdade de serem comprimidos que todos os corpos possuem, ou, melhor dizendo, de ocuparem um volume menor, põe esta verdade fora de dúvida.

A difusão, ou seja, a capacidade de duas substâncias se interpenetrarem, mostra também que a matéria não é contínua.

Quando examinamos uma pedrinha no caminho, parece que ela está em repouso, já que não a vemos mover-se; mas, se pudéssemos penetrar na intimidade da substância, logo nos convenceríamos de que todas as suas moléculas se movem incessantemente. No estado normal, esse formigamento é totalmente imperceptível; no entanto, podemos percebê-lo grosseiramente se observarmos que os corpos aumentam ou diminuem de volume, isto é, se dilatam ou se contraem – sem que sua massa se modifique – conforme a temperatura se eleve ou baixe. Essas mudanças são o indício de que o espaço que separa as moléculas é variável, e se deve à quantidade de calor que os corpos possuem no momento em que os observamos.

Desse conhecimento, conclui-se que, no interior de corpos aparentemente brutos e imóveis, realiza-se um misterioso trabalho, uma infinidade de vibrações infinitamente pequenas, em equilíbrio incessantemente rompido e continuamente renovado, cujas leis, variáveis para cada substância, dão a cada uma delas sua individualidade. Da mesma forma que os homens se distinguem uns dos outros pela maneira com que se submetem às paixões ou lutam contra elas, também as substâncias minerais se distinguem uma das outras pelo modo com que se entregam aos conflitos ou reagem contra eles.

Esses movimentos internos puderam ser estudados? Só foi possível observar diretamente os movimentos moleculares na sua totalidade, uma vez que os mais potentes microscópios não podem fazer-nos enxergar uma molécula; mas os fenômenos produzidos nas reações químicas e a aplicação que se lhes fez da teoria da transformação do calor em ação, e reciprocamente, permitiram constatar que as partes últimas da matéria estão submetidas às mesmas leis que dirigem as evoluções dos sóis no espaço. As regras fixas da mecânica celeste são utilizadas também no mundo atômico, mostrando assim, de modo incontestável, a admirável unidade que rege o Universo.[4]

Graças aos progressos das ciências físicas, admite-se hoje que todos os corpos têm suas moléculas animadas por um duplo movimento: quer de translação ou de oscilação em torno de uma posição média, quer de libração (balanço) ou de rotação em torno de um ou vários eixos. Esses movimentos se produzem sob a influência da lei de atração; nos corpos sólidos, as moléculas estão dispostas num sistema de equilíbrio ou de orientação estável; nos líquidos, elas estão em equilíbrio instável; nos gases, estão em movimentos de rotação e em perpétuo conflito entre si.[5]

Todos os corpos da natureza inorgânica, ou viva, estão submetidos a essas leis. Quer se trate da asa de uma borboleta, da pétala de uma rosa, da face de uma jovem, do ar impalpável, do mar imenso, ou do chão em que pisamos, tudo vibra, gira, oscila ou se move. Até um cadáver, embora a vida o tenha abandonado, constitui um amontoado de matéria cujas moléculas possuem energias que nada conseguiria arrebatar-lhes. Repouso é uma palavra sem sentido.

As famílias químicas

Foi efetuando a análise de todas as substâncias terrestres que os químicos chegaram à conclusão de que eram devidas às inúmeras composições de aproximadamente 70 corpos simples,[6] isto é, de 70 elementos que não se conseguiu decompor. Pareceria, pois, que há tantas matérias diferentes entre si quantos corpos simples existem; mas aí está uma ilusão que se deve apenas à nossa incapacidade de reduzir esses corpos a uma matéria uniforme, que lhes seria a base. É o que pensavam Proust e Dumas no início do século ao procurarem, por meio da lei das proporções definidas, qual era a substância única, ou seja, aquela cujos equivalentes dos corpos primeiros são os múltiplos exatos. Dumas chegou a mostrar que não era o hidrogênio, como até então se pensava, mas uma substância ainda desconhecida, cujo equivalente, em vez de ser a unidade, seria a metade dela: 0,5.

Os físicos partidários da teoria do éter – e hoje todos o são – vão ainda mais longe do que os químicos. A matéria desconhecida, por ter como equivalente 0,5, seria ponderável, mesmo pelos instrumentos de que o homem dispõe: ora, o éter que preenche o universo é imponderável; segue-se que a substância hipotética dos químicos, que teria a metade do peso do hidrogênio, seria no máximo uma das primeiras condensações ou um dos primeiros agrupamentos do éter. A matéria única, que, segundo os físicos, constituiria todos os corpos, seria portanto o éter.

"O estudo da luz e da eletricidade – diz o Pe. Secchi – levou-nos a considerar como infinitamente provável que o éter nada mais é senão a matéria em si, chegada ao mais alto grau de tenuidade, àquele estado de rarefação extrema chamado estado atômico. Conseqüentemente, todos os corpos, na realidade, seriam apenas agregados de átomos desse fluido."[7]

Essas considerações teóricas são determinadas por um certo número de fatos químicos, que são os seguintes:

1º Há verdadeiras famílias naturais nos corpos simples;

2º um corpo composto, cujos elementos se conhecem, pode desempenhar o papel de um corpo simples; um corpo considerado simples pode ser decomposto;

3º corpos formados exatamente dos mesmos elementos, unidos nas mesmas proporções, têm, contudo, propriedades diferentes;

4º finalmente, a análise espectral revela a existência primitiva de uma única substância nas estrelas mais quentes, geralmente o hidrogênio.

Examinemos rapidamente esses fatos tão interessantes.

Se dermos uma olhada atenta nos diferentes corpos simples, ficamos convencidos de que suas divergências não são de ordem fundamental, porque é possível agrupá-los em séries de famílias naturais. Essa divisão, fundada em evidentes analogias que alguns deles apresentam, uns com relação aos outros, tem uma vantagem que não se devia ignorar, porque, uma vez feito de modo aprofundado o estudo do mais importante dos corpos, a história dos outros, salvo por algum detalhe, dele se deduz naturalmente. Esta semelhança no modo de comportar-se mostra que essas matérias apresentam analogias de composição, ou seja, que não são tão diferentes como a princípio pareciam ser.

A individualidade que os corpos simples apresentam não lhes é particular; existem corpos compostos, como o cianogênio – formado pela combinação do carbono com o azoto -, que nas reações desempenham o papel de um corpo simples; claro está que, se não se tivesse conseguido separar os elementos constituintes do cianogênio, ele também teria sido classificado entre os corpos simples. Além disso, com os métodos aperfeiçoados da ciência, como a análise espectral, já se pode verificar que o ferro, por exemplo, é formado de elementos mais simples, embora até agora não se tenha conseguido isolá-los. Mas, o que não se conseguiu fazer quanto ao ferro, foi realizado por William Crookes com o ítrio. Podemos então prever uma época próxima em que essa demarcação entre os corpos simples desaparecerá.

A mesma capacidade de análise que reduziu inúmeras substâncias naturais, minerais, vegetais e animais a apenas alguns elementos, certamente nos levará à descoberta da matéria única da qual todas as outras derivam.

O que também confirma nosso ponto de vista são os fenômenos de alotropia e a isomeria.

A isometria

Existem corpos simples, como o fósforo, que apresentam propriedades diferentes, sem que se lhes tenha acrescentado ou suprimido a mínima parcela de matéria. Todos sabem que o fósforo comum é branco, venenoso e muito inflamável; se o expusermos durante algum tempo à luz, num espaço vazio, ou se o aquecermos num recipiente fechado, ele muda de cor e assume um belo vermelho; nesse estado, é inofensivo do ponto de vista da saúde. Não pega fogo pelo atrito; no entanto, a mais severa das análises não consegue detectar qualquer diferença na composição química do fósforo, seja ele vermelho ou branco. O carvão, que pode ostentar a forma de diamante ou de grafite; o enxofre, com suas modificações características segundo seu estado; o oxigênio, que se transforma em ozônio, todos esses estados do mesmo corpo foram denominados alotrópicos.

As características tão opostas que a mesma substância pode apresentar devem-se a mudanças que se produzem no seu íntimo. As moléculas se agrupam de modo diferente, ao mesmo tempo em que os movimentos se modificam. Daí as variações que se produzem nas propriedades.

Isto é tão verdadeiro, que corpos muito diferentes uns dos outros por suas propriedades, como as essências de terebintina, de limão, de laranja, de alecrim, de manjericão, de pimenta, de salsa, são todas formadas pela combinação de dezesseis equivalentes de hidrogênio com vinte equivalentes de carbono.

Essa ordem especial de partículas associadas, chamadas moléculas, torna-se visível pela cristalização. Quando imaginamos que todos os tecidos dos vegetais e dos animais são formados principalmente pelas combinações variadas de quatro gases apenas: hidrogênio, oxigênio, carbono e azoto, aos quais se unem ínfimas quantidades de corpos sólidos, em número muito pequeno, compreenderemos a inesgotável fecundidade da natureza e os infinitos recursos de que ela dispõe, através do agrupamento dos átomos, para disso fazer moléculas, que, por sua vez, podem agrupar-se entre si com a mesma diversidade.

Se complicarmos essas disposições pelos movimentos de translação e de rotação que os átomos e moléculas possuem, torna-se possível conceber que todas as propriedades dos corpos estão intimamente ligadas a esses arranjos tão diversos, tão variados e tão diferentes uns dos outros.

O astrônomo Norman Lockyer, numa série de dissertações extraordinárias, chamou a atenção para o fato de que a análise espectral do ferro contido na atmosfera solar permite concluir com certeza que esse corpo não é simples. É um grupo complexo, cuja base é um metal ainda desconhecido. São necessárias, porém, as elevadas temperaturas da fornalha ardente do nosso astro central para que essa dissociação se torne aparente; nenhuma temperatura terrestre seria capaz de produzi-la.

Esse eminente químico dos espaços siderais estudou os espectros das estrelas, das mais quentes às prestes a extinguir-se, e mostrou que o número dos corpos simples aumenta à medida que a temperatura diminui; é então que eles surgem sucessivamente, já que cada massa está isolada no espaço e recebe somente uma parte insignificante de matéria do exterior.

Em resumo, a idéia de uma matéria única, da qual necessariamente deriva tudo que existe, é hoje admitida pelos sábios, e os espíritos, que no-la preconizaram, estão em consonância com a ciência contemporânea. Veremos se a continuação dos seus ensinamentos é tão verdadeira quanto suas primeiras afirmativas.

Notas

1. Kardec, Allan, *A Gênese*, cap. VI: "Uranografia Geral."
2. Tyndall, *La Chaleur*, pág. 423
3. Sabe-se que o diâmetro do Sol era, primitivamente, o da própria nebulosa. Para se ter uma idéia do calor gerado pelo fenômeno colossal da condensação, basta lembrar que se calculou que se o diâmetro do Sol se reduzisse à décima milésima parte, o calor gerado por essa condensação bastaria para manter por 21 séculos a radiação atual, que anualmente é igual ao calor que seria produzido pela combustão de uma camada de hulha de 27 quilômetros de espessura, cobrindo completamente o Sol. Se a diminuição de 1/1000 do disco solar corresponde a 21 séculos de radiação, vê-se o número formidável, gigantesco, de séculos que a nebulosa solar levou para se reduzir ao volume atual do nosso astro central.
4. Berthelot, *Essai de Mécanique Chimique*, t. II, pág. 757.
5. Moutier, *Thermodynamique*.
6. O número de corpos simples ainda não foi fixado definitivamente; a cada dia descobrem-se novos, principalmente em estado gasoso: o argônio, o metano, o criptônio, o xenônio, o neônio etc.
7. *Unité des Forces Physiques*, pág. 604.

Capítulo III
O mundo espiritual e os fluidos

As forças

Novamente citamos nosso instrutor espiritual:[1] "Se um desses seres desconhecidos que consomem sua efêmera existência no fundo das tenebrosas regiões do oceano, se um desses poligástricos, dessas nereidas – miseráveis animálculos que da natureza só conhecem os peixes ictiófagos e as florestas submarinas – de repente recebesse o dom da inteligência, a faculdade de estudar o seu mundo e, a partir das suas apreciações, estabelecer um raciocínio conjetural extensivo à universalidade das coisas, que idéia faria da natureza viva que se desenvolve no seu meio, e do mundo terrestre, que não pertence ao campo das suas observações?

Agora, se por um prodigioso efeito do seu novo poder, esse mesmo ser conseguisse elevar-se acima das suas trevas eternas, à superfície do mar, não distante das margens opulentas de uma ilha de esplêndida vegetação, ao Sol fecundo, dispensador de um calor benéfico, que juízo faria então das suas teorias antecipadas a respeito da criação universal? Logo as esqueceria, substituindo-as por uma observação mais ampla, mas ainda relativamente tão incompleta quanto a pimeira. Tal é, ó homens, a imagem da vossa ciência toda especulativa.

Há um fluido etéreo que enche o espaço e penetra os corpos; esse fluido é a matéria cósmica primitiva, geradora do mundo e dos seres. As forças que presidiram às metamorfoses da matéria, as leis imutáveis e necessárias que regem o mundo são inerentes ao éter. Essas múltiplas forças, indefinidamente variadas segundo as combinações da matéria, localizadas segundo as massas, diversificadas em seu modo de ação segundo as circunstâncias e os meios, são conhecidas na Terra sob os nomes **gravidade, coesão, afinidade, atração, magnetismo, eletricidade**; os movimentos vibratórios do agente são conhecidos como **som, calor, luz** etc.

Ora, assim como há uma única substância simples, primitiva, geradora de todos os corpos, mas diversificada em suas combinações, todas essas forças também dependem de uma lei diversificada nos seus efeitos originais e que, pelos desígnios eternos, foi soberanamente imposta à criação para instituir-lhe harmonia e estabilidade permanentes.

A natureza jamais se opõe a si mesma. O brasão do Universo tem uma única divisa: **Unidade**. Remontando à escala dos mundos, encontra-se a **unidade** de harmonia e de criação, ao mesmo tempo que uma infinita variedade no imenso jardim de estrelas; percorrendo os degraus da vida, do último dos seres até Deus, patenteia-se a grande lei de continuidade. Considerando as forças em si mesmas, pode-se formar com elas uma série cuja resultante, confundindo-se com a geratriz, é a lei universal.

Todas essas forças são eternas e universais como a criação; sendo inerentes ao fluido cósmico, elas atuam necessariamente em tudo e por toda parte, modificando sua ação por sua simultaneidade ou por sua sucessão; predominando aqui, apagando-se além, intensas e ativas em certos pontos, latentes e secretas em outros, mas finalmente preparando, dirigindo, conservando, destruindo os mundos em seus diversos períodos de vida, governando os maravilhosos trabalhos da natureza onde quer que se executem, garantindo para sempre o eterno esplendor da criação."

É difícil explicar melhor e expressar de modo tão elevado quanto conciso todas as conclusões que a ciência nos revelou.

O homem não é capaz de criar energia ou destruir a que existe; tudo o que ele consegue fazer é transformar um movimento em outro. O mundo da mecânica não é uma manufatura criadora de energia – diz Balfour Stewart[2] – mas uma espécie de mercado para onde podemos levar uma espécie particular de energia e trocá-la por outro tipo de energia que mais nos convenha... Se chegarmos de mãos vazias, com certeza voltaremos sem nada.

É absurdo – diz o Pe. Secchi – admitir que o movimento na matéria bruta possa ter outra origem que não o próprio movimento.

Assim, a energia não pode ser criada e está provado que ela não pode destruir-se. Onde um movimento cessa, imediatamente surge o calor, que é uma forma equivalente desse movimento. Esta foi a grande verdade formulada sob o nome de lei da conservação da energia, idêntica à lei da conservação da matéria.

Assim como a matéria não pode ser extinta[3] e apenas passa por transformações, também a energia é indestrutível e sofre apenas mudanças de forma. Até o séc. XIX, a prática cotidiana parecia, aparentemente, fornecer motivos para crer que a energia seria parcialmente suprimida.

A honra de haver demonstrado experimentalmente que nem uma única fração de energia se perde, e que a quantidade total de energia de um sistema fechado é invariável, pertence a J.-R. Mayer, médico em Heilbron (reino de Wurtemberg), ao dinamarquês Colding e ao físico inglês Joule. Essa demonstração, conhecida como teoria mecânica do calor, é uma das obras mais admiráveis e mais fecundas do séc. XIX.

Ao descobrir a que quantidade exata de calor corresponde tal trabalho, ou seja, tal quantidade de movimento, a ciência fez a indústria mecânica avançar a passos de gigante; ao aplicar esses dados à química, alinhou-a entre as ciências exatas, isto é, entre as ciências em que todos os fenômenos podem ser reduzidos a fórmulas matemáticas; finalmente, em fisiologia, essas novas noções permitem encontrar uma medida precisa da intensidade da força vital.

Mas o estudo experimental da energia não ficou limitado a isso. Conseguiu-se demonstrar que todas as diferentes formas que ela apresenta: calor, luz, eletricidade etc., podem transformar-se umas em outras, de modo que qualquer uma dessas manifestações pode gerar todas as outras.

Dessas descobertas experimentais, deduz-se que as forças naturais, como ainda hoje são chamadas, nada mais são do que manifestações particulares da energia universal, ou seja, em última análise, formas de movimento. O problema da unidade e da conservação da força foi, portanto, resolvido pela ciência moderna.

No Universo todo foi possível constatar a unidade dos dois grandes princípios: força e matéria.

A luneta e o telescópio permitiram ver que os planetas solares são mundos como o nosso por sua forma, por sua constituição e pelo papel que desempenham. Mas não é só o nosso sistema que obedece a essas leis; o espaço todo é povoado por criações semelhantes, que estabelecem a similitude de organização das massas totais do Universo, ao mesmo tempo que a uniformidade sideral das leis da gravitação.

Os sóis ou estrelas, as nebulosas e os cometas foram estudados pela análise espectral, que demonstrou que esses mundos tão diversos são compostos por materiais semelhantes aos que conhecemos em nossa Terra; a mecânica química e física dos átomos é igual à daqui; portanto, existe em tudo, e por toda parte, a unidade fundamental incessantemente diversificada.

Que magnífica confirmação a da voz do espaço anunciando, há cinqüenta anos, que a força é eterna e que as séries dessemelhantes das suas ações têm uma resultante comum, confundindo-se com a geratriz, isto é, com a lei universal!

Assim, pois, força única, matéria única, indefinidamente variadas em suas manifestações, são as duas causas do mundo visível. Existirá outro invisível e imponderável? Interroguemos novamente nossos instrutores do além; eles respondem afirmativamente, e acreditamos que mais uma vez a ciência não os desmentirá.

A Alma é Imortal

O mundo espiritual[4]

"O fluido cósmico, tal como foi demonstrado, é a matéria elementar primitiva cujas modificações e transformações constituem a inumerável variedade dos corpos da natureza. Como princípio elementar universal, ele apresenta dois estados distintos: o da eterização ou de imponderabilidade, que se pode considerar como o estado normal primitivo, e o da materialização ou de ponderabilidade que, de certa forma, lhe é apenas consecutivo. O ponto intermediário é o da transformação do fluido em matéria tangível, mas, ainda aí, não há transição brusca, porque podemos considerar nossos fluidos imponderáveis como um termo médio entre os dois estados.

No estado de eterização, o fluido cósmico não é uniforme; sem cessar de ser etéreo, ele sofre modificações tão variadas em gênero e talvez mais numerosas do que no estado de matéria tangível.

Essas modificações constituem fluidos distintos que, embora procedentes do mesmo princípio, são dotados de propriedades especiais e dão lugar aos fenômenos peculiares do mundo invisível.

Sendo tudo relativo, esses fluidos têm para os espíritos uma aparência tão material quanto a dos objetos tangíveis para os encarnados, e são para eles o que são para nós as substâncias do mundo terrestre; eles os elaboram e combinam para produzir determinados efeitos, como fazem os homens com seus materiais, embora por processos diferentes.

Mas lá, como neste mundo, só aos espíritos mais esclarecidos é dado compreender a função dos elementos constitutivos do seu mundo. Os ignorantes do mundo invisível são tão incapazes de encontrar explicação para os fenômenos de que são testemunhas, e para os quais muitas vezes concorrem automaticamente, como os ignorantes da Terra o são para explicar os efeitos da luz ou da eletricidade, para dizer de que modo vêem e escutam."

Gabriel Delanne

Isso é admiravelmente justo, porque, se interrogardes ao acaso dez pessoas que estejam passando na rua e lhes perguntardes quais são as operações sucessivas da digestão e da respiração, podeis estar certos de que nove entre dez não conseguirão responder. No entanto, em nossa época o ensino já está bem difundido. Quão poucos, porém, se dão ao trabalho de aprender ou refletir?

"Os elementos fluídicos do mundo espiritual escapam aos nossos instrumentos de análise e à percepção dos nossos sentidos, feitos para a matéria tangível e não para a matéria etérea. Há fluidos que pertencem a um meio tão diferente do nosso, que só podemos formar um juízo a respeito deles mediante comparações tão imperfeitas como aquelas através das quais um cego de nascença procura fazer idéia da teoria das cores.

Mas, entre tais fluidos, alguns são intimamente ligados à vida corporal e, de certa forma, pertencem ao meio terrestre. À falta de observação direta, pode-se observar-lhes os efeitos e adquirir conhecimentos de alguma precisão sobre a natureza deles. Esse estudo é essencial, porque é a chave de uma imensidade de fenômenos inexplicáveis unicamente pelas leis da matéria.

O ponto de partida do fluido universal é o grau de pureza absoluta, de que nada pode dar idéia; o ponto oposto é sua transformação em matéria tangível. Entre esses dois extemos, ocorrem inúmeras transformações que se aproximam mais ou menos de um e de outro. Os fluidos mais próximos da materialidade, conseqüentemente os menos puros, compõem o que se pode chamar a atmosfera espiritual terrestre. É desse meio, onde igualmente se encontram diferentes graus de pureza, que os espíritos encarnados e desencarnados da Terra extraem os elementos necessários ao bom andamento da sua existência. Esses fluidos, por mais sutis e impalpáveis que nos pareçam, nem por isso deixam de ser de natureza grosseira, em comparação com os fluidos etéreos das regiões superiores.

A denominação **fluidos espirituais** não é rigorosamente exata, já que, definitivamente, trata-se sempre de matéria mais ou menos quintessenciada. De realmente espiritual, só existe a alma, ou princípio inteligente. Eles são designados assim por comparação e, principalmente, em razão da sua afinidade com os espíritos. Pode-se dizer que são a matéria do mundo espiritual: eis por que são chamados fluidos espirituais.

Aliás, quem conhece a constituição íntima da matéria tangível? Ela talvez só seja compacta em relação aos nossos sentidos, o que seria provado pela facilidade com que é atravessada pelos fluidos espirituais e pelos espíritos, aos quais não oferece maior obstáculo do que o que os corpos transparentes oferecem à luz.

Tendo por elemento primitivo o fluido cósmico etéreo, a matéria tangível, desagregando-se, deve poder voltar ao estado de eterização, como o diamante, o mais duro dos corpos, pode volatilizar-se em gás impalpável. Na realidade, a solidificação da matéria é apenas um estado transitório do fluido universal, que pode voltar ao seu estado primitivo quando as condições de coesão deixam de existir.

Quem sabe mesmo se, no estado de tangibilidade, a matéria não é suscetível de adquirir uma espécie de eterização que lhe daria propriedades particulares? Certos fenômenos que parecem autênticos tenderiam a sugerir isso. Além disso, conhecemos apenas as fronteiras do mundo invisível; o futuro, sem dúvida, nos reserva o conhecimento de novas leis que nos permitirão compreender o que ainda é um mistério para nós."

Vejamos agora, à luz das modernas descobertas, se essas concepções são exatas.

A energia e os fluidos

Até então, a ciência oficial negava a existência de estados imponderáveis da matéria, e a hipótese do éter longe estava de ser unanimemente admitida, apesar de ser necessária para a compreensão dos diversos modos da força. Atualmente, talvez a negação não seja tão absoluta, porque toda uma categoria de fenômenos novos vieram mostrar-nos a matéria revestida de propriedades que longe estávamos de suspeitar-lhe. A matéria radiante dos tubos de Crookes revela as energias intensas que parecem ligadas às últimas partes da substância. Os raios X, que se originam no ponto em que os raios catódicos vêm atingir o vidro da ampola, são ainda mais singulares, já que se propagam através de quase todo o corpo e têm propriedades fotogênicas, sem serem visíveis. Finalmente, as experiências espíritas de Wallace, de Beattie, de Aksakof nos mostram, fotografados, os estados da matéria invisível que concorrem para a produção dos fenômenos espíritas. E hoje podemos acrescentar a contribuição dos raios X e das emanações radioativas. Quem ousaria duvidar da clarividência dos nossos guias espirituais quando preconizavam, muito tempo faz, o que a ciência só agora descobre?

O dr. Baraduc, o Comandante Darget, o dr. Adam, o dr. Luys, o sr. David, e as experiências do sr. Russell(5) põem em evidência as forças materiais que emanam constantemente de todos os corpos, mas principalmente corpos vivos, e os clichês que se obtêm são provas incontestáveis da existência dos fluidos.[6]

Portanto, neste momento estamos assistindo à demonstração científica desses estados imponderáveis da matéria, tão obstinadamente rejeitados até então. Vê-se, mais uma vez, que se confirma o ensinamento dos espíritos, e que a prova da veracidade dessas revelações nos é apresentada por pesquisadores que não compartilham nossas idéias, e que não se pode, conseqüentemente, suspeitá-los de complacência.

Quando falamos de fluidos, é necessário que o público se habitue a ver nesta expressão algo mais do que um termo vago, destinado a mascarar nossa ignorância. É necessário que nos convençamos de que estamos constantemente mergulhados numa atmosfera invisível, intangível para os nossos sentidos, mas que é tão real, tão existente quanto o próprio ar.

Não vimos as maiores inteligências do século, os mais hábeis analistas, químicos e físicos viverem em contínuo contato com o argônio, esse novo gás que é parte integrante do ar, sem suspeitarem da sua presença? Esse exemplo deve inspirar um pouco de modéstia a todos os que orgulhosamente proclamam que sabem tudo, que para eles a natureza não tem mais mistérios. Ai de nós! A verdade é que ainda somos muito ignorantes, e que nossa existência decorre num lugar de que conhecemos apenas uma minúscula parte.

Precisamos conscientizar-nos de que a atmosfera que nos envolve contém seres e forças cuja presença normal somos incapazes de apreciar. O ar está povoado por miríades de organismos vivos, infinitamente pequenos, que não lhe turvam a transparência. No azul translúcido de um belo dia de verão volteiam enormes quantidades de pólen que irão fecundar as flores; ao mesmo tempo, o espaço está tomado por milhares de seres denominados micróbios.

Todos esses seres evoluem no meio de gás cuja existência nada nos revela. O ácido carbônico, produzido por tudo que é vivo ou se consome, mistura-se aos gases constituintes do ar, sem que seja possível suspeitá-lo. Quase todos os corpos emitem vapores que se afogam nesse límpido laboratório, e o olhar não vê todos esses corpos tão diversos que têm, todos eles, sua função, sua utilidade.

Nossos sentidos tampouco nos permitem perceber as correntes que cruzam o globo e enlouquecem a bússola durante as tempestades magnéticas. A eletricidade só raramente se manifesta sob uma forma que podemos captar. Ela não existe somente nos morros, onde o raio risca a nuvem, onde os roncos do trovão ecoam ao longe; atua perpetuamente por lentas descargas, por trocas incessantemente renovadas entre todos os corpos de diferentes temperaturas. A própria luz só é percebida por nós em limites estreitos. Seus raios químicos, que têm ação tão intensa, escapam completamente à nossa visão.

Somos banhados, penetrados por todos esses eflúvios no meio dos quais nos movemos, e a humanidade viveu muito tempo antes de conhecer esses fatos, que, no entanto, sempre existiram. Foram necessárias todas as descobertas da ciência para criar-nos novos sentidos, mais apurados, mais delicados do que os que devemos à natureza. O microscópio revelou-nos o átomo vivo, infinitamente pequeno; a placa fotográfica é, ao mesmo tempo, um tato e uma retina de sutileza e de acuidade visual incomparáveis.

O colódio registra as vibrações etéreas que nos chegam de planetas invisíveis, perdidos nas profundezas do espaço, revelando-nos sua existência. Capta os movimentos prodigiosamente rápidos da matéria quintessenciada; reproduz fielmente a luz obscura que todos os corpos irradiam tanto de noite como de dia, pois seríamos impressionados pelas ondas ultravioleta como somos pela parte visível do seu espectro. Se nossa retina tivesse essa apurada sensibilidade, enxergaríamos à noite.

Pois bem! Essa preciosa placa ainda nos faz o favor de revelar-nos os fluidos que emanam do nosso organismo ou que nele penetram. Mostra-nos, com incontestável certeza, que em torno de nós existem forças, ou seja, movimentos da matéria sutil que se diferenciam uns dos outros por características peculiares, por uma rubrica especial. Hoje não é mais possível duvidar dessas modalidades, dessas metamorfoses da matéria.

Há, ao redor de nós, uma atmosfera fluídica incorporada à atmosfera gasosa, penetrando-a por todas as partes. Suas ações são ininterruptas: é um mundo tão variado, tão diverso em suas manifestações quanto a natureza física, isto é, a matéria física e ponderável. Há fluidos grosseiros como existem fluidos quintessenciados. Uns e outros possuem propriedades inerentes ao seu estado vibratório e molecular, que fazem deles substância tão distintas como podem ser, para nós, os corpos sólidos ou gasosos.

Quantas energias, porém, se manifestam nesse meio! Quantas modificações, quanta mobilidade, quanta plasticidade a dessa matéria sutil! Como difere da substância pesada, compacta e rígida que conhecemos. A eletricidade nos permite formar um juízo sobre suas transformações; é um prodígio, uma perpétua agitação. Eis a fluidez ideal para as criações tão leves, vaporosas, instáveis do pensamento. É a matéria do sonho na sua realidade impalpável.

Estudando a matéria gasosa, conseguimos imaginar esses estados transcendentes. Vemos então, sob a forma radiante, os átomos movendo-se com fantástica rapidez, produzindo fenômenos cuja intensidade, se considerada a massa posta em jogo, é realmente formidável. E essa energia nos faz compreender a força nas suas manifestações superiores de luz, de eletricidade, de magnetismo, que se devem às rápidas ondulações do éter.

Torna-se admissível que esses átomos, animados de enorme velocidade retilínea, girando sobre si mesmos com vertiginosa rapidez, desenvolvam uma força centrífuga que anula a atração terrestre. Sim, é mais do que provável que se diferenciam entre si pela quantidade de força viva que eles contêm individualmente, e não podemos entrever a inesgotável variedade de grupamentos que se produzem entre essas inúmeras formas de substância.

Esse é o mundo espiritual, o mundo que nos envolve, nos penetra, e no qual vivemos; é através do nosso organismo fluídico que nos relacionamos com ele; é por possuirmos um perispírito que nos é possível atuar sobre esse mundo invisível à carne; é por nossa constituição espiritual que os espíritos têm poder sobre nós e podem influenciar-nos. Mas só recentemente nos foi possível constatar experimentalmente essas realidades.

Estudo sobre os fluidos

A demonstração da existência dos fluidos é tão importante para a compreensão dos fenômenos do mundo espiritual, que devemos estudar esse problema sob todos os aspectos. A experiência espírita nos demonstrou que a alma se reveste de um invólucro material, invisível e intangível no estado normal, que se move num meio físico, que não pesa. Portanto, é urgente apresentarmos todas as razões que tendem a estabelecer o fato capital da existência de um mundo imponderável, tão real quanto o mundo em que vivemos.

Antigamente, acreditava-se que a luz, a eletricidade, o calor, o magnetismo etc., eram substâncias completamente distintas umas das outras, tendo uma natureza própria especial que as diferenciava completamente. Pesquisas contemporâneas demonstraram que essa era uma concepção falsa.

Nas primeiras eras da ciência, as forças não só pareciam separadas, como seu número era multiplicado quase ao infinito.

Cada fenômeno era considerado como a manifestação de uma força particular. Pouco a pouco, porém, reconheceu-se que efeitos diferentes podem ser devidos a uma causa única; a partir de então, o número de forças que se admitiam diminui consideravelmente. A gravidade e a atração foram identificadas por Newton, que reconheceu, na maçã que cai e no astro preso à sua órbita, os efeitos de uma mesma causa: a gravitação universal. Ampère demonstrou que o magnetismo era apenas uma forma da eletricidade. A luz e o calor há muito são considerados manifestações de uma mesma causa: um movimento vibratório extremamente rápido transmitido ao éter.

Atualmente, uma grandiosa concepção veio mudar ainda mais a face da ciência. Todas as forças da natureza se reduzem a uma só. A energia, ou a força (os dois termos são sinônimos), pode assumir todas as aparências: alternadamente, torna-se calor, trabalho mecânico, eletricidade, luz; produz as combinações químicas e as decomposições. Às vezes, parece que a força se esconde ou se destrói, mas não passa de aparência; pode-se sempre reencontrá-la e fazê-la passar novamente pelo ciclo das suas transformações.

Inseparável da matéria, a força é indestrutível, e deve-se aplicar à energia este princípio absoluto: na natureza nada se cria e nada se perde.

Isto é tão verdadeiro que, quando um movimento é bruscamente interrompido, imediatamente algo novo aparece: é o calor. É assim que um pedaço de chumbo colocado sobre uma bigorna será violentamente aquecido sob os sucessivos golpes do martelo do ferreiro; que uma bala desferida contra um alvo de ferro poderá atingir a temperatura de ferro em brasa; que as rodas de um trem em movimento lançam fagulhas quando os freios são acionados bruscamente. Se o movimento da Terra em torno do Sol fosse instantaneamente suspenso – ensina-nos Helmholtz -, a quantidade de calor gerado seria tal, que faria toda a massa terrestre passar ao estado de vapor.

Assim, pois, calor e movimento são duas formas equivalentes da energia que se revezam mutuamente, o primeiro tornando-se visível quando o outro desaparece. Estabeleceu-se exatamente a que quantidade de calor correspondia determinada

A Alma é Imortal

quantidade de movimento; essa medida chama-se equivalente mecânico do calor.

A partir daí, fica fácil compreender que aquecer um corpo é aumentar seu movimento interno, isto é, o movimento das suas moléculas. Sabemos que, do átomo invisível ao corpo celeste perdido no espaço, tudo está submetido ao movimento. Tudo gravita numa órbita imensa ou numa infinitamente pequena, mantidas a uma distância definida uma da outra, em razão do próprio movimento que as anima; as moléculas apresentam relações constantes, que só perdem pelo acréscimo, ou supressão, de uma certa quantidade de movimento.

Sob sua influência, as moléculas, separando-se cada vez mais, fazem os corpos passarem do estado sólido ao estado líquido, depois gasoso. Então, por sua vez, os gases se dilatam indefinidamente pela adição de novas quantidades de calor, isto é, de movimento. Se quisermos opor-nos à sua expansão, o gás exerce sobre as paredes do vaso que o contém uma pressão considerável. É assim que moléculas de gases ou de vapores, encerradas nos cilindros locomotivos, comunicam ao pistom a força que se emprega para produzir a tração dos trens, ou seja, trabalho mecânico.

Portanto, quando os movimentos moleculares de um corpo estiverem agrupados de modo a apresentar, uns com relação aos outros, centros de orientação fixos, diremos que esse corpo é sólido; quando os movimentos moleculares estiverem agrupados de modo a que os centros desses grupos sejam móveis, uns com relação aos outros, esse corpo é líquido; quando as moléculas se movem em todos os sentidos e entram em colisão umas com as outras, e isso milhões de vezes por segundo, esse corpo é chamado gás.[7]

É útil observar que, à medida que a matéria passa do estado sólido para o estado líquido, o volume aumenta; a seguir, do estado líquido ao estado gasoso a dilatação do mesmo peso de matéria fica ainda maior, de modo que, ao mesmo tempo que o movimento molecular se acentua, a matéria se rarefaz. Um litro d'água, por exemplo, dá 1700 litros de vapor, ou seja, ocupa um volume 1700 vezes superior ao que ocupava no estado líquido; nessas condições, as atrações mútuas entre as moléculas diminuem e o movimento oscilatório das moléculas torna-se mais rápido.

Realmente, a partir de cálculos de probabilidades,[8] os sábios chegaram a admitir que se pode ver a velocidade média das moléculas como constante para um mesmo gás, seja qual for a direção do caminho percorrido. O valor dessa velocidade média por segundo, à temperatura do gelo, isto é, a **zero** grau, e à pressão barométrica de 760 mm, é de:

461 metros para as moléculas do oxigênio;
485 - ar;
492 - azoto;
1848 - hidrogênio.

Essas velocidades são comparáveis à de um projetil ao sair de uma arma de longo alcance. A velocidade das moléculas é bem maior quando o gás é mais leve, isto é, quando contém menos matéria na unidade de volume; então, se num tubo fechado se produz um vácuo tão perfeito quanto possível, e, por meio de eletricidade, se obriga as moléculas que restam a mover-se em linha reta, obter-se-á o estado radiante descoberto por Crookes.

Como muito se tem falado desse estado especial, expliquemos claramente em que consiste.

Sabemos que os gases compõem-se de um número infinito de pequenas partículas que estão incessantemente em movimento e animadas, segundo sua natureza, de velocidades de todas as grandezas.

Sabemos também que, devido ao seu número imenso, essas partículas não podem movimentar-se em qualquer direção sem chocar-se quase em seguida com outra partícula.

Que acontecerá se retirarmos de um vaso fechado grande parte do gás que ele contém? Claro está que, quanto mais o número de moléculas do gás diminuir, menos as que restam terão ocasião de chocar-se entre si. Pode-se deduzir daí que num vaso fechado, onde se produzir vácuo crescente, a distância que uma molécula qualquer poderá percorrer sem chocar-se com outra aumentará; teoricamente, a extensão do livre curso, isto é, a extensão da distância que uma molécula qualquer poderá percorrer sem entrar em colisão com outra, estará na razão inversa das moléculas restantes, ou, o que é a mesma coisa, em razão direta do vácuo produzido.

A Alma é Imortal 243

Como, no estado gasoso ordinário, as moléculas estão constantemente colidindo umas com as outras, como essa contínua colisão é precisamente o que determina as propriedades físicas do gás, resulta daí que, se as moléculas percorrem espaços maiores sem esbarrarem umas nas outras, essa diferença no modo de agir deve conferir propriedades físicas diferentes e, conseqüentemente, constituir um estado novo para a matéria. Esse quarto estado estará tão distante do estado gasoso quanto o próprio estado gasoso estava distante do líquido. É isso que Crookes demonstrou experimentalmente.

A lei que apontamos, que diz que quanto mais rarefeita se tornar a matéria, mais o movimento molecular será rápido, revela-se aqui nitidamente. A velocidade das partes remanescentes da matéria é tal, que os metais mais refratários, submetidos ao bombardeamento de moléculas, não tardam a ficar em brasa, e mesmo a fundir-se, se a ação for suficientemente prolongada. Nesse estado, a matéria, embora extremamente rara, ainda tem um peso apreciável, não por balança, mas pelo raciocínio. O vácuo produzido é tamanho, que se presumirmos a pressão barométrica ordinária representada por uma coluna de mercúrio com 4800 metros de altura, a pressão da matéria radiante não poderá equilibrar mais do que um quarto de milímetro de mercúrio! No entanto, ela ainda tem um peso, o que explica que conserve suas propriedades químicas, porque não há dissociação.

Mas, se acompanharmos a ciência nas suas induções, nos será possível conceber um estado em que a matéria será tão rarefeita que seu movimento molecular a livrará da atração terrestre. O éter dos físicos dá uma idéia aproximada dessa concepção.

Para compreender os diversos aspectos da energia, supôs-se que o Universo era tomado por uma substância imponderável, perfeitamente elástica, que, graças à sua sutileza, penetrava todos os corpos. Conforme vibre mais, ou menos rapidamente, essa matéria dá origem aos fenômenos que, para nós, se traduzem pelas sensações de calor quanto às vibrações mais lentas, de eletricidade quanto às mais rápidas, de raios obscuros quanto à atividade química, enfim, às vibrações extremamente rápidas da luz visível e invisível.

Mas, estaria aí o limite extremo que não se conseguiria ultrapassar nas pesquisas? Não, porque sabemos, pela experiência espírita, que os espíritos têm um corpo fluídico que não é afetado por qualquer das formas da energia. Os frios intensos dos espaços interplanetários, que descem a até 273 graus abaixo de zero, ou a temperaturas de vários milhares de graus dos sóis são incapazes de influenciar a matéria perispiritual. É que esse invólucro da alma é extraído do fluido universal, isto é, da substância sob sua forma primitiva. Nenhuma mudança conseguiria atingi-lo, ele é imutável na sua essência. Não está sujeito a decomposições, porque não poderia simplificar-se, sendo o estado inicial, o termo último onde fatalmente devem findar todas as mudanças. O perispírito associa-se mais ou menos aos fluidos do planeta ao qual o espírito está ligado. A tarefa da alma é justamente livrar seu corpo fluídico de todas as escórias que foram se misturando a ele desde a origem da sua evolução.

Entre esse estado perfeito – onde o mínimo de matéria é animado do máximo de força viva – e o estado sólido – a -273 graus, onde o máximo de matéria contém o mínimo de movimentos vibratórios – há uma infinidade de graus que formam a escala de todas as modalidades possíveis da matéria. Cientificamente, portanto, estamos autorizados a dizer que os fluidos não são simples criações da imaginação, e sim que correspondem, no mundo físico, a realidades indiscutíveis, a estados ainda não descobertos, mas que a matéria radiante, os raios X, o fluido que impressiona as placas fotográficas e o éter encorajam-nos plenamente a conceber como realmente existente. Não se deve duvidar que pesquisas ulteriores farão com que mais tarde se descubram essas variadas modificações dos estados da substância primitiva, à medida que nossos meios de investigação se aperfeiçoarem e que a ciência voltar os olhos para o invisível e o imaterial, em vez de concentrar-se no domínio do grosseiramente tangível, cujo território é tão limitado.

Além disso, a força de evolução fatalmente obriga os retardatários a abrirem o intelecto às novas concepções. A fotografia do invisível, quer atue nas profundezas da espaço, quer penetre no interior de substâncias opacas, mostra possibilidades que, há alguns anos apenas, seriam consideradas utopias supersticiosas.

A Alma é Imortal 245

É preciso que a humanidade se livre das desalentadoras afirmações dos materialistas. É chegada a hora em que o véu que obstruía a visão da natureza deve cair.

Não obstante as mais bizarras teorias, forjadas para explicar os fenômenos espíritas sem a intervenção dos espíritos, a verdade se mostra na sua esplêndida evidência. Sim, nós temos uma alma imortal. Sim, as sucessivas vidas na Terra, ou no espaço, são somente etapas na interminável senda do progresso, e nós, na verdade, estamos caminhando rumo a destinos mais elevados. O sentimento de imortalidade que, sustentado em todas as eras da humanidade, revelou-se em todas as épocas de maneira tangível por manifestações semelhantes às que hoje observamos, finalmente está prestes a receber sua explicação científica.

Necessariamente, então, se afirmará a grandiosa moral da solidariedade, da fraternidade e do amor, que é a inevitável conseqüência das vidas sucessivas e da igualdade de origem e de destino. É por termos o intenso sentimento de que é chegada a hora em que a ciência deve se unir à revelação que empenhamos nossos esforços para acrescentar nossa pedra ao edifício. Para todo espírito independente, não obcecado por idéias preconcebidas, é certo que as descobertas contemporâneas propiciam ao espiritualismo seus mais firmes sustentáculos.

As especulações precedentes sobre a matéria nos estados sólido, líquido ou gasoso justificam-se plenamente, como é fácil verificar. Se verdadeiramente os gases são formados de átomos que se movem em todos os sentidos com prodigiosa rapidez, é certo que resfriando esses gases, ou seja, diminuindo-lhes o movimento, deve-se aproximar as moléculas; se, além disso, se favorece a concentração por pressões enérgicas, o gás deve passar ao estado líquido e, finalmente, solidificar-se, quando as moléculas podem exercer suas mútuas atrações. É exatamente o que acontece.

Só recentemente chegou-se a constatar esses resultados, que a teoria fazia prever. Assim, o sr. Cailletet mostrou que o oxigênio se liquefaz a 29 graus abaixo de zero, sob uma pressão de 300 atmosferas, ou então, como o sr. Wroblewski estabeleceu, sob uma pressão de 1 atmosfera, mas baixando a temperatura até 184 graus abaixo de zero. O ar que respiramos se torna líquido quando a temperatura é de 192 graus abaixo de zero; com dois graus a menos, também o azoto se torna líquido. Assim, se o Sol se extinguisse, isto é, se não fornecesse mais o calor que mantém todos os corpos terrestres no seu estado atual, a Terra seria inabitável, porque o ar provavelmente se solidificaria, como o hidrogênio e todos os gases; não haveria mais atmosfera, e um frio mortal substituiria a animação e a vida.

Incontestavelmente, em todas as manifestações da matéria e da energia reina a continuidade. Todos os estados, tão diversos, das substâncias ligam-se entre si por laços estreitos; não há barreiras intransponíveis separando os gases impalpáveis das matérias mais duras ou mais refratárias. Na realidade, existe uma perfeita continuidade entre os estados físicos; podem passar de um ao outro por gradações tão discretas, que é racional considerá-los formas consideravelmente espaçadas de um mesmo estado material. Isto é exato, tanto mais que nenhum estado material possui alguma propriedade essencial que não pertença aos outros.

Os sólidos, sob fortes pressões, escorrem como os líquidos; e os gases podem comportar-se como corpos sólidos pouco compressíveis. Submetendo o chumbo a uma pressão de 130 kg por centímetro quadrado, o sr. Tresca o fez escorrer, num veio líquido, como se tivesse sido fundido. O sr. Daubrée[9] produziu erosões e ablações em blocos de aço, através da potência de gases violentamente comprimidos. Essa ação foi semelhante à que seria produzida pelo choque de um buril de aço energicamente introduzido.

É indispensável compreender bem que a magnitude do efeito produzido por um corpo longe está de corresponder ao peso desse corpo. Assim, referindo-se à dinamite, o sr. Daubrée diz que uma quantidade de gás extremamente inexpressiva produz efeitos verdadeiramente espantosos. Um peso de gás de 1,5 kg, agindo sobre um prisma de aço de 134 centímetros quadrados (o que corresponde a 162 miligramas por milímetro quadrado), além de diferentes escavações superficiais, produz nele:

1º Inicialmente, rupturas que pressões de 1 milhão de quilos mal produziriam, isto é, a pressão de um peso cem mil vezes maior do que o do gás que provocou rompimento;

2º esmagamentos, que não podem corresponder a menos de 300 atmosferas.

A Alma é Imortal 247

Essas experiências, comparáveis aos efeitos mecânicos produzidos pelo raio, mostram que, sempre, as mais elevadas formas da energia estão unidas à matéria cada vez mais rarefeita.

Portanto, é por uma indução absolutamente legítima que acreditamos na existência de fluidos, isto é, de estados materiais em que a força viva das moléculas ou dos átomos vai incessantemente aumentando, até ao estado primitivo, que será caracterizado pelo máximo de força viva unido ao mínimo de matéria. Entre a matéria universal, sólida e fluida, há uma imensa série progressiva de transições insensíveis em que o movimento molecular vai constantemente crescendo. Podemos resumir tudo o que vimos no seguinte quadro:

Na unidade de volume: Máximo de matéria unido ao mínimo de força viva; limite absoluto: 23 graus abaixo de zero.

Matéria no estado sólido
Minerais, metais, sais etc. Orientação fixa dos agrupamentos moleculares. Oscilações limitadas e movimentos de vibração das moléculas.

Matéria no estado líquido
Água, vinho, álcool etc. Orientação móvel dos agrupamentos moleculares com relação uns aos outros.
Oscilações lentas, mas início do movimento de rotação das moléculas sobre si mesmas.

Matéria no estado gasoso
Ar, hidrogênio, oxigênio etc.
Movimentos rápidos de translação das moléculas em todas as direções, acompanhados de uma rotação mais pronunciada, à medida que a matéria se rarefaz.

Matéria no estado etéreo imponderável
Manifesta-se pelos fenômenos caloríficos, luminosos, elétricos, vitais etc.
Movimentos de translação mais rápidos do que no estado precedente; movimento rotatório dos átomos desenvolvendo

uma força centrífuga que contrabalança a ação da gravitação.

Matéria no estado fluídico
Todos os fluidos do mundo espiritual. Caracterizados por movimentos cada vez mais rápidos das moléculas e dos átomos. Sempre imponderáveis.

Na unidade de volume: máximo de força viva unido ao mínimo de matéria

Matéria no estado cósmico ou primordial
Máximo de movimentos atômicos. A matéria está no seu ponto extremo de rarefação. Está no estado inicial e contém, em potencial, todos os estados acima enumerados.

A ponderabilidade

Quando se examina o quadro precedente, pode-se perguntar como a matéria pode chegar a não ter peso, ou seja, tornar-se imponderável. Compreendemos facilmente que a matéria que passa do estado sólido à forma gasosa ocupa um volume maior, uma vez que o calor tem por efeito aumentar a amplitude das vibrações de todas as partes infinitamente pequenas que constituem o corpo, mas é claro que se se recolhe todo o gás produzido pela transformação de um corpo sólido em um corpo gasoso, esse gás continuará a ter peso igual ao que tinha quando estava concentrado sob uma forma material. Parece incompreensível que a matéria possa deixar de ter peso, mesmo supondo-a tão rarefeita quanto possível; no entanto, é certo que a eletricidade ou o calor não movem a balança, seja qual for a quantidade desses fluidos que se acumule sobre seu prato. Se as manifestações da energia são realmente devidas a movimentos rápidos da matéria etérea, devemos procurar compreender por que essa matéria não pesa.

Aqui, devemos prevenir o leitor de que recorremos à hipótese, e que a maneira de resolver o problema é absolutamente pessoal; se, pois, nossa demonstração não é conclusiva, a falha é nossa e não poderia ser atribuída ao espiritismo.

Para explicar-se o que se passa nesse caso, é necessário lembrar-se de que a ponderabilidade não é uma propriedade essencial dos corpos. O que neste mundo chamamos peso de um corpo, nada mais é senão a soma das atrações exercidas pela Terra sobre todas as moléculas desse corpo. Ora, sabemos que a atração decresce muito rapidamente, segundo o afastamento, já que diminui em razão do quadrado da distância. Vemos, portanto, que um corpo pesará mais, ou menos, conforme esteja mais, ou menos afastado do centro da Terra. A experiência mostra que é assim. Se pesarmos uma barra de ferro em Paris, e sendo seu peso igual a dois quilos, isso significa que a força de atração naquela cidade é igual a dois quilos para esse corpo. Se transportarmos esse ferro ao equador, ele pesará 5,70 gramas a menos, e ao pólo, 5,70 gramas a mais, estando Paris quase à mesma distância do pólo e do equador. Que se passou?

Evidentemente, a massa desse corpo não mudou durante a viagem; mas, como a Terra é protuberante no equador, estando a barra de ferro mais afastada do centro da Terra, a atração foi menos forte, e a diminuição foi de 5,70 g. No pólo, produziu-se a ação oposta, já que ali a Terra é achatada, de modo que a gravitação teve um aumento de 5,70 g.

Em geral, portanto, um corpo varia de peso conforme a distância do centro da Terra seja maior ou menor.

O peso é uma propriedade secundária que não está intimamente ligada à substância. Isso bem entendido, fica mais fácil conceber como a matéria pode tornar-se imponderável. Bastar-lhe-á desenvolver uma força suficiente para contrabalançar a atração terrestre.

Ora, observamos, precisamente, que os corpos que giram em torno de um centro, como a Terra sobre si mesma, desenvolvem uma força à qual se deu o nome força centrífuga. Ela tem por efeito diminuir o peso. Por isso, em mecânica, define-se assim o peso de um corpo: a resultante da atração do centro terrestre, **diminuída** da ação exercida pela força centrífuga. É nula no pólo e máxima no equador. Calculou-se que, se a Terra girasse 17 vezes mais rápido, isto é, se fizesse sua rotação em 1 hora e 24 minutos, a força centrífuga se tornaria suficientemente grande para destruir a ação do peso, de tal modo que um corpo colocado no equador deixaria de pesar.

Apliquemos esses conhecimentos mecânicos às moléculas materiais que, como sabemos, são animadas de um duplo movimento de oscilação e de rotação, e nos será possível imaginar, para cada uma delas, um movimento de rotação suficientemente rápido para que a força centrífuga desenvolvida anule a força de gravitação. Nesse momento, a matéria torna-se imponderável. Essa hipótese ajusta-se bem aos fatos, uma vez que, à medida que a matéria se torna mais rarefeita, como já o constatamos quanto aos gases, seus movimentos moleculares aumentam a rapidez. A grande lei de Continuidade nos faz supor que o estado gasoso não é o limite extremo em que devemos deter-nos; a matéria fluídica é aquela em que, pronunciando-se mais a rapidez do movimento molecular gasoso, a rarefação se acentua; a rotação das moléculas desenvolvendo uma força centrífuga crescente, a matéria passa ao estado invisível e imponderável.

No seu discurso sobre a gênese dos elementos, Crookes é levado a levantar a questão de saber se não existem elementos de peso atômico menor do que zero, isto é, elementos que não pesam. Lembra que, em nome da teoria, o dr. Carnelay reclamou um tal elemento, uma tal "não-substancialidade". Cita igualmente esta opinião de Helmholtz: provavelmente a eletricidade é atômica como a matéria. Isto posto, ele se pergunta se a eletricidade não é um elemento negativo, e se o éter luminoso não é outro.

"Não é impossível conceber uma substância de peso negativo"– declara. Antes dele, o sr. Airy, na sua biografia de Faraday, havia escrito: "Posso conceber facilmente que em torno de nós haja abundância de corpos não submetidos a essa ação intermútua, e, conseqüentemente, não submetidos à lei de gravitação."

Chegados a este ponto, podemos nos perguntar se a matéria primitiva é rigorosamente imponderável, ou seja, absolutamente livre de qualquer ação da gravitação?

Sabemos, evidentemente, que os movimentos da matéria conhecidos como luz, calor, eletricidade etc. não influenciam a mais sensível das balanças, apesar disso, porém, será que não há uma atração que conserva essas formas da matéria em torno da Terra, de modo a constituir-lhe um invólucro fluídico permanente? Cremos que esta é a realidade, e vamos ver em que argumento nos apoiamos para formular esta hipótese.

Quando examinamos nosso sistema solar, a astronomia nos ensina que, primitivamente, o Sol e todos os planetas constituíam uma imensa nebulosa de matéria difusa, tal como ainda hoje a vemos no espaço. Antes que a condensação dessa matéria em focos distintos se tivesse operado, qual poderia ser a densidade dessa matéria? Consultemos Camille Flammarion,[10] ele nos responderá exatamente: "Suponhamos – diz o grande escritor – toda a matéria do Sol, dos planetas e de seus satélites uniformemente repartida no espaço esférico abrangido pela órbita de Netuno; daí resultaria uma nebulosa gasosa, homogênea, cuja densidade é fácil de calcular.

Como a esfera d'água de um raio assim teria um volume igual a mais de 300 quatrilhões de vezes o volume terrestre, a densidade buscada seria apenas meio trilionésimo da densidade da água. A nebulosa seria 400 milhões de vezes menos densa do que o hidrogênio à pressão ordinária, que é, como se sabe, o mais leve de todos os gases conhecidos. (Pesa 14 vezes menos do que o ar; 10 litros de ar pesam 13 gramas, 10 litros de hidrogênio não pesam 1 grama."

Vê-se, pois, que essa matéria nebulosa atinge tal grau de rarefação que a imaginação é incapaz de concebê-lo; no entanto, nesse estado último, a matéria ainda pesa. Este ponto foi bem assentado pelo estudo dos cometas, que são amontoados nebulosos de uma densidade extremamente inexpressiva, e que, não obstante, obedecem às leis da atração. Isto nos mostra que os fluidos que formam nossa atmosfera terrestre têm uma densidade, que pode ser mínima, mas que é suficiente para mantê-los na nossa esfera de atração. Daí resulta mais este ponto importante: é que a alma, revestida por seu corpo fluídico, não pode sumir no infinito no momento em que a morte terrestre a libera dos seus entraves carnais. Só quando sua evolução terrena estiver concluída, isto é, quando o perispírito estiver suficientemente desembaraçado dos fluidos grosseiros que o tornam pesado, o espírito pode gravitar rumo a outras regiões e finalmente deixar seu berço, assim como o pássaro, abrindo as asas, deixa o ninho onde nasceu.

Aliás, pode ser que também entre a matéria pesada e os fluidos existam relações devidas não mais à gravitação, mas a ações indutivas, como as existentes entre as correntes elétricas e magnéticas.

Estes argumentos, que poderíamos multiplicar, mostram que a ciência especulativa de modo algum se opõe à existência dos fluidos, e que neste terreno os espíritos nos esclareceram tão bem e tão corretamente quanto era possível fazê-lo. Nossos instrutores do espaço revelam-se bons químicos e eminentes físicos. Eles põem em movimento forças e leis que ainda precisamos descobrir, tanto nos fenômenos de transporte, como para produzir as maravilhosas materializações que têm por resultado criar, temporariamente, um ser vivo, no todo, ou em parte!

É preciso que haja um perfeito acordo entre o mundo espiritual e a ciência, para promover a transformação dessa humanidade teimosa que se afunda cada dia mais na negação da espiritualidade. Mas a ação da Providência se faz sentir, e as manifestações supraterrestres vêm sacudir o torpor em que os povos estavam adormecidos. Inteligências já despertam e querem saber o que se oculta atrás das aparições, das casas assombradas, dos fenômenos espíritas que lhes haviam sido apresentados como meras superstições; está próximo o dia em que a multidão aceitará, com religiosa emoção, que a alma é imortal, que o reino da Justiça imanente do além se funda sobre as bases inabaláveis da averiguação científica.

Notas

1. Kardec, Allan, *A Gênese*, cap. VI: "Uranografia Geral".
2. Stewart, Balfour, *La Conservation de l'Énergie*.
3. Lembramos que os fenômenos de radioatividade parecem demonstrar que a matéria se transforma em energia. Não é, portanto, substancialmente extinta, mas muda de estado e perde suas propriedades materiais.
4. Kardec, Allan, *A Gênese*, cap. XIV.
5. Ver *Revue Scientifique et Morale du Spiritisme*, 21º ano, julho de 1897, e maio, junho e julho de 1898.
6. *Revue Scientifique*, 25 de dezembro de 1897. – Influência dos metais sobre a placa fotográfica, à distância e no escuro.
7. Jouffret, em *Introduction à la Théorie de l'Énergie*, pág. 67, diz: Calculou-se que à pressão barométrica de 760 milímetros, o número médio de choques entre as moléculas gasosas seria: 1) Para o exigênio, por segundo, 2065 milhões; 2) para o ar, por segundo, 4760 milhões; 3) para o azoto, por segundo, 4760 milhões; 4) para o hidrogênio, por segundo, 9480 milhões. Se a pressão barométrica fosse cem mil vezes menor, ou seja, igual a Om00760, vácuo que só as melhores máquinas pneumáticas produzem, a média de livre percurso passaria a ser cem mil vezes maior, isto é, igual a mais ou menos um centímetro; o máximo de choques não seria maior do que 4700 por segundo.
8. Deleveau, *La Matière*, pág. 77; Briot, *Théorie Mécanique de la Chaleur*, pág. 143.
9. *Comptes rendus*, 9 de julho de 1883.
10. Flammarion, Camille, *Le Monde avant la Création de l'Homme: la Genèse des Mondes*, pág. 40. – Obra que nunca seria demais recomendar aos nossos leitores por sua ciência e pela luminosa clareza da sua exposição. As mais difíceis questões relativas às nossas origens nela são explicadas de modo a serem compreendidas pelos mais ignorantes, na nobre linguagem que é a glória do autor.

Capítulo IV
Discussão sobre os fenômenos das materializações

Nos capítulos anteriores, enunciamos as provas que nos parecem demonstrar, indubitavelmente, a existência e a imortalidade da alma, mas agora é interessante discutir as objeções que nos foram feitas, tanto quanto aos fatos em si, como quanto às conclusões que deles deduzimos.

Exame da hipótese de que os fatos relatados sejam falsos

Evidentemente, esta é a suposição que primeiro pode ocorrer a quem lê pela primeira vez relatos tão extraordinários quanto os relativos às materializações. Esse sentimento de dúvida é legítimo, porque as manifestações póstumas estão tão distantes do que estamos habituados a considerar como possível, que se compreende muito bem a incredulidade. Mas, quando tomamos conhecimento dos volumosos arquivos do espiritismo, somos obrigados a mudar de opinião, pois nos vemos diante de relatos que emanam de homens de ciência, universalmente respeitados, de cuja palavra não se poderia duvidar, estando sua honradez acima de qualquer suspeita. Não se pode sequer imaginar, na verdade, que os professores Hare, Mapes, o magistrado Edmonds, Alfred Russel Wallace, Crookes, Aksakof, Zoellner ou o dr. Gibier se tenham mancomunado para mistificar seus contemporâneos; é uma suposição tão absurda que achamos desnecessário insistir nesse ponto.

É mais razoável supor que todos esses homens eminentes foram enganados pelos hábeis charlatães que seriam os médiuns? Não cremos nisso tampouco, porque certos médiuns, como Eusapia Paladino, foram estudados por comissões científicas que incluíam entre seus membros homens do valor de Lombroso, Charles Richet, Carl du Prel, Aksakof, Morselli, Maxwell, de Rochas; astrônomos como Schiapparelli e Porro; e todos esses investigadores, separadamente, chegaram a constatar fenômenos idênticos.

Seria preciso, portanto, ser da mais incrível má fé para não reconhecer o imenso alcance dessas experiências. Os adversários do espiritismo se calam quanto a esses trabalhos, mas, quem se der o trabalho de consultá-los, ficará impressionado pela prodigiosa afluência de afirmações unânimes que dão aos fatos espíritas uma verdadeira consagração científica.

Isto significa que devamos aceitar todas as afirmações espíritas que nos forem feitas por quaisquer indivíduos? Evidentemente, não. Principalmente nessas matérias, precisamos mostrar-nos rigorosamente severos quanto ao valor dos testemunhos e fazer uma séria seleção na quantidade de observações. Contudo, não nos parece possível eliminar relatos que provenham de homens instruídos, de posição independente, que não têm qualquer interesse em mentir e cuja palavra seria aceita sem hesitação em qualquer outra matéria. Depoimentos de engenheiros, de padres, de magistrados, de advogados, de doutores, que observaram seriamente e que narram como foram convencidos, são numerosos e merecem todo crédito. Dos últimos cinquenta anos em que essa vasta investigação se tem processado, possuímos um número imenso de documentos sobre cada classe de fenômenos, de modo que, excluídos os casos duvidosos, resta uma elevada soma de relatos idênticos, que mostram que os narradores, desconhecidos entre si, descreveram fatos exatos.

As fraudes dos médiuns

Se a boa fé dos assistentes geralmente é pouco suspeita, o

mesmo não acontece com a dos médiuns, que pode não ser digna de confiança. É certo que os médiuns profissionais às vezes são tentados a suprir as manifestações, quando estas demoram a produzir-se; mas essa simulação só pode ocorrer para os fenômenos mais simples; enganam só os observadores ingênuos ou inexperientes, o que não é o caso dos sábios cujos nomes citamos. Estes operavam tomando todas as precauções necessárias.

Os fenômenos de materialização, devido à sua singularidade, foram aqueles em que a vigilância se exerceu com maior severidade, e os investigadores, cépticos no início das pesquisas, foram levados à certeza da sua realidade somente quando se tornou evidente que as materializações não poderiam ser produzidas por dissimulação do médium, ou por cúmplices que tivessem representado o papel do espírito. Como exemplo, tomemos as pesquisas clássicas de William Crookes. Foi após três anos de investigações, a maioria delas realizadas na sua casa, no seu laboratório, que conseguiu ver e fotografar simultaneamente o espírito e o médium[1] e, assim, certificar-se de que a aparição não se devia a uma farsa de Florence Cook. Aliás, em várias ocasiões, essa moça de quinze anos passou semanas inteiras na casa do professor, onde lhe teria sido impossível forjar as maquinações necessárias para executar tal impostura.

Em todos os relatórios sérios sobre materializações que foram publicados, a primeira parte é dedicada à exposição das precauções tomadas para evitar qualquer suspeita de fraude. A cabine do médium é cuidadosamente examinada; verifica-se se não há alçapão, ou janela dissimulada, nem cartazes que sirvam para esconder um, ou vários cúmplices. As portas da sala da reunião às vezes são vedadas com papéis lacrados, de modo que não se consegue abri-las sem ruído e sem rasgar os papéis. O próprio médium é rigorosamente revistado e, freqüentemente, despido, de forma que não lhe seja possível dissimular algo que possa servir para um embuste qualquer. Uma vez concluídas essas preliminares, trata-se de colocar o médium na impossibilidade de mudar de lugar. Como fizeram Varley e Crookes, ora uma corrente elétrica passa através do corpo do indivíduo, estando ligada a um galvanômetro de reflexão que assegura a imobilidade do médium, porque o menor movimento ocasionaria uma diferença na resistência do circuito e se revelaria por variações de intensidade da corrente, ora o espelho o indicaria. A despeito desses minuciosos cuidados, o espírito da Katie e o da sra. Fay mostraram-se como comumente, o que estabelece a perfeita independência da aparição.

Em outras ocasiões ata-se as mãos e os braços do médium com cordões em cujo nós se apõem sinetes de cera. Os mesmos cordões servem para envolver o corpo do médium e prendê-lo à sua cadeira, onde novos nós são feitos e lacrados; finalmente, sua extremidade esticada é amarrada a uma argola, fora da cabine, à vista de todos os espectadores.

Muitas vezes usaram-se também sacos ou redes, fechados e lacrados como os cordões. Chegou-se mesmo ao ponto de utilizar jaulas. Não obstante todas essas verificações, os fatos produziram-se exatamente como se o médium estivesse livre. Incontestavelmente, existem provas, numerosas e absolutas, de que o médium não pode iludir, quando, na própria casa dos investigadores, fotografa-se simultaneamente o espírito e o médium; como não há cúmplice que possa simular a aparição, é evidente que o médium, conscientemente, não é o autor do fenômeno.

Fenômenos dessa natureza foram observados por William Crookes, por Aksakof, pelo dr. Hitchman etc.[2] Não menos convincentes são os moldes de formas materializadas. Não só é impossível simulá-los, já que não se pode fazer um molde de mão completa sem que seja composto de várias peças cujas junções seriam visíveis, ao passo que os moldes produzidos pelos espíritos não as têm, e também porque um molde que não tivesse partes não poderia ser retirado, já que o punho, evidentemente, é mais estreito do que a mão à altura dos dedos.

Nas experiências que citamos, o molde da mão física do médium difere completamente do da aparição, o que, nitidamente, estabelece duas coisas: 1º a sinceridade do médium; 2º que a mão fluídica não é devida ao seu duplo. Também não se deve esquecer que, quase sempre, a parafina foi pesada pelos operadores antes e depois das sessões. O peso do molde e o da parafina não utilizada era igual ao peso primitivo, donde a conclusão de que o molde foi produzido no próprio lugar e não trazido de fora.

Mesmo supondo-se os médiuns dotados de uma astúcia desconhecida, não se pode ir contra a evidência das fotografias e das moldagens; somos, portanto, forçados a afastar a hipótese de uma fraude, pelo menos nos casos por nós citados.

A aparição é um desdobramento do médium?

Deve-se observar que os incrédulos, que negam a possibilidade do desdobramento como explicação para os fenômenos telepáticos, não hesitam em empregar esse argumento quando se trata das aparições constatadas nas sessões espíritas. Mas, mesmo reconhecendo que essa possbilidade às vezes se realiza, também é certo que, em muitos casos, outros fatores intervêm.

A distinção que se deve fazer entre uma bilocação do médium e uma materialização de espírito é bem simples: todas as vezes que o espectro se parecer com o médium, a aparição será devida ao seu perispírito exteriorizado.

Na verdade, sabemos que o corpo fluídico é sempre a reprodução exata e fiel do corpo físico, nos mínimos detalhes. Jamais se constataram experimentalmente diferenças entre um indivíduo e seu duplo, exceto as resultantes de expressões faciais na manifestação de emoções. São dois exemplares do mesmo ser, dois sósias. Pudemos constatar essa identidade no caso citado por Cox, e eis o que a este respeito disse o sr. Brackett, bom juiz nestas matérias:[3]

"Vi centenas de formas materializadas, e, em muitos casos, o duplo fluídico do médium, tão semelhante, que poderia jurar que era o próprio médium, se não tivesse visto o duplo desmaterializar-se na minha frente e, logo depois, não tivesse constatado que o médium estava adormecido."

Lembremo-nos também de que o molde de um pé fluídico de Eglinton é a reprodução absoluta do mesmo membro de carne e osso. Portanto, para nós é altamente provável que um médium exteriorizado não pode, por conta própria, transformar-se. Ele aparece idêntico ao corpo físico, e é graças a essa semelhança que inúmeros fatos, chamados telepáticos, foram tantas vezes constatados.

Mas, pergunta-se, o espírito não pode modificar seu as-

A Alma é Imortal   259

pecto? Pudemos constatar, às vezes, fenômenos que parecem contradizer as conclusões enunciadas acima; são os fenômenos denominados transfigurações. Eis em que consistem:

Há médiuns que possuem a peculiaridade de sofrer modificações na forma do corpo, de modo a assumir momentaneamente certas aparências, a ressuscitar, por assim dizer, pessoas mortas há muito tempo. Allan Kardec[4] cita o caso de uma jovem cujas transfigurações eram tão perfeitas, que se tinha a ilusão de estar diante de uma pessoa falecida; os traços do rosto, a compleição, o som da voz, tudo contribuía para tornar a imagem completa. Várias vezes ela assumiu a aparência do seu irmão falecido alguns anos antes. Este não é um fato isolado; há alguns relatos nas coletâneas espíritas. Se, fisicamente, o corpo pode parecer transformado, essa operação não poderia produzir-se pelo perispírito nas sessões de materialização? Sabemos que esse fenômeno não é possível; então deve-se procurar a causa efetiva dessa modificação, já que ela nunca se reproduz naturalmente.

Acreditamos que provenha precisamente da ação do espírito, cujos traços o duplo reproduz, uma vez que o médium não conhece o desencarnado que se manifesta dessa maneira.

Errado, respondem os críticos. O médium adormecido possui uma segunda personalidade que tem absoluto domínio sobre seu invólucro; que pode modelá-lo como cera mole. A forma assumida pelo perispírito é a reprodução fiel da imagem que o médium tem em mente, de modo que o ser que vedes falar, andar, atuar sobre a matéria, e que tomais por um habitante do além, afinal de contas é apenas o duplo do médium com a caracterização que adotou para a ocasião.

Observemos, inicialmente, que seria estranho se por toda parte os médiuns se entregassem inconscientemente a essa farsa e, invariavelmente, afirmassem ter vivido na Terra. Mas, acrescentam os espíritas, onde o médium encontraria o modelo para seu disfarce, uma vez que o ser imitado não existe mais?

Apresentamos aqui duas explicações:

Primeiro: O desenho da forma do ser encontra-se no inconsciente dos espectadores. Então, mesmo que os pesquisadores não se lembrem de todas as pessoas falecidas que conheceram, existe neles uma imagem fiel e indelével, e é nesse desenho inconsciente que o duplo se modela. O próprio fato de ser a aparição reconhecida – dizem nossos adversários – basta para mostrar que ela subsistia, ignorada, no inconsciente de um dos assistentes. A clarividência do paciente em transe é maravilhosa, e lhe permite ler em vós como num livro aberto; e é por possuir essa faculdade – como as experiências do sonambulismo o demonstram – que sois tomados pela ilusão de estar diante de um personagem do outro mundo.

Segundo: Quando a aparição é desconhecida por todos, é porque sua imagem foi captada no astral, que é o nome que se dá ao ambiente fluídico que envolve a Terra, e que teria a propriedade de guardar uma espécie de clichês inalteráveis de tudo que existe.

A primeira hipótese – *leitura no inconsciente* – seria admissível se não existissem experiências às quais ela não pode aplicar-se. É bem verdade que conservamos em nós marcas imperecíveis de tudo que impressionou nossos sentidos. Mesmo quando a lembrança se tenha atenuado a ponto de não poder traçar-nos um período da nossa vida passada, é possível fazer renascer as sensações e dar-lhes um frescor e um brilho tão vivos quanto no momento em que as sentimos.[5]

Mas nós, pessoalmente, não temos essa faculdade; é preciso um hipnotizador para revelá-la, e isto somente em alguns pacientes especiais; jamais foi provado que um médium a possuísse, ainda mais que, segundo todos os que estudaram a mediunidade, o paciente que colabora é completamente passivo.

Se, verdadeiramente, o poder de um médium fosse tão intenso quanto pretendem essas teorias, ele poderia satisfazer sempre todos os pedidos e fazer aparecerem diante dos assistentes seus mortos amados. É o que observa o sr. Aksakof:

"Se as materializações não passam de alucinações produzidas pelo médium, e se ele possui a faculdade de ver todas as imagens armazenadas nas profundezas da consciência sonambúlica latente dos assistentes e de ler todas as idéias e todas as impressões que se encontram em estado latente na sua memória, ser-lhe-ia bem fácil contentar todos que assistem à sessão, fazendo aparecer sempre diante deles as imagens de pessoas falecidas que lhes eram caras. Que triunfo, que glória, que fonte de riqueza para um médium que conseguisse isso! Para grande pesar dos médiuns, porém, as coisas não se passam assim: para a maioria deles, são figuras estranhas que se apresentam, rostos que ninguém reconhece, e os casos em que a semelhança com o defunto é bem constatada, não apenas quanto à figura, mas também quanto à personalidade moral, são extremamente raros. Os primeiros são a regra, os outros, a exceção."

Este raciocínio relativo à alucinação é aplicável em todos os pontos a uma transfiguração do corpo fluídico do médium. O fenômeno seria até mais convincente ainda, já que se poderia fotografar ou tirar o molde do ser aparentemente saído das profundezas da tumba. Por mais engenhosa que seja, essa explicação não pode abranger todos os casos. É evidente que, se é o duplo do médium que tenta se fazer passar por um defunto, ele não conseguirá falar na língua usada pelo morto durante a vida se desconhecer essa língua e se for realmente impossível que a conheça. Eis alguns fatos que evidenciam essa verdade:

O sr. James M. N. Scherman, de Rumford, Rhode Island, descreveu em *The Light* de 1885, pág. 235, várias sessões a que assistiu na casa da sra. Allens, residente em Providence, Rhode Island. Eis a de 15 de setembro de 1883: "Fui chamado, com minha mulher, para perto da cabine, e, enquanto estava diante dela, vi aparecer sobre o assoalho algo que, pouco a pouco, transformou-se numa forma materializada, que reconheci como sendo minha irmã, e que me mandou beijos. A seguir, surgiu a forma da minha primeira esposa. Depois disso, as duas metades da cortina se afastaram; na abertura estava uma figura feminina, com a roupa das insulares do Pacífico, tal como há quarenta e cinco anos, e da qual me lembrava bem. Falou-me na sua língua materna."[7]

É evidente, nesse exemplo, que a sra. Allens não conhecia os dialetos polinésios. Poderiamos acrescentar a este outros testemunhos, mas achamos que devemos lembrar o relato das pesquisas do sr. Livermore, que viu o fantasma da sua mulher e que conseguiu conservar as cartas escritas diante dos seus olhos pela aparição. Eram mensagens escritas em francês, idioma que Kate Fox, o médium, ignorava absolutamente no estado normal.

A forma materializada de Estelle era um ser tão independente do médium, que pôde manifestar-se pela fotografia três anos após ter deixado de aparecer, e na ausência do médium Kate Fox. A este respeito, temos o depoimento do sr. Livermore diante do tribunal, por ocasião do processo movido contra o fotógrafo espírita Mumler (*Spiritual Magazine*, 1869). Ele fez duas tentativas com Mumler: na primeira apareceu no negativo uma figura ao lado do sr. Livermore, figura que logo foi reconhecida pelo dr. Gray como um de seus parentes; na segunda vez, houve cinco exposições em seqüência, e em cada uma delas o sr. Livermore fez uma pose diferente. Nas duas primeiras placas, via-se apenas um nevoeiro no fundo; nas três últimas, apareceu Estelle, cada vez mais reconhecível, e em três poses diferentes. A precaução tomada pelo sr. Livermore de mudar de pose, excluiu a hipótese de os clichês terem sido antecipadamente preparados. Além disso, diz o sr. Livermore, "ela foi perfeitamente reconhecida não apenas por mim, mas por todos os meus amigos". A uma pergunta do juiz, declarou que possuía em casa várias fotografias da sua mulher, mas não tiradas daquela forma.

Adquirimos aqui a certeza de que Estelle vive no espaço e de que conservou sua forma terrena, já que deu provas disso pela materialização e pela fotografia. As comunicações demonstram que sua capacidade intelectual não sofreu diminuição, o que provam suas mensagens em francês castiço. Portanto, os fatos confirmam absolutamente o ensinamento espírita.

Nunca se deve esquecer que uma hipótese é necessariamente falsa, ou incompleta, se não abrange todos os fatos; é o caso das explicações que pretenderam ver nas materializações apenas um desdobramento do médium, ou uma transfiguração do seu duplo.

A segunda hipótese – *leitura no astral* – não é mais justificável do que a primeira. Os fatos citados por último bastam para afastar a suposição de que a consciência sonambúlica do médium buscaria no astral o modelo da figura materializada, porque, supondo-se que no espaço existam tais entidades, evidentemente seriam apenas imagens inertes, espécies de clichês fluídicos, que não poderiam revelar qualquer atividade intelectual, assim como os personagens de um quadro ou de uma fotografia não podem animar-se, ou conversar entre si. Notemos, também, que seria preciso que esses clichês viessem ao encontro do médium, pois em torno de nós existiriam milhões deles. Como é que o médium escolheria o que correspondesse ao espírito evocado? Supor-se que essas aparições sejam capazes de escrever e revelar uma existência física, é voltar à teoria espírita, já que tais imagens inteligentes seriam indistinguíveis dos verdadeiros espíritos.

Porém, não se pode realmente admitir a explicação do desdobramento transfigurado, porque há casos em que não é um único espírito materializado que aparece, mas vários ao mesmo tempo, às vezes de sexos diferentes, e cada qual prova que é um ser real, com um organismo anatomicamente volumoso, que lhe permite mover-se, falar, em resumo, mostrar que está vivo. Eis alguns exemplos desses fatos notáveis:

Materializações múltiplas simultâneas

Os srs. Oxley e Reimers são pesquisadores hábeis, de posição independente, e muito familiarizados com as materializações; somos-lhes devedores de valiosas observações. Na sua residência, o sr. Reimers conseguiu obter o molde da mão direita de uma aparição que viu, por um instante, ao lado do médium. Para verificar se o molde não fora produzido pelo médium, pediu-lhe que mergulhasse a mão no balde que continha a parafina para moldá-la. A mão do espírito, pela forma, pela delicadeza e pelas dimensões, diferia completamente da mão do médium, a sra. Firman, que era uma mulher idosa, pertencente à classe operária. No final do livro *Animisme et Spiritisme*, de Aksakof, podem-se ver fotografias reproduzindo esses moldes, que permitem sua comparação. Em outra sessão, na presença do sr. Oxley, alguém expressou o desejo de obter a mão esquerda do espírito, o que foi feito. O segundo gesso é o par perfeito da mão direita, moldada anteriormente. A aparição chamava-se Bertie; até aqui, nada de mais. Eis onde o fenômeno se torna interessante:

Numa sessão posterior, e por intermédio de um médium do sexo masculino, o dr. Monk, obtiveram-se os moldes das duas mãos e de um pé de Bertie; os três gessos apresentavam as linhas e os traços característicos das mãos e dos pés de Bertie, tais como haviam sido observados quando os moldes foram produzidos durante as sessões mantidas com a sra. Firman. (*Psychische Studien*, 1877, pág. 540.) A substituição de uma mulher por um homem, como médium, é muito importante, porque realmente não se pode explicar através do desdobramento a produção de uma imagem idêntica por dois médiuns diferentes, quando se concebe perfeitamente que um espírito busque num organismo feminino ou masculino, indiferentemente, os princípios necessários à sua materialização, já que são os mesmos em ambos. Mas, quando em vez de uma aparição surgem várias simultaneamente, torna-se impossível atribuí-las quer a um desdobramento, quer a uma transfiguração do médium. Citamos um impressionante relato extraído de Aksakof (sessão de 11 de abril de 1876):[8]

"A imagem ao lado[9] reproduz exatamente o gesso da mão do espírito materializado, que se intitulava Lily[10] (não é Bertie, de quem ela difere muito fisicamente), e que foi obtido no molde deixado por esse espírito na sessão de 11 de abril de 1876, e isso em condições que impossibilitavam qualquer fraude. Como médium, tínhamos o dr. Monck; depois de tê-lo revistado, a seu pedido, ele foi colocado numa cabine improvisada com uma cortina colocada no vão de uma janela; o aposento ficou iluminado a gás durante toda a sessão. Aproximamos da cortina uma mesa redonda, onde nos acomodamos. Éramos sete.

Logo as figuras de duas mulheres que conhecíamos como Bertie e Lily surgiram no ponto em que as duas partes da cortina se tocavam, e, quando o dr. Monck passou a cabeça pela abertura, as duas figuras apareceram acima da cortina, enquanto as duas figuras masculinas (Mike e Richard) a abriram, deixando-se ver. Percebemos então, ao mesmo tempo, o médium e quatro figuras materializadas, tendo cada uma delas traços particulares que a distinguiam das outras, como acontece entre as pessoas vivas.

É evidente que todas as medidas de precaução haviam sido tomadas para impedir qualquer fraude, que teríamos percebido à menor tentativa."

Aqui não se permitem mais dúvidas, já que se vêem o médium e as formas materializadas simultaneamente. Se o desdobramento do médium é possível – e disso não duvidamos – uma divisão em quatro partes, das quais duas são de um sexo e duas do outro, é absurda. Somos forçados a admitir como única explicação lógica a existência dos espíritos, não obstante todas as prevenções e preconceitos.

Não se deve pensar que o caso citado pelos srs. Reimers e Oxley seja único; ao contrário, casos assim são muito freqüentes. Eglinton, com freqüência, serviu de médium para aparições coletivas materializadas. A srta. Glyn afirma que, na casa dela, sua mãe e seu irmão se materializaram, e que, vendo as duas figuras e ao mesmo tempo o médium, que lhe estava próximo, e cujas mãos estavam imobilizadas, era impossível não se convencer da realidade do fenômeno.

O pintor Tissot viu simultaneamente, muito bem e por tempo suficiente para pintar um belo quadro, duas formas, uma masculina, a outra feminina, que ele reconheceu perfeitamente, e ao mesmo tempo o desdobramento de Eglinton, cujo corpo físico estava sentado numa poltrona ao lado do pintor.[11]

Achamos inútil insistir mais longamente sobre esses fatos, dos quais o leitor encontrará numerosos exemplos nas obras citadas.

Resumo

Embora tenha havido fraudes da parte de charlatães querendo passar-se por médiuns, é incontestável que, quando as experiências foram feitas por estudiosos, as precauções tomadas foram suficientes para afastar completamente qualquer motivo de engano. Relatos de fontes diversas, e que se confirmam reciprocamente, provam que os fatos foram bem analisados e que os depoimentos são verídicos.

Deve-se banir completamente a hipótese de que o médium adormecido seria um potente magnetizador que, por sugestão, imporia seus pensamentos aos pesquisadores, mergulhados por ele num sonambulismo inconsciente – hipnotismo desperto –, pois tal poder jamais foi observado. Nenhuma experiência estabeleceu que indivíduos reunidos ao acaso na mesma sala – jamais tendo sido magnetizados ou hipnotizados – conseguissem ficar alucinados a ponto de ver e tocar um objeto ou uma pessoa imaginária. Os assistentes, temos inúmeras provas disso, estão no seu estado normal; conversam entre si, tomam notas, discutem os fenômenos, duvidam, fazem coisas que provam que estão perfeitamente acordados. Não nos esqueçamos, tampouco, de que as fotografias, os moldes, os objetos que se conservam quando a aparição sumiu, as provas escritas que ficam depois que o ser desapareceu, são provas incontestáveis de que não houve ilusão ou alucinação.

Eis então, em resumo, todos os casos que podem apresentar-se. Inicialmente, é possível constatar-se uma transfiguração do próprio médium; mas fatos como esse, extremamente raros, são sempre meio suspeitos, a menos que se produzam espontaneamente e em plena luz. A transfiguração do duplo do médium é mais freqüente, embora esse fenômeno seja também uma exceção. Já vimos – por fatos reais – que a hipótese de modificações plásticas do perispírito do médium não explica absolutamente o emprego, na materialização, de um idioma estrangeiro que o médium desconhece; tampouco os casos de visões simultâneas de vários fantasmas; como também não consegue explicar as formações de fantasmas idênticos, apesar das substituições dos médiuns. Se acrescentarmos a essas observações aquelas em que o paciente fala com a aparição, como é o caso entre Katie King e a srta. Cook; ou aquelas em que se constata a presença simultânea do duplo do médium e de espíritos materializados, então deve-se admitir que a teoria do desdobramento não é geral e não pode aplicar-se à maioria dos fenômenos.

A hipótese de que as aparições seriam apenas imagens tomadas no astral e projetadas fisicamente pela consciência sonambúlica do médium não é aceitável, porque seria preciso mostrar com clareza como essas efígies se transformariam em seres vivos e manifestariam uma vida psíquica cujos elementos não existem no médium, e isso jamais foi tentado.

A única teoria que explica todos os fatos, sem exceção, é a do espiritismo. A alma, inseparável do seu invólucro perispiritual, pode materializar-se temporariamente, quer transformando o duplo do médium, ou, mais exatamente, disfarçando-o sob sua própria aparência, quer tomando do médium matéria e energia para acumulá-las em sua forma fluídica, que então aparece como ela era outrora na Terra. Insistiremos quanto às características anatômicas das materializações, para bem estabelecer a individualidade dos seres que se manifestam nessas maravilhosas sessões. Antes, porém, não seria supérfluo discutir o grau de certeza que a prova da identidade dos espíritos admite.

Estudo sobre a identidade dos espíritos

Na sábia e conscienciosa obra que o sr. Aksakof consagrou à contestação das teorias do filósofo Hartmann, podemos ler a seguinte conclusão:

"Mesmo tendo adquirido, por um caminho laborioso, a convicção de que o princípio individual sobrevive à dissolução do corpo, e, sob determinadas condições, pode manifestar-se de novo através de um corpo humano acessível a influências desse gênero, a prova absoluta da identidade do indivíduo redunda em impossibilidade."

Temos uma admiração sincera e um profundo respeito pelo sábio russo que, na sua obra, revelou uma inteligência tão sagaz quanto penetrante. Seu livro é uma das mais preciosas coletâneas de fenômenos bem estudados, no qual os espíritas encontram armas decisivas para sustentar a luta contra seus adversários. Porém, não podemos adotar-lhe todas as idéias, porque nos parece que seu desejo de manter-se estritamente nos limites impostos por sua discussão com Hartmann levaram-no a restringir demasiadamente o caráter de certeza que resulta das experiências espíritas. Não haverá contradição entre a primeira e a segunda parte da citação precedente? Como adquirir "a convicção de que o princípio individual sobrevive", se não se pode estabelecer a identidade dos seres que se manifestam? Por que se, coletivamente, todos os humanos sobrevivem, não pode haver certeza quanto a um deles particularmente? Examinaremos os argumentos em que o sr. Aksakof se apóia para chegar a essa desoladora conclusão.

Segundo o autor,[12] a presença de uma forma materializada,

constatada pela fotografia, ou nas sessões de materialização, não seria suficiente para atestar-lhe a identidade, como também, aliás, o conteúdo intelectual das comunicações. Vejamos porque: "Só me resta formular o último desejo, relativamente à prova fornecida pela materialização, e é o de que essa prova – do mesmo modo que o exigimos quanto às comunicações intelectuais e à fotografia transcendental – seja dada na ausência de qualquer pessoa que possa reconhecer a figura materializada. Creio que se poderia encontrar vários exemplos desse gênero nos anais das materializações. Mas a questão essencial é esta: uma vez ocorrido, o fato poderia servir de prova absoluta? Evidentemente, não. Porque, admitindo-se que um 'espírito' possa manifestar-se de tal modo, ele sempre pode prevalecer-se dos atributos de personalidade de um outro espírito e personificá-lo, na ausência de alguém que possa reconhecê-lo. Tal hipocrisia seria perfeitamente insípida, visto que não teria absolutamente qualquer razão de ser; mas, do ponto de vista da crítica, sua possibilidade não seria destituída de lógica."

O sr. Aksakof parece admitir como provado que um espírito pode apresentar-se sob uma forma qualquer que lhe agrade para representar um personagem; ora, é justamente o que seria necessário estabelecer através de fatos numerosos e exatos. Se consultarmos os milhares de casos em que o espírito de um vivo se mostra, constataremos que o duplo sempre é a reprodução rigorosamente exata do corpo. Tal identidade abrange todas as partes do organismo, como o prova irrefutavelmente o molde do pé fluídico de Eglinton, de que já falamos.

Quando o duplo de Eglinton se materializa por completo, é tão semelhante ao corpo físico que é preciso ver o médium adormecido na sua cadeira para convencer-se de que ele não está no lugar onde se encontra a aparição. Quando a sra. Fay aparece entre as cortinas com o rosto perfeitamente semelhante ao do corpo físico quanto aos traços, cor dos olhos, dos cabelos, da pele, é necessário que a corrente elétrica atravesse seu organismo carnal para certificar-se de que não é ele que está se apresentando.

O sr. Brackett,[13] pesquisador muito céptico e prudente, diz: "Vi centenas de formas materializadas, e, em muitos casos, o duplo fluídico do médium tão semelhante a ele, que teria jurado que era o próprio médium, se não tivesse visto o duplo desmaterializar-se diante de mim e, logo depois, não constatasse que o médium estava adormecido." Não acreditamos que se possa citar um único exemplo de duplo de vivo que tenha modificado seu tipo por vontade própria. Ao contrário, da observação de fatos espontâneos de aparição, como também dos obtidos pela experiência, resulta que, se nenhuma influência exterior intervém, o espírito sempre se apresenta sob a forma corpórea característica da sua personalidade. Então, será que depois da morte ele teria um poder que lhe faltava quando vivo? O espírito poderia dar ao seu corpo espiritual uma forma idêntica à de outro espírito, de modo a ser seu sósia? É o que vamos examinar.

À primeira vista, o fenômeno da transfiguração parece confirmar a opinião de que o espírito pode mudar de forma. Mas será mesmo assim? Na realidade, o paciente é totalmente passivo. Não é consciente e voluntariamente que modifica seu aspecto. Ele sofre uma influência estranha que substitui sua aparência pela do médium, já que, geralmente, este não conhece o espírito que atua sobre ele. Não se pode, portanto, pretender que o espírito de um médium seja capaz de transformar-se; em todo caso, isso não está demonstrado, e a substituição da forma pode ser logicamente atribuída a um outro espírito, uma vez que, quando o desdobramento é espontâneo, a forma do corpo é que sempre é a do espírito.

Estudemos agora os casos em que a aparição é visivelmente diferente do médium e do seu duplo.

Alguma vez se constatou que um espírito, mostrando-se sob uma forma bem definida, tenha mudado diante dos espectadores, assumindo uma segunda, completamente diferente da primeira? Jamais se produziu um fenômeno assim. A única observação que tenha alguma relação com o assunto, pelo que sabemos, é a que foi narrada pelo sr. Donald Mac Nab. Ele conseguiu fotografar e tocar, juntamente com seus amigos, a materialização de uma jovem que reproduzia fielmente um antigo desenho, datado de alguns séculos, que havia impressionado muito o médium. Neste exemplo, nada prova que a aparição não seja a da jovem representada no desenho, tendo bastado o pensamento simpático do médium para atraí-la. Então, não está provado que se trate de uma transformação do duplo do médium, nem de uma criação fluídica objetivada por seu cérebro. O que às vezes se tem constatado são modificações na estatura, na coloração dos traços, na expressão fisionômica da aparição; seu grau de materialidade pode variar muito, e, quando pequeno, não acentuar tanto todos os detalhes da semelhança; mas o tipo geral não muda; as modificações são as de um mesmo modelo e não são suficientes para representar um outro ser.

Tomemos o exemplo de Katie King. É fora de dúvida que ela não é um desdobramento de Florence Cook, já que esta, acordada, conversa por alguns minutos com Katie e com o sr. Crookes, que está vendo as duas. A independência intelectual do espírito materializado mostra-se ali com clareza; quanto ao corpo físico, ela é fora de dúvida. O sr. Crookes observou as diferenças de estatura, de tez, de cabelos, e, o que é mais importante, das características fisiológicas entre as duas moças: "Uma noite contei as pulsações de Katie; seu pulso batia regularmente 75, ao passo que o da srta. Cook, pouco depois, chegava a 90, sua média habitual. Encostando o ouvido no peito de Katie, podia ouvir-lhe o coração batendo, e suas pulsações eram ainda mais regulares do que as do coração da srta Cook quando, depois da sessão, permitiu-me fazer a mesma experiência. Testados da mesma maneira, os pulmões de Katie mostraram-se mais saudáveis do que os do seu médium, porque, no momento em que fiz minha experiência, a srta. Cook seguia um tratamento médico devido a uma forte gripe."

Segundo isso, é evidente que não é o corpo nem o duplo do médium que representam Katie; esta tem uma individualidade distinta, embora nem sempre se mostre por completo. Numa sessão com Varley, engenheiro-chefe das linhas telegráficas da Inglaterra, estando o médium eletricamente monitorado, Katie apareceu materializada pela metade, só até à cintura, o resto do corpo estava faltando ou não era visível. "Apertei a mão daquela estranha – disse o engenheiro – e, no final da sessão, Katie me mandou acordar o médium. Encontrei a srta. Cook em transe (isto é, adormecida) como a havia deixado, e todos os fios de

A Alma é Imortal 271

platina estavam intatos. Despertei-a."

Segundo Epes Sargent, nos primeiros tempos via-se somente o rosto, mas sem cabelos e sem nada por trás. Parecia uma máscara animada. Depois de cinco ou seis meses de sessões, apareceu a forma completa. Os seres condensam-se então mais facilmente e mudam de cabelos, de roupas, de cor, de expressão, conforme desejam. Mas, notemos que é sempre o mesmo tipo, jamais uma outra forma.

Aqui, devemos deixar bem claro o que entendemos por tipo. Quando comparamos fotografias de um indivíduo, tiradas em diferentes épocas da sua vida, constatamos grandes diferenças entre as tiradas aos 15 anos e as que o mostram 30 anos mais tarde. Tudo se modificou profundamente. Os cabelos embranqueceram, ou rarearam; os traços acentuaram-se ou ficaram flácidos; há rugas onde se via uma plenitude juvenil, e, no entanto, com um pouco de atenção consegue-se ver que essas divergências não são fundamentais; estão incluídas, em limites definidos, dentro do que, durante a vida toda, é a característica da individualidade: no tipo. Podemos perfeitamente conceber que o perispírito possa reproduzir uma dessas formas, já que as evoluiu aqui na Terra. Essa capacidade de fazer reviver uma imagem de si mesmo é semelhante a um despertar de lembranças, que evoca uma época desaparecida e a torna presente para a memória. Se nada se perde no invólucro fluídico, as formas do ser estão fixadas nele e podem reaparecer sob a influência da vontade. É isto o que se comprova por alguns exemplos.

Voltemos ao testemunho do sr. Brackett, citado por Erny:

"Vi, numa sessão de materialização, um jovem alto que dizia ser irmão da senhora que me acompanhava, e a quem ela disse: 'Como poderia reconhecê-lo, se só o vi quando criança?' Imediatamente a figura diminuiu pouco a pouco a estatura, até chegar àquela do menino que a senhora havia conhecido. Constatei – acrescenta Brackett – outros casos do mesmo gênero."

Eis outro testemunho do mesmo autor: "Uma das formas que apareceu na casa da sra. F. disse ser Bertha, sobrinha de Brackett, e, como este parecia duvidar, a forma desapareceu e voltou com a voz e o corpo de uma criança de quatro anos, idade em que morrera. Não se tratava de um desdobramento, porque o médium tinha um sotaque alemão; Bertha não tinha. Quanto a ser uma figurante paga pela sra. F., desafio quem quer que seja a desmaterializar-se na minha frente, como Bertha o fez."

Fazemos, aqui, uma observação importante. Os dois espíritos que voltam à infância têm um porte e uma aparência diferentes daqueles sob os quais os conheciam na Terra. Pode-se admitir que sejam os de uma vida anterior à precedente, e isso nos leva à lei geral ensinada por Allan Kardec: que um espírito suficientemente adiantado pode assumir, à vontade, qualquer um dos tipos em que evoluiu durante suas vidas sucessivas. Mas, esta questão não deve ocupar-nos do ponto de vista da identidade, já que o que nos interessa é somente a última forma, a forma que conhecemos.

Do que foi dito antes, não se deveria concluir que um espírito farsante não tenha a capacidade de disfarçar-se, de modo a simular um personagem histórico de maneira mais ou menos fiel. É claro que um farsante sempre pode criar para si, fluidicamente, a sobrecasaca cinza e o chapéu de Napoleão, bem como uma auréola e um par de asas, para que o tomem por um anjo. Se, por acaso, houver uma vaga semelhança com Napoleão ou com as imagens tradicionais de São José, ele poderá enganar pessoas inexperientes, ingênuas e desprovidas de senso crítico. Essa espécie de impostura pode até ser utilizada, por espíritos pouco escrupulosos quanto à escolha de meios, para fomentar certos cultos. Mas há uma grande distância entre essas caricaturas e as experiências cientificamente conduzidas, como as que citamos neste livro.

Outra observação, também muito importante, se depreende do estudo das materializações e parece demonstrar que não é o espírito que cria a forma sob a qual as pessoas o vêem: é o fato de os moldes serem modelos anatômicos verdadeiros.

Os espíritos que assim se manifestam confessam facilmente que ainda estão pouco adiantados na hierarquia espiritual. Na maioria das vezes, seus conhecimentos são limitados; e não seria uma suposição injustificada afirmar que são muito ignorantes em matéria de ciências naturais. Nessas condições, parece-nos provado que não conseguiriam, de modo algum, construir uma forma suficientemente perfeita para apresentar o grau de realidade que os moldes nos revelam. Essas peças não são esboços mais ou menos bem sucedidos de um membro, é a própria natureza mostrando-se nos seus mínimos detalhes. Temos, pois, a prova de que é um organismo verdadeiro que se imprime sobre as substâncias plásticas e não uma simples imagem, que seria necessariamente rudimentar se fosse produzida pelo espírito. Qual é, então, esse organismo? É o que já existe durante a vida, o que produz moldes idênticos durante os desdobramentos; em resumo, é o perispírito, que a morte não destruiu e que pesiste com todas as suas virtualidades, pronto para manifestá-las quando a ocasião for favorável.

Então, mesmo que se imagine que o modelo do nosso corpo está impresso, sob a forma de imagem, em nossa memória latente, o que é possível, não é menos verdade que todos os detalhes anatômicos, saliências das veias, dos músculos, dos traços da epiderme etc., não podem existir nessa imagem mental, pelo menos no tocante às partes do corpo que geralmente estão cobertas pelas roupas.

No entanto, nos desdobramentos materializados de médiuns, quando foi possível obter impressões ou moldes, o corpo fluídico assim exteriorizado é a reprodução idêntica do organismo material do médium, do seu pé, por exemplo, como foi observado com Eglinton, pelo dr. Carter Blake, ou da sua mão, como aconteceu tantas vezes com Eusapia. É o critério que nos permitirá distinguir entre um desdobramento e a materialização de um espírito. Se a aparição é sósia do médium, é sua alma que se manifesta objetivamente fora do seu organismo carnal; ao contrário, se a aparição difere anatomicamente do médium, é porque uma outra individualidade está presente.

Esta observação, que fomos o primeiro a assinalar, nos permite, então, distinguir facilmente se o fantasma é a aparição de um ser encarnado, ou uma bilocação do paciente.

Talvez não seja demasiado insistir quanto às numerosas provas que apóiam nosso modo de ver.

Zoellner, o astrônomo alemão, afirma que durante uma de suas experiências com Slade,[14] numa vasilha cheia de farinha produziu-se a impressão de uma mão invisível, com todas as sinuosidades da epiderme nitidamente visíveis, embora o observador não tivesse perdido de vista as mãos do médium, que ficaram o tempo todo sobre a mesa. A mão era maior do que a de Slade. Em outra ocasião, uma impressão durável foi obtida sobre um papel enegrecido à luz de um lampião de querosene. Slade imediatamente tirou os sapatos e mostrou que não tinha nenhum sinal de fuligem nos pés. A marca tinha quatro centímetros a mais do que o pé do médium, e a impressão era a de um pé comprimido por uma bota, porque um dedo estava tão completamente encoberto pelo outro, que não era visível.

O dr. Wolf,[15] com o médium sra. Hollis, viu uma mão fazer evoluções rápidas, pousar sobre um prato contendo farinha, e retirar-se após ter sacudido as partículas aderidas. "A impressão representava a mão de um homem com todos os detalhes anatômicos." Os dedos marcados na farinha eram uma polegada mais longos do que os da sra. Hollis.

O prof. Denton,[16] inventor do processo de moldagem com parafina, obteve, na primeira sessão com a sra. Hardy, quinze a vinte moldes de dedos de todos os tamanhos, de dedos de criança a dedos gigantescos. Na maioria das formas, notadamente nas maiores, ou das que, por suas dimensões, aproximavam-se dos dedos do médium, todas as linhas, as reentrâncias e os relevos que se vêem em dedos humanos destacavam-se com nitidez. Uma comissão de sete membros assinou uma ata em que estava consignado que "o molde exato de uma mão humana em tamanho natural produziu-se numa caixa fechada, pela ação inteligente de uma força desconhecida". O escultor O'Brien, perito em moldagens, examinou sete dos modelos em gesso; achou-os de uma execução maravilhosa, reproduzindo não só todos os detalhes anatômicos como também as irregularidades da pele, com uma perfeição igual à que se obtém pela moldagem num membro, que deve ser feita por partes, ao passo que os moldes submetidos ao seu exame não tinham qualquer sinal de emenda, e pareciam-lhe ter saído de um molde inteiriço.

O relatório assinala que uma daquelas montagens de mãos "assemelha-se singularmente, quanto à forma e ao tamanho", a um molde da mão de um certo sr. Henri Wilson, que O'Brien havia examinado pouco depois do seu falecimento, quando fora fazer-lhe o molde do rosto em gesso. Aqui, a conservação da forma fluídica se mostra materialmente, e é mais uma boa prova da imortalidade.

Numa sessão na residência do dr. Nichols, com Eglinton, um molde de mão infantil foi reconhecido graças a uma leve deformidade característica. A mão da filha do dr. Nichols, obtida pelo mesmo processo, foi reconhecida sem hesitação pelo pai. "Esta mão – disse ele – nada tem da forma convencional criada pelos estatuários. É uma mão simplesmente natural, anatomicamente correta, mostrando cada osso e cada veia e as mínimas sinuosidades da pele. É mesmo a mão que eu conhecia tão bem durante sua existência mortal, a mão que tantas vezes apalpei quando se mostrava materializada."

Nas experiências dos srs. Reimers e Oxley, a materialização chamada Bertie produziu duas mãos direitas e três mãos esquerdas – todas em poses diferentes –, o que não impede que as linhas e os vincos sejam idênticos em todos os exemplares; indubitavelmente, os moldes das mãos do médium diferem completamente das mãos de Bertie. Com o médium Monck, a mesma Bertie produziu também moldes das suas mãos, que são idênticos aos obtidos com o primeiro médium, a sra. Firman, o que estabelece de modo perfeito a individualidade do espírito. O espírito Lily variava em tamanho; ora sua estatura não ultrapassava a de uma criança bem formada, ora apresentava as dimensões de uma moça.

"Acho até – diz o sr. Oxley – que ela nunca apareceu duas vezes sob uma forma absolutamente idêntica; mas eu sempre a reconhecia e jamais a confundi com as outras aparições."

Poderíamos multiplicar os testemunhos que estabelecem que o espírito tem um organismo, que não o forma no próprio lugar da experiência e para atender às suas necessidades, mas veremos mais algumas provas. Sabemos que a aparição de Katie King é perfeitamente semelhante a uma pessoa natural; quanto a isso, temos o testemunho formal de William Crookes. É o que sempre acontece nas materializações completas. Alfred Russel Wallace, numa carta ao sr. Erny, escreve: "Às vezes a forma materializada parece apenas uma máscara, incapaz de falar e de tornar-se tangível a um ser humano. Noutras circunstâncias, a forma tem todos os aspectos característicos de um corpo vivo e real, podendo mover-se, falar e até mesmo escrever, sendo quente ao tato. Ela tem, principalmente, uma individualidade, e qualidades físicas e mentais completamente diferentes das do médium.

Numa sessão em Liverpool, na casa de um médium não profissional, o sr. Burns viu aproximar-se dele um espírito com o qual se relacionara por muito tempo. "Apertou-me a mão calorosamente – disse ele –, e com tanta força que ouvi uma das articulações dos seus dedos estalar, como acontece quando as pessoas se apertam fortemente a mão. Esse fato anatômico era corroborado pela sensação que eu tinha de estar segurando uma mão perfeitamente natural."

O dr. Hitchman, autor de obras de medicina, fazia parte desse círculo. Numa carta dirigida ao sr. Aksakof, ele diz:[17] "Pelo acontecido, creio ter adquirido a certeza mais científica possível de que cada uma das formas que apareceram era uma individualidade distinta do invólucro material do médium, pois as examinei com o auxílio de diversos instrumentos; constatei nelas a existência da respiração, da circulação; medi-lhes a estatura, a circunferência do corpo; pesei-as etc." O autor crê que esses seres possuem uma realidade objetiva, mas que sua aparência corpórea é de natureza diferente da "forma material" que caracteriza nossa vida terrestre. A partir dessa época (1886), os numerosos fenômenos da telepatia vieram trazer luz sobre essas aparições, cujas características pareciam realmente sobrenaturais, mas que, melhor conhecidas, podem, se não explicar-se completamente, pelo menos conceber-se logicamente.

Se pensarmos por um instante que o duplo de um vivo, quando sai do corpo, é a partir desse instante, um espírito como o será após sua morte; que suas manifestações físicas e intelectuais são idênticas às que o espírito desencarnado pode produzir, veremos que os moldes são uma prova absoluta da imortalidade.

Portanto, no estado atual de nossos conhecimentos, cremos que a identidade de um espírito é perfeitamente estabelecida quando ele se mostra, atuante e materializado, numa forma idêntica à que seu corpo físico possuía outrora.

É o caso de Estelle Livermore e de muitos outros espíritos que foram identificados de modo a não deixar qualquer dúvida.

Pesquisando minuciosamente, nas obras originais, os fatos acima mencionados, e sem fazer suposições, parece-nos que as conclusões que se seguem impõem-se logicamente:
1º Que os espíritos têm um organismo fluídico;
2º que, quando esse corpo fluídico se materializa, é a reprodução fiel de um corpo físico que o espírito assumiu durante um certo período da sua vida terrestre;
3º que não está estabelecido, por qualquer experiência, que o grau de variação dessa forma possa chegar ao ponto de reproduzir outra, completamente diferente daquela sob a qual o espírito se mostra espontaneamente. Se ocorre uma variação, é uma diferença pequena num mesmo tipo;
4º que, já que pela fotografia, pelos moldes, pelas mais variadas ações físicas, está estabelecido experimentalmente que esse organismo existe nos vivos, sua existência após a morte é uma dedução inevitável, uma vez que se impõe pelos mesmos fatos que o estabeleceram quanto aos vivos;
5º assim, até prova em contrário, a aparição de um espírito que fala e se move no espaço, que podemos reconhecer como o de uma pessoa que tenha vivido na Terra, é uma boa prova da sua identidade.

A identidade pode ser demonstrada por provas intelectuais?

Fiel ao seu método, o sr. Aksakof não acredita que se possa ter certeza quanto à identidade de um espírito, mesmo quando ele revela fatos relativos à sua existência terrestre, na ausência de pessoas que conheçam esses fatos, porque um outro espírito poderia ter conhecimento deles. Eis sua argumentação:
"O conteúdo intelectual da existência terrestre de um espírito, que chamaremos A, para outro espírito, que chamaremos B, deve ser ainda mais acessível do que as condições exteriores dessa existência. Tomemos o caso de um médium falar num idioma estrangeiro, que era o do falecido; é perfeitamente possível que o espírito mistificador também conheça exatamente o mesmo idioma. Só restaria, então, a prova de identidade pela

escrita, que não poderia ser imitada; seria preciso, porém, que essa prova fosse dada com uma abundância e uma perfeição excepcionais, como no caso da sra. Livermore, porque sabemos muito bem que a escrita, e principalmente as assinaturas, são muito sujeitas à adulteração e à imitação. Assim, pois, após uma substituição da personalidade no plano terrestre – pela atividade inconsciente do médium – encontramo-nos diante de uma substituição da personalidade no plano supraterrestre, pela atividade inteligente exterior ao médium. E tal substituição, logicamente falando, não teria limites. A confusão seria sempre possível e presumível. O que a lógica, em princípio, nos leva a admitir aqui, prova-o a prática espírita. O elemento mistificação é, no espiritismo, um fato incontestável, reconhecido desde o seu surgimento. Está claro que, além de certos limites, não pode mais ser atribuído ao inconsciente e passa a ser um argumento a favor do fator extramediúnico, supraterrestre."

Toda a argumentação do sábio russo repousa sobre a presunção de que o conteúdo intelectual da existência terrestre de um espírito A é perfeitamente acessível a um espírito B. Parece-nos que isso exige um estudo acurado. Sabemos que, para expressar-se, os espíritos não necessitam da linguagem articulada; eles se compreendem sem o auxílio da palavra, pela simples transmissão do pensamento, que é uma linguagem universal captada por todos. Mas, resulta daí que todos os espíritos vêem todos os seus pensamentos? Não, e é um fato provado pela experiência.

Assim como o mais afortunadamente dotado paciente magnético não pode penetrar os pensamentos de todos os assistentes, no espaço também muitos desencarnados são absolutamente incapazes de conhecer os pensamentos dos outros espíritos, tanto que estes não se relacionam com aqueles. A faculdade de clarividência é proporcional à elevação moral e intelectual do espírito. Vemos muito isso nas comunicações que recebemos, porque, se o "conteúdo intelectual" do espírito de um Newton, de um Virgílio ou de um Demóstenes estivesse ao alcance de qualquer um, teríamos menos banalidades nas mensagens que nos chegam do além. A verdade é que a morte não dá à alma conhecimentos que ela não adquiriu por seu trabalho; no espaço, ela se vê tal qual se fez por seu esforço pessoal, e se, raramente, após a morte, um espírito se revela superior ao que parecia ser neste mundo, é porque manifesta habilidades anteriores que a vida havia obscurecido momentaneamente.

No entanto, admitamos por um instante que um espírito A conheça os acontecimentos da vida terrestre de um espírito B. Isso será suficiente para dar-lhe o caráter, a maneira de expressar-se de B? Evidentemente, não, e se o espírito A estiver diante de um observador arguto, que conheceu B muito bem, ele não tardará a ser desmascarado. Já se disse: o estilo é o homem. Seria quase impossível simular o modo de expressar-se de um indivíduo, mesmo que se conhecessem episódios da sua existência passada. Reflitamos mais nisso: se um espírito A pudesse dar ao seu invólucro físico as características externas do espírito B, e ao mesmo tempo pudesse dispor do conteúdo intelectual da existência terrestre de B, eles seriam idênticos e indiscerníveis, o que é impossível, porque, se A tivesse esse poder, B, C, D... X espíritos também o teriam; existiriam, então, inúmeros exemplares do mesmo tipo, principalmente do de um homem que se distinguisse num ramo qualquer da ciência, da arte ou da literatura, e não é o que acontece.

Haveria, assim, na erraticidade, uma indescritível confusão de que as comunicações que há cinqüenta anos vêm sendo recebidas jamais nos falaram.

Certamente, existem espíritos vaidosos que, nos seus contatos conosco, gostam de enfeitar-se com nomes famosos, mas geralmente seu estilo permite colocá-los imediatamente no seu devido lugar.

Entretanto, pode-se imitar mais ou menos habilmente os grandes escritores, de modo que é muito difícil estabelecer a identidade de personagens históricos. Mas, o mesmo não acontece quando se trata de um parente ou de um amigo que conhecestes bem, cujo estilo, cuja presença de espírito e cujas opiniões sobre assuntos diversos vos são bem familiares; tendes aí uma mina fértil a explorar, e quando o espírito responde corretamente todas as vossas perguntas, quando reconheceis suas expressões favoritas, parece-nos indubitável que sua identidade está tão perfeitamente estabelecida quanto se poderia desejar.

Supôs-se que a consciência sonambúlica do médium podia

ler no inconsciente do evocador para dar todos os detalhes que parecem estabelecer a identidade, e que assim se está sujeito à ilusão; esse fato, porém, nunca foi rigorosamente provado, e as pesquisas dos srs. Binet e P. Janet sobre a personalidade normal longe estão de ser convincentes.[18] Nas experiências feitas por esses sábios, essa dupla consciência parece mostrar-se somente quando a ação hipnótica ainda exerce seu poder. O sr. Pierre Janet quis imitar, por sugestão, as comunicações automáticas dos médiuns, mas suas experiências têm apenas uma vaga analogia com o procedimento dos médiuns escreventes;[19] seu paciente nunca lhe revela, a respeito de uma pessoa falecida, algo ignorado, cuja exatidão ele verifica, como também não fará, espontaneamente, comunicações controláveis.

Segundo nos parece, os trabalhos dos modernos hipnotizadores não estabelecem, em absoluto, que haja no homem duas individualidades que se ignoram mutuamente. O inconsciente é apenas o resíduo do espírito, ou seja, os vestígios físicos das sensações, dos pensamentos, das volições fixados sob a forma de movimentos no invólucro perispiritual e cuja intensidade vibratória não é suficiente para fazê-los surgir no campo da consciência; mas se, pela vontade, se aumenta o movimento vibratório desses resíduos, eles são novamente percebidos pelo eu sob a forma de lembranças. O sonambulismo, ao libertar a alma e dar ao perispírito um novo tônus vibratório, cria condições diferentes para o registro dos pensamentos e das sensações, de modo que, ao voltar ao estado normal, o espírito não tem mais consciência de tudo que se passou durante aquele período.

Além disso, o desligamento facilita o exercício das faculdades superiores do espírito: telepatia, clarividência etc., que habitualmente não são exercidos durante o estado de vigília.

Existem, se preferirmos, duas personalidades que se sucedem, mas são dois aspectos da mesma individualidade; e as faculdades, até certo ponto diferentes, pela acuidade de suas sensações e pela extensão das suas faculdades, nunca são coexistentes, devendo sempre uma desaparecer quando a outra se manifesta.[20] Acreditamos, portanto, que é sem razão que quando do um médium, no seu estado normal, bem desperto, dá provas da presença de um espírito, se possa atribuir essas noções a uma leitura inconsciente que sua personalidade sonambúlica faria na memória do consultor.

Com mais razão, todas as provas acumuladas pelo sr. Aksakof no seu livro, sob a rubrica **espiritismo**, nos parecem concludentes.

Resumindo, dizemos que uma materialização que apresente similitude completa de forma corporal e identidade de inteligência com uma pessoa anteriormente morta **é uma prova absoluta da imortalidade**.

Mecanismo da materialização

É-nos rigorosamente impossível imaginar que, depois da morte, a alma seja desprovida de um organismo qualquer, porque então ela não poderia pensar, na acepção que damos a esse termo. Ela não pode ser liberada das condições de tempo e de espaço sem cessar de existir; se tal acontecesse, tornar-se-ia algo absolutamente incompreensível para a nossa razão.

O estudo mostra-nos que há leis às quais todos os seres pensantes estão submetidos. É em virtude dessas leis que não podemos estar presentes em vários lugares ao mesmo tempo, ou percorrer mais do que uma determinada distância em determinado tempo, ou pensar além de um certo número de pensamentos, ou vivenciar mais do que uma certa quantidade de sensações em determinado tempo. Segue-se daí que, se podemos facilmente imaginar que uma inteligência superior à nossa, e no entanto extinta, esteja submetida a condições muito diferentes, não podemos, contudo, conceber uma inteligência finda absolutamente livre de qualquer condição, ou seja, de um corpo qualquer.[21]

É evidente, por exemplo, que a própria existência de uma vida psíquica necessita de um elo de continuidade entre os pensamentos, de uma aptidão para conservar uma espécie de poder sobre o passado. Claro está que o que não existe mais, isto é, o pensamento que ocorreu há pouco, deve ser conservado em alguma coisa para poder ser revivido; a faculdade de lembrar implica um órgão compatível com o meio em que a alma vive. Na Terra, no mundo ponderável, o cérebro é a condição orgânica; no espaço, meio imponderável, o perispírito desempenha a mesma função. Para dizer a verdade, como o perispírito já existe aqui neste mundo, ele é o conservador da vida integral, que compreende as duas fases de encarnação e de vida supraterrestre. Uma segunda condição de uma vida intelectual se impõe: a de uma possibilidade de ação no meio em que ela se desenvolve. Um ser vivo deve ter em si a faculdade de diversos movimentos, uma vez que a vida se caracteriza por reações contra o meio exterior. Esta, aliás, é uma opinião do sr. Hartmann, citado por Aksakof, já que ele diz:

"Se se pudesse demonstrar que o espírito individual persiste após a morte, concluiria que, apesar da desagregação do corpo, a substância do organismo persistiria sob uma forma imperceptível, porque só assim consigo imaginar a persistência do espírito individual." Nós, espíritas kardecistas, vemos no perispírito essa forma imperceptível, e, pelas materializações, provamos que ela sobrevive à morte.

Como se produz esse esplêndido fenômeno? Por meio de que processo um espírito pode tornar-se visível, e até tangível? Aqui começam as dificuldades. Bem sabemos que a substância da aparição é tomada por empréstimo do médium e dos assistentes. Daqui a pouco teremos provas disso; mas como compreender esse transporte, essa desagregação e essa reconstituição de matéria orgânica, sem que ela seja decomposta? Essas manipulações transcendentes põem em jogo leis que desconhecemos, e os sábios fariam bem melhor se nos ajudassem a descobri-las, do que negando sistematicamente fatos mil vezes constatados com o mais estrito rigor. Enquanto isso, continuamos expondo o que conhecemos.

Um fato bem observado é a constante ligação que existe entre o médium e o espírito materializado; este extrai grande parte da energia de que dispõe do organismo do médium, de modo que, principalmente nas primeiras vezes em que se manifesta, ele mal consegue sair da cabine onde o médium está em letargia. Mais tarde, seu poder de ação aumenta, mas é sempre limitado. Num croquis feito pelo dr. Hitchman, constata-se que, entre a cavidade do peito da forma materializada e a do peito do médium, existe uma espécie de feixe luminoso unindo os dois corpos e projetando uma claridade no rosto do médium. Esse fenômeno foi freqüentemente observado durante as materializações; já o compararam ao cordão umbilical. O sr. Dassier compara-o a uma rede vascular fluídica pela qual passa, num estado particular de eterização, a matéria física. Temos constatado a presença dessa ligação, durante os desdobramentos naturais, pela repercussão das alterações do corpo perispiritual sobre o corpo material,[22] como, por exemplo, nas experiências do sr. de Rochas. Aqui, a ligação existe entre o espírito e o médium, e é natural, já que é no médium que a materialização busca a matéria e a energia de que se utiliza para manifestar-se.

A respeito das moldagens de materializações, o sr. Aksakof faz uma observação das mais significativas relativamente à proveniência da matéria física de que a aparição é formada. "Do ponto de vista das provas orgânicas – diz ele –, não poderia silenciar a respeito de uma observação que fiz: observando atentamente o gesso do molde da mão de Bertie, e comparando-o com o gesso do molde da mão do médium, notei, com surpresa, que a mão de Bertie, embora tendo o arredondado da mão de uma mulher jovem, apresentava na face dorsal, por seu aspecto, sinais característicos da idade. Ora, o médium era uma senhora idosa. Morreu pouco depois da experiência. Eis aí um detalhe que nenhuma fotografia pode produzir e que prova, de maneira evidente, que a materialização se efetua através do médium, e que esse fenômeno é devido a uma combinação de formas orgânicas existentes com elementos formais introduzidos por uma força organizadora estranha, que produz a materialização.

Senti muito prazer ao saber que o sr. Oxley tinha feito as mesmas observações, como descreve na carta relativa a provas de moldagens que me enviou no dia 20 de fevereiro de 1876: Coisa curiosa – escrevia-me ele –, sempre se reconhecem nos moldes sinais característicos da juventude e da velhice. Isso prova que os membros materializados, embora conservem sua forma juvenil, apresentam particularidades que denunciam a idade do médium. Se examinardes as veias da mão, encontrareis aí indícios característicos ligados, indiscutivelmente, ao organismo do médium."

Se essa teoria for exata, isto é, se uma parte da matéria do corpo materializado é tomada do médium por empréstimo, este, necessariamente, deve diminuir de peso. É exatamente o que acontece, como muitas vezes pudemos constatar.

A sra. Florence Marryat diz: "Vi a srta. Florence Cook colocada sobre o mecanismo de uma balança de pesar, projetada especialmente pelo sr. Crookes, e constatei que o médium pesava 112 libras, mas, assim que o espírito materializado estava formado, o corpo do médium não pesava mais do que a metade, 56 libras."[23]

Eis uma observação do sr. Armstrong, extraída de uma carta endereçada ao sr. Kenivers: "Assisti a três sessões organizadas com a srta. Wood, e nas quais utilizou-se a balança do sr. Blackburn. Pesaram o médium e a seguir conduziram-no à cabine. Uma após a outra, três figuras apareceram e subiram na balança. Na segunda sessão, o peso variou entre 34 e 176 libras; a última cifra representa o peso normal do médium. Na terceira sessão, só apareceu um fantasma; seu peso oscilou entre 83 e 84 libras. Essas experiências de pesagens são muito convincentes, a menos que as forças ocultas tenham se divertido à nossa custa.

Entretanto, seria interessante saber o que pode restar do médium, na cabine, quando o fantasma tem o mesmo peso que ele. Comparados a outras experiências do mesmo gênero, esses resultados tornam-se ainda mais interessantes.

Numa sessão de controle com a srta. Fairlamb, esta, por assim dizer, foi costurada numa rede de dormir cujos suportes eram providos de um aparelho que registrava todas as oscilações do peso do médium, e isso à vista dos assistentes. Após uma breve espera, pôde-se constatar uma diminuição gradual do peso; finalmente, uma figura apareceu e caminhou entre os assistentes. Durante esse tempo, o marcador indicava uma perda de sessenta libras no peso do médium, ou seja, metade do seu peso normal. À medida que o fantasma se desmaterializava, o peso do médium aumentava, e, no final da sessão, como resultado último, havia perdido *três a quatro libras*. Não é uma prova de que, para as materializações, matéria é tomada do organismo do médium?

Isso nos parece provado, mas há casos em que uma parte é tomada também dos membros do círculo que assistem à experiência.

Num livro intitulado *Un Cas de Dématérialisation Partielle du Corps d'un Médium* (pág. 15), o S. Aksakof relata que a sra. d'Espérance ficava doente após a sessão, se um dos assistentes tivesse fumado, ou bebido álcool. Nesse livro é dada resposta à pergunta relativa ao que resta do médium quando o peso das aparições é igual ao dele: resta apenas o perispírito, invisível por natureza, de modo que, ao penetrar na cabine, encontramo-la vazia. Pelo menos é o que afirma o sr. Olcott, baseado em suas experiências na companhia da sra. Compton.[25]

Com a sra. d'Espérance, numa sessão em Helsingfors, em 1893, a desmaterialização não foi completa; mas, a partir da rigorosa investigação efetuada pelo sábio russo, ficou provado que a metade inferior do corpo do médium desapareceu. O sr. Seiling, engenheiro, disse: "É extraordinário, vejo a sra. d'Espérance e ouço-a falar, mas, tateando a cadeira, sinto-a vazia; ela não está ali, ali só há a sua roupa." A mesma constatação foi feita pelo general Toppelius e cinco dos assistentes, que estavam perto da sra. d'Espérance, e viram que sua roupa, que pendia diante da cadeira, influ-se pouco a pouco, até retomar seu volume normal; ao mesmo tempo, os pés voltaram a ser visíveis.

A desmaterialização do médium nem sempre é tão completa, pois há casos em que ambos, aparição e médium, são tangíveis durante toda a produção do fenômeno.

De tudo o que vimos, conclui-se que a alma é revestida por um invólucro físico invisível e imponderável, mas que contém a força organizadora da matéria, já que esta, tomada do médium por empréstimo, modela-se no desenho corpóreo do espírito. Realmente, não é fácil para nós, no atual estado das ciências, explicar esses fenômenos; mas, se ainda não se pode compreendê-los, eles não são no entanto sobrenaturais, e talvez, examinando atentamente as ciências na sua filosofia, seja possível formular opiniões cujo maior ou menor valor o futuro revelará. Seja qual for a explicação, os fatos são verdadeiros e bem provados, o que é essencial.

A imortalidade da alma

"Nada se pode acrescentar à natureza – diz Tyndall – e dela

nada se pode suprimir; a soma das suas energias é constante, e tudo o que o homem pode fazer na busca da verdade, ou nas suas aplicações das ciências físicas, é mudar de lugar as partes constituintes de um todo que jamais varia, e, com uma delas, formar outra.

A lei de conservação exclui categoricamente a criação e a aniquilação; asteróides podem aglomerar-se em sóis; sóis podem se converter em floras ou em faunas; floras e faunas podem dissipar-se em gás; a força em circulação é perpetuamente a mesma. Rola em ondas de harmonias através dos tempos; e todas as energias da Terra, todas as manifestações da vida, bem como a manifestação de fenômenos, são apenas modulações ou variações de uma melodia celeste."

Vemos, portanto, que devemos considerar tudo o que atualmente existe, matéria e força, como rigorosamente eterno; o que muda é a forma. Os termos criação e destruição perderam seu significado primitivo; não significam mais do que a passagem de uma para outra forma. Quando um ser nasce, ou um corpo se produz, dizemos que há criação; chamamos destruição o desaparecimento desse ser, ou desse corpo; mas a matéria e a força que o formavam não sofreram qualquer alteração e seguem o curso das suas infinitas metamorfoses. A alma inteligente conserva a substância da sua forma etérea; é imperecível, do mesmo modo que a matéria. Quando um ser vivo nasce, ele monopoliza em proveito próprio certas combinações químicas que constituem sua alimentação. É um empréstimo que faz no grande acervo disponível da natureza; desenvolve-se assimilando uma quantidade de matéria cada vez maior, até seu completo desenvolvimento; depois, durante a vida viril, mantém-se estável e, quando chega a velhice, sendo a desassimilação maior do que a regeneração pela alimentação, devolve à terra o que lhe havia tomado por empréstimo; ao morrer, restitui integralmente o que havia recebido.

Afinal, que é que desaparece? Não é a matéria, é a forma que individualizava essa matéria. A forma é destruída? Não, responde o espiritismo, e prova-o ao demonstrar-lhe a sobrevivência após a destruição do invólucro carnal, e, o que é melhor, estabelece que é absolutamente impossível que ocorra tal extinção. Eis como:

A Alma é Imortal   287

Se o corpo físico se decompõe ao morrer, é porque é heterogêneo, isto é, formado pela reunião de várias partes essencialmente diferentes. Quanto mais elementos contém, mais o corpo é quimicamente instável. Os compostos quaternários do reino animal são muito proteiformes porque seu movimento molecular – complicado, já que é a resultante do movimento de cada um dos componentes – pode mudar sob a influência de forças externas insignificantes. Nos corpos vivos, os tecidos são comparáveis a esses pós explosivos que basta a menor fagulha para inflamá-los; são incessantemente decompostos pelas ações vitais e reconstituídos pelo sangue.[26] O organismo humano é um laboratório perpétuo onde as mais complicadas ações químicas se realizam ininterruptamente, sob os mais leves estímulos externos.

No mundo mineral não é assim. As combinações são muito mais estáveis; às vezes é necessário utilizar meios enérgicos para separar dois corpos que facilmente se unam. Assim, um pedaço de carvão se combina facilmente com o oxigênio para formar o ácido carbônico. E é necessário uma temperatura de 1200 graus para, em seguida, separar o oxigênio do carbono. Vê-se portanto que, quanto menos fatores entram numa combinação, mais ela é estável.

Quanto aos corpos simples, constatamos que nenhuma temperatura deste mundo consegue decompô-los. O enorme calor do Sol mal é suficiente para alguns deles. Então, é fácil compreender que a matéria primitiva da qual provêm seja realmente irredutível; como não pode extinguir-se, ela é rigorosamente indestrutível. Essa matéria primordial, na qual a alma é individualizada, é a base do universo físico; o perispírito, que dela é formado, goza do mesmo estado de perenidade.

Por outro lado, a alma é uma unidade indivisível.

Vimos, na primeira parte, que as almas de Pascal e de Virgílio mostraram-se a médiuns com uma aparência física que reproduzia a que tinham neste mundo. Não é uma prova segura de que nada se perde no invólucro fluídico e que, assim como na Terra nenhuma lembrança pode desaparecer, também no espaço nenhuma forma conseguiria anular-se? Todas as formas que a alma assumiu existem em estado virtual e são imperecíveis.

Sim, a alma está unida à substância perispiritual que nada

poderia destruir, porque, por seu estado físico, ela é o termo último das transformações possíveis: ela é a matéria em si. Nem os milhões de graus dos sóis escaldantes, nem os frios do espaço infinito têm influência sobre esse corpo incorruptível e espiritual. Só a vontade pode modificá-la, não mudando-lhe a substância, mas expurgando-a dos fluidos grosseiros de que está saturada no começo da sua evolução. É a grande lei do progresso que tem por objetivo depurar essa massa, tirar o diamante, que é a alma, da ganga impura que o contém. As múltiplas vidas são os cadinhos purificadores; a cada passagem, o espírito sai do seu invólucro mais apurado, e, quando venceu as contingências da matéria, está liberto das atrações terrestres e eleva-se rumo a outras regiões menos primitivas.

No mundo do espaço, no meio imponderável em que toda a gama de fluidos vibra, só há um poder soberano: o poder da vontade. Sob sua ação poderosa, a matéria fluídica cede a todas as suas fantasias; a alma, suficientemente sábia para manipulá-las, realiza todas as possibilidades da sua imaginação, de que as formas terrestres são apenas pálidos reflexos. Veremos, daqui a pouco, que essa vontade pode até atuar sobre a matéria tangível, em certas condições que vamos especificar.

Notas

1. Crookes, William, *Recherches sur le Spiritualisme*. (Ver, no fim do volume, *Mediumnité de Mlle. Florence Cook*.
2. Aksakof, *Animisme et Spiritisme*, págs. 160 e 254.
3. Erny, *Le Psychisme Expérimental*, pág. 153.
4. Kardec, Allan, *O Livro dos Médiuns*.
5. Delanne, G., *Evolução Anímica*, Editora do Conhecimento.
6. Aksakof, *Animisme et Spiritisme*, pág. 350.
7. Idem, pág. 619.
8. Idem, pág. 146.
9. Ver a reprodução desse molde no final do sábio russo. Prancha IX.
10. O espírito Lily deu também a máscara do seu rosto. Ver, na *Revista Espírita*, 1880, pág. 21, a gravura que reproduz essa bela cabeça.
11. Erny, *Le Psychisme Expérimental*, pág. 158.
12. *Animisme et Spiritisme*, pág. 622 e segs.
13. Erny, *Le Psychisme Expérimental*, pág. 153.
14. Zoellner, *Wissenschafthiche Abhandlungen*, vol. II.
15. Dr. Wolf Sterlings Facts, pág. 481.
16. *Spiritualist*, 1876, t. 1, pág. 146.
17. *Animisme et Spiritisme*, pág. 228.
18. Binet, A., *Les Altérations de la Personalité*.
19. Janet, P., *L'Automatisme Psychologique*. Quanto à contestação, ver nossas obras: *Le Phénomène Spirite, Témoignage des Savants* e *Recherches sur la Médiumnité*.
20. Delanne, Gabriel, *Evolução Anímica*, Ed. do Conhecimento.
21. Balfour– Stewart e Tait, *L'Univers Invisible*, pág. 91.
22. Reler os casos da lúcida de Cahagnet, de Jeanne Brooks, da experiência de Aksakof com a srta. Fox etc.
23. Marryat, Florence, *There is no Death*.
24. Aksakof, *Animisme et Spiritisme*, pág. 242.
25. Olcott, *Peoples from the other World*.
26. Balfour-Stewart, *La Conservation de l'Énergie*, pág. 161.

Quarta parte
Ensaio sobre as criações fluídicas da vontade

Capítulo único

Um fenômeno absolutamente geral, que constatamos em todas as aparições, é que elas sempre se mostram com as roupas que a pessoa usa habitualmente, quando são resultado de um desdobramento, ou envoltas em tecidos ondulantes e pregueados, quando é a alma de um morto que se manifesta. Para explicar a produção dessas aparências, precisamos deixar claro o que entendemos por vontade, e mostrar que não apenas ela realmente existe, como faculdade da alma, mas também que seu poder se exerce durante a vida, fora do corpo terrestre, e, com maior razão, além do perispírito, no espaço.

A vontade

Às vezes a palavra vontade dá lugar a mal-entendidos que, sem dúvida, devem-se ao fato de não se prestar atenção suficiente na diferença entre a intenção ou o desejo de fazer alguma coisa, e o poder de realizá-la. Quando um indivíduo com as pernas paralisadas quer andar, não lhe é possível movimentar os músculos da locomoção; ele realmente quer, mas, em conseqüência de uma ação mórbida, sua vontade não se executa; por outro lado, em linguagem médica, diz-se a respeito de uma paralisia histérica que a vontade está paralisada, o que significa que não existe realmente intenção ou desejo de mover os membros. As dificuldades não se limitam ao emprego dessa palavra em duas situações opostas. As opiniões divergem também quando se quer conhecer-lhe a natureza. Os materialistas, que fazem da sensação a base do espírito humano, e que não reconhecem à alma uma existência independente, que acreditam que suas faculdades não passam de produtos da atividade cerebral, vêem na vontade apenas o termo final da luta de dois ou vários estados de consciência opostos. Para essa escola, a vontade é uma resultante de atos psíquicos mais ou menos complexos; não tem existência própria.

Nós, que sabemos que a alma é uma realidade que se manifesta independentemente de toda matéria organizada, sustentamos que a vontade é uma faculdade do espírito, que indiscutivelmente ela existe como poder, que sua ação se revela nitidamente na esfera do corpo, e que ela pode até projetar sua energia à distância, como os fatos irão demonstrar.

Ação da vontade sobre o corpo

A influência da vontade sobre os músculos[1] é evidente para todos. Se queremos levantar um braço, ele executa esse movimento, e esse ato constitui um exemplo banal da ação da alma sobre o corpo. Existem, porém, casos notáveis em que seu poder se exerce sobre partes do organismo que pareciam estar fora do seu domínio.

Não é impossível que a vontade aja, por uma ação direta, sobre o coração e os músculos lisos da vida orgânica. Eis um exemplo:[2]

O sr. Fox, ilustre membro da Sociedade Real de Londres, por um esforço voluntário podia aumentar de dez a vinte por minuto os batimentos do pulso. O sr. Hack Tuke fez pessoalmente a experiência; no espaço de dez minutos aproximadamente, as pulsações, que no início eram regulares, elevaram-se de 63 a 82.

A força da vontade se desenvolve pelo exercício; sabe-se, por relatos autênticos, que os faquires podem entrar voluntariamente em catalepsia, fazer-se enterrar num jazigo e voltar à vida ao final de alguns meses. Esse fato não é desconhecido na Europa. Poderíamos citar vários casos de letargia voluntária devidos ao Cel. Townsed. Eis um deles, constatado por três doutores, os srs. Chayne, Baynard e Skrine:

"O pulso era bem regular – diz o dr. Chayne –, embora fraco e filiforme; o coração batia de modo normal. O coronel deitou-se e ficou calmo por alguns instantes; achei que seu pulso enfraquecia gradualmente, até que enfim, apesar de uma atenção bem minuciosa, cheguei a não senti-lo mais. Por sua vez, o dr. Baynard não conseguia sentir-lhe o mínimo movimento no peito, e o dr. Skrine não viu sequer uma mancha produzida pela respiração no espelho brilhante que segurava diante da boca do coronel; cada um de nós, por seu turno, examinou-lhe o pulso, o coração, a respiração; não obstante a mais severa e minuciosa investigação, não pudemos descobrir o mais leve sinal da vida."

Iam embora convencidos de que o coronel estava morto, quando um leve movimento do corpo tranqüilizou-os. Pouco a pouco ele voltou a si. A letargia havia durado em torno de meia hora.

Esse poder da alma sobre o corpo pode chegar ao ponto de vencer a doença; uma vontade enérgica, freqüentemente, tem por resultado restabelecer a saúde, não se devendo a efeitos da imaginação ou da atenção. Eis o relato da cura de uma doença grave, a raiva:

O sr. Cross foi seriamente mordido por um gato que morreu no mesmo dia de hidrofobia. A princípio, deu pouca importância ao fato, que certamente não lhe causou qualquer distúrbio no sistema nervoso. Certa manhã, três meses depois do acidente, porém, sentiu uma forte dor no braço, e muita sede também. Pediu um copo d'água.

"No momento em que ia levar o copo aos lábios – diz ele –, senti um violento espasmo na garganta. Imediatamente meu espírito foi tomado pela terrível convicção de que iria ser acometido pela hidrofobia, em conseqüência da mordida do gato. A angústia que senti durante uma hora é indescritível; a idéia de uma morte tão horrível era-me intolerável. Sentia uma dor que começava na mão e chegava ao cotovelo, depois ao ombro, ameaçando ir mais longe. Senti que qualquer assistência humana seria inútil, e achei que ia morrer.

Finalmente, pus-me a refletir sobre a minha situação. Disse a mim mesmo que poderia morrer, ou não; que se devesse morrer, teria o destino que outros haviam tido, e que muitos outros ainda terão, e que deveria encará-lo corajosamente; que se, por outro lado, houvesse alguma esperança de conservar a vida, a única chance seria fortalecendo minhas resoluções, desafiando a doença e exercendo enérgicos esforços sobre meu espírito. Conseqüentemente, ao compreender que havia necessidade de esforços intelectuais e físicos ao mesmo tempo, apanhei minha espingarda e saí à caça, apesar da dor no braço que não cessava.

Em suma, não encontrei caça alguma, mas caminhei a tarde toda, exercendo, a cada passo que dava, severo esforço de espírito contra a doença. Ao voltar para casa, estava realmente melhor; no jantar consegui comer e tomar água como habitualmente. Na manhã seguinte a dor tinha recuado até o cotovelo; na outra, recuou até o punho; no terceiro dia, estava livre dela. Falei a respeito desse fato com o dr. Kinglake, que me disse que, na sua opinião, eu certamente tinha tido um ataque de hidrofobia, que poderia ter sido fatal se eu não tivesse reagido energicamente contra ela por um vigoroso esforço de espírito."[3]

O espírito às vezes precisa de uma força extra para atuar eficazmente sobre seu corpo. No hipnotismo, podemos considerar as injunções imperativas do operador como o estimulante necessário. Lembraremos, a seguir, as experiências do sr. Focachon[4] e dos srs. Bourru e Burot.

O farmacêutico de Charmes aplica no ombro do seu paciente selos postais, mantidos por algumas tiras de diachylon e por uma compressa; ao mesmo tempo, sugere-lhe que lhe estão aplicando um vesicatório, e depois o paciente é mantido sob vigilância. Vinte horas mais tarde, retiram o curativo, que ficou intato: embaixo dele, a epiderme, espessa e macerada, apresenta uma cor azulada; essa região da pele está rodeada por uma zona de vermelho intenso, inchada. Esse estado foi constatado pelos srs. Liégeois, Bernheim, Liebault, Beaunis. A supuração aconteceu um pouco mais tarde.

Essa grave protuberância orgânica tinha sido causada pela vontade, agindo como um elemento material sobre os tecidos do corpo. Na Salpetrière, o sr. Charcot e seus alunos muitas vezes provocaram queimaduras por sugestão. Finalmente, os srs. Bourru e Burot[5] conseguiram produzir estigmas no corpo de um paciente; na hora indicada pelos operadores, o paciente sangrava nos pontos tocados por um estilete sem ponta. Letras traçadas na carne desenhavam-se em relevo, em vermelho vivo, sobre o fundo pálido da pele.[6]

Isso prova claramente que a vontade de um operador pode modificar a matéria do corpo de uma pessoa, num sentido favorável ou nefasto, conforme a direção que lhe imprima.

Poderíamos citar também o caso do célebre Edward Irwing, que se curou, pela vontade, de um ataque de cólera, durante a epidemia de 1837.[7]

O poder da vontade se exerce também sobre as sensações. Hyacinthe Langlois, artista famoso, amigo íntimo de Talma, contou ao dr. Brierre de Boismont que o grande ator lhe dissera que, quando estava em cena, tinha, pela força da sua vontade, o poder de fazer desaparecerem as roupas do seu numeroso e brilhante auditório, e de substituir a pessoas por esqueletos. Quando sua imaginação havia enchido a sala com esses espectadores singulares, a emoção que sentia dava à sua interpretação tal força, que os resultados eram geralmente os mais surpreendentes.[8]

Este não é um fato isolado: Goethe também podia ter visões voluntárias, e sabe-se que Newton era capaz de reproduzir, à vontade, a imagem do Sol. O dr. Wigan menciona uma família de que cada membro tinha a faculdade de ver mentalmente, quando queria, a imagem de um objeto, e, de memória, fazer dele uma pintura mais ou menos exata.

Quando sabemos usá-lo, esse poder da vontade, que atua no corpo com tamanha hegemonia, tem também uma ação segura sobre outros organismos. Queremos estabelecê-lo experimentalmente.

Ação da vontade à distância

A influência da vontade de um hipnotizador sobre seu paciente é um fato que hoje não precisa mais ser provado. A sugestão, cujas formas são tão variadas, não deixou dúvidas a respeito da ação que uma ordem formulada em tom imperioso exerce no espírito de um indivíduo sensível. Essa ordem se grava no espírito do paciente e pode fazê-lo executar todos os movimentos, produzir todas as alucinações dos sentidos, como pode perturbar-lhe as faculdades intelectuais e mesmo anulá-las completamente por tempo determinado. Os tratados sobre o hipnotismo estão repletos de exemplos desse tipo de ações voluntárias.

O que queremos mostrar aqui, e que muito freqüentemente tem sido constestado, é a ação, à distância, da vontade. Os antigos magnetizadores lhe haviam revelado a existência, e será bom que os pesquisadores modernos, apesar da sua relutância, consigam aceitá-la. É, aliás, o que fazem os mais sinceros.

Eis dois fatos, extraídos de fontes seguras, que mostram a incontestável influência da vontade exercendo-se fora dos limites do organismo.

Em seu famoso relatório à Academia, sobre o magnetismo, o dr. Husson relata assim o primeiro:

"A comissão reuniu-se no gabinete de Bourdais, a 6 de outubro, ao meio-dia, hora em que o sr. Cazot (o paciente) chegou. O sr. Foissac, o magnetizador, tinha sido convidado a estar lá ao meio-dia e meia; ficou no salão, sem que Cazot soubesse e sem qualquer comunicação conosco. Nesse meio tempo, por uma porta secreta, foram dizer-lhe que Cazot estava sentado num sofá, a dez pés de distância de uma porta fechada, e que a Comissão desejava que o adormecesse e o despertasse àquela distância, permanecendo ele no salão e Cazot no gabinete.

Ao meio-dia e 37 minutos, enquanto Cazot está atento à nossa conversa, ou examina os quadros que decoram o gabinete, o sr. Foissac, no salão vizinho, começa a magnetizar; quatro minutos depois, notamos que Cazot pisca os olhos ligeiramente, tem um ar inquieto, e finalmente, em nove minutos, adormece..."

O resultado é bem nítido e fora de qualquer suspeita, tendo-se produzido diante de investigadores pouco crédulos e possuindo toda a competência exigida para pronunciar-se com conhecimento de causa. Agora passemos a palavra ao sr. Pierre Janet, cujos trabalhos sobre o hipnotismo são muito considerados no mundo erudito:[9]

"Pode-se adormecer o paciente sem tocá-lo, por uma ordem não expressa, mas simplesmente pensada diante dele, ou mesmo longe dele. Numa nova série de experiências, cujo relato ainda não foi publicado, após uma educação bastante longa do paciente, consegui reproduzir pessoalmente, à vontade, esse curioso fenômeno. Oito vezes seguidas tentei adormecer a sra. B., pessoa da minha casa, tomando todas as precauções possíveis para que ninguém percebesse minha intenção, e variando a cada vez a hora da experiência, sendo que em todas elas a sra. B. entrou em sono hipnótico alguns minutos depois que eu havia começado a pensar nisso. A verificação desse fato devia provocar, naturalmente, uma nova suposição. Já que a sugestão mental podia adormecer a sra. B. quando ela estava no estado de vigília, a mesma sugestão devia fazê-la passar de uma fase do sono a uma outra.

Era fácil verificá-lo quando a sra. B. estivesse em sonambulismo letárgico. Enquanto eu continuava a fazer sugestões mentais, sem tocá-la, sem soprar-lhe nos olhos, sem provocar sobre ela qualquer ação física, pus-me simplesmente a pensar: Quero que a senhora durma. Ao fim de alguns instantes ela estava em letargia sonambúlica. Repito a mesma ordem mental, ela suspira, e ei-la em letargia cataléptica, e a cada vez que renovo esse pensamento, ela entra num novo estado. Portanto, o pensamento do magnetizador, por uma influência inexplicável, mas que é aqui imediatamente verificável, pode fazer o paciente percorrer as diferentes fases, num ou noutro sentido."

Sabemos com que cuidado essas experiências foram averiguadas pelos srs. Ochorowicz, Myers, Richet, dr. Dusart, dr. Moutin, Boirac, Paul Joire etc.; é indubitável, pois, que se pode exercer sugestão à distância.[10]

Aqui, o sr. Janet constata a ação da vontade, sem contato material com o paciente, mas, para logo desculpar-se de tamanha audácia perante seus doutos colegas, apressa-se a dizer que ela é inexplicável. Por favor, por quê? Sabemos que o ser humano possui uma força nervosa que pode exteriorizar-se, e, pelo que sabemos, não se provou que as experiências do sr. Crookes sobre a força psíquica, e as do sr. Rochas, fossem falsas. Também não foi provado que a telegrafia sem fio não é mais um mito, mas um fato experimentalmente demonstrado? Então, entre o paciente, que recebeu "uma educação bastante longa", e o sr. Janet, estabeleceu-se um elo fluídico que lhe transmite a vontade, sem dúvida como os raios luminosos do fotofone de Graham transportavam as ondas magnéticas que, provavelmente, são mais materiais do que as do pensamento.

É realmente curioso constatar como os pesquisadores que pertencem a uma determinada escola se irritam diante dos fatos. Quando são suficientemente honestos para reconhecê-los e têm a coragem de proclamá-los, como o sr. Janet, imediatamente são tomados por escrúpulos e procuram desculpar-se pela audácia de arriscar um pé em terreno proibido. Felizmente, não temos a mesma timidez; podemos, livremente, interpretar os fenômenos e dar-lhes o valor que comportam. Isso porque, apesar de todas as negações, temos certeza da existência independente da alma; nossa crença apóia-se em vinte anos de investigações rigorosas, e os resultados que constatamos tiveram a sanção dos mais incontestes mestres de todos os ramos da ciência; Podemos pois, ousadamente, proclamar-lhes a verdade, sem medo de que o futuro nos desminta.

Que aconteceu, cinqüenta anos depois com as execrações zombeteiras, ou solenes, dos céticos e dos pseudo-sábios? Foram juntar-se, no país das velharias, a todas as hipóteses mal formuladas, às teorias duvidosas cujo sucesso passageiro deveu-se unicamente ao nome do seu autor, e que hoje estão completamente esquecidas.

O espiritismo, qual árvore vigorosa, precisou desse terreno para desenvolver-se, e, segundo uma expressão famosa, cresce "alta e frondosa sobre as ruínas do materialismo agonizante".

A ação da vontade sobre os fluidos

Eis-nos agora munidos de todos os conhecimentos necessários para explicar como os espíritos se apresentam vestidos com túnicas, drapeados, ou mesmo com suas roupas comuns. Faltava estabelecer o poder da vontade fora dos corpos, o que foi feito; sabemos que os fluidos são formas rarefeitas da matéria; temos, pois, ao alcance das mãos todas as provas necessárias.

Eis a teoria espírita relativa a essa espécie de fenômenos: "O espírito busca na matéria cósmica, ou fluido universal, os elementos necessários para formar, a seu bel-prazer, objetos que tenham a aparência dos diversos corpos existentes na Terra. Pode igualmente operar na matéria elementar, por sua vontade, uma transformação íntima que lhe dá determinadas propriedades. Essa faculdade é inerente à natureza do espírito, que muitas vezes, quando é necessário, e sem se dar conta disso, a exerce como um ato instintivo. Os objetos formados pelo espírito têm uma existência temporária, subordinada à sua vontade ou à necessidade; pode fazê-los ou destruí-los à vontade. Em certos casos, esses objetos podem ter para as pessoas vivas todas as aparências da realidade, isto é, tornar-se momentaneamente visíveis e mesmo tangíveis. Existe formação, mas não criação, pois o espírito não pode tirar coisa alguma do nada."

Nos exemplos que citamos, pode-se atribuir a criação das vestimentas a uma ação inconsciente, mas real, do espírito que materializou esses objetos suficientemente para torná-los visíveis; a ação é igual à dos casos de materialização: Constatamos, nas experiências de Crookes, que Kate King está envolta em tecidos que se podem tocar, mas que desaparecem ao mesmo tempo que ela, quando acaba a manifestação.

Pode-se admitir que o espírito crie inconscientemente imagens fluídicas, ou seja, que seu pensamento, atuando sobre os fluidos, possa, a seu bel-prazer, dar-lhes uma existência real? Sabemos, de fonte segura, que, voluntariamente, é possível imaginar mentalmente um objeto ou um ser com tamanha realidade a ponto de essa idéia ser descrita por um médium vidente. Muitas vezes testemunhamos esse fenômeno, e daqui a pouco constataremos que experiências realizadas com pacientes hipnóticos parecem estabelecer a objetividade das formações mentais. Mas, involuntariamente, isso será possível? Os estados do sonho parecem indicar como a ação acontece: Quando temos um sonho lúcido, geralmente estamos usando uma roupa qualquer; isso prende-se ao fato de que a idéia de roupa está intimamente associada à imagem da nossa pessoa.

Se pensamos num espetáculo de gala ou numa reunião social, podemos ver-nos em trajes de cerimônia, como podemos ver-nos de roupão na intimidade. Então a figura, se a exteriorizássemos suficientemente, apareceria vestida; podemos imaginar, portanto, que nos casos de desdobramento, que são objetivações inconscientes, a imagem das vestes sempre acompanha o espírito e, como ele, sofre um começo de materialização.

O mesmo acontece com objetos que usamos habitualmente: logo que pensamos neles, temos deles uma representação mental que pode projetar-se fluidicamente no espaço; no sonho é assim também, com a diferença de que esses produtos da imaginação geralmente não têm duração. No entanto, há casos em que as representações mentais podem persistir por algum tempo e objetivar-se. Eis um exemplo:[11]

"Um dos meus amigos – diz Bodie –, de manhã, ao acordar, viu, aos pés da cama, um personagem em trajes persas. Via-o tão nitidamente, tão detalhadamente quanto as cadeiras ou as mesas do quarto; esteve a ponto de levantar para ver que objeto ou que personagem era aquilo. Olhando-o com mais atenção, porém, percebeu que, embora estivesse vendo o personagem tão bem quanto possível, distinguia claramente a porta atrás dele. Nesse momento a visão desapareceu. Meu amigo lembrou-se, então, de que tivera um sonho no qual a imagem de um persa havia desempenhado o papel principal. Tudo explicava-se, assim, de maneira satisfatória: era evidente que o sonho fora o ponto de partida da visão, sonho que de certa forma continuara depois de despertar. Tivera então, ao mesmo tempo, percepção de um objeto imaginário e percepção de um objeto real."

Essa criação fluídica, essa espécie de fotografia mental que persiste por um tempo mais ou menos longo no espaço, revela-se também nos seguintes casos:

O fisiologista Cruithuisen teve um sonho "no qual viu principalmente uma chama violeta que, por tempo considerável, depois de ter acordado, deixou-lhe a impressão de uma mancha suplementar".

O sr. Galton publicou uma nota a respeito da faculdade de ver números, de reproduzi-los pela imaginação como se sua existência fosse verdadeira. Cita especialmente o sr. Bilder, que realizou extraordinárias façanhas de cálculo mental, e que, de algum modo, podia ver, com seus centros sensoriais, números nitidamente traçados, dispostos em ordem bem determinada.[12] Eis uma série de experiências que parecem provar que a criação fluídica é mesmo uma realidade. Devem-se aos srs. Binet e Ferré,[13] mas, é claro, esses pesquisadores explicam os fatos pela alucinação. Teremos oportunidade de julgar se a hipótese deles é admissivel.

Em primeiro lugar, examinemos um fenômeno que pode ocorrer no estado normal, ou por uma operação mental, ou por sugestão, e nos será fácil constatar que para a mesma experiência, produzida pela mesma causa, a explicação desses senhores é diferente quando o hipnotizado dela participa:

1º O estado normal. Sabe-se que, quando se olha fixamente para um objeto colorido colocado sobre um fundo preto, a vista logo fica cansada, e a intensidade da cor enfraquece; dirigindo então o olhar para um cartão branco ou para o teto, percebe-se uma imagem do objeto, mas de uma cor complementar, isto é, a que o branco formaria se estivesse reunido à cor do objeto. Para um objeto vermelho, a imagem é verde, e vice-versa.

2º O estado mental. Se, de olhos fechados, mantivermos a imagem de uma cor bem viva fixada diante do espírito, e, depois disso, abrindo os olhos bruscamente os dirigirmos sobre uma superfície branca, veremos aí, por um breve instante, a imagem contemplada em imaginação, mas com a cor complementar; o paciente chega então a reproduzir a idéia do vermelho de uma forma suficientemente intensa para ver, ao fim de alguns minutos, uma mancha verde numa folha de papel.[14]

Para que essa experiência tenha sentido, é preciso que a cor vermelha seja realmente vista pelo espírito, sem o que a cor complementar não aparecerá, já que o operador não está hipnotizado. É indispensável que o olho seja impressionado como normalmente o é, para produzir a cor complementar; se não for o olho, será um ponto correspondente dos centros nervosos. Esse esforço para criar o vermelho redunda, por certo, numa ação positiva, já que se traduz objetivamente na mancha verde no papel.

3º Sugestão. Pede-se à paciente em estado de sonambulismo que olhe atentamente para um quadrado de papel branco, no meio do qual se marca um ponto preto, a fim de imobilizar-lhe o olhar; ao mesmo tempo, sugere-se a ela que aquele papel é pintado de vermelho, ou de verde etc. Um instante depois se lhe apresenta um segundo quadrado de papel que também mostra no centro um ponto preto. Basta chamar a atenção da paciente sobre esse ponto para que ela diga que o ponto está cercado por um quadrado colorido; e a cor que ela indica é a complementar da cor que se fez aparecer por sugestão.

Nesse caso, também, dizemos que há produção real da cor, seja diante dos olhos da hipnotizada, seja nos centros cervicais que lhe correspondem, pois ela ignora absolutamente a teoria das cores complementares. Se isso estiver provado, e está, é porque a cor sugerida realmente existe, seja fora do paciente, seja interiormente, se o preferirmos. Uma idéia abstrata não pode impressionar os centros visuais e produzir neles a impressão de realidade; houve, portanto, criação fluídica de um tom vermelho, e este, embora produzido pela vontade, age como se fosse visível para todo mundo.

Pode-se dizer que essa sensação é uma alucinação, mas deve-se acrescentar então que é uma alucinação verídica, como a das aparições, pois é determinada por uma cor que tem existência própria, embora seja invisível para seres cujo sistema nervoso não é posto em condições de percebê-la.

Examinemos agora outras experiências. Os srs. Binet e Ferré dizem textualmente:

"O objeto imaginário que aparece na alucinação é percebido como se fosse real."

Exemplo: Se, por sugestão, fizermos aparecer um retrato num cartão cujas duas faces tenham uma aparência perfeitamente idêntica, a imagem sempre será vista sobre a mesma face do cartão, e, seja qual for o sentido no qual se lhe apresente, o hipnótico sempre conseguirá colocar as faces e as bordas na posição que ocupavam no momento da sugestão, de modo que a imagem não fique invertida, nem inclinada. Se virarmos o cartão, o retrato não é mais visto. Se invertermos a posição das bordas, o retrato é visto de cabeça para baixo. O hipnótico nunca é apanhado em falta. Quer lhe tapemos os olhos, quer nos coloquemos atrás dele enquanto mudamos a posição do objeto, as respostas estarão sempre em perfeita conformidade com a localização primitiva.

Se esse cartão, no qual figura um retrato imaginário, for misturado a muitos outros semelhantes, e se o paciente for acordado e lhe pedirmos que examine toda a coleção, ele o faz sem saber por quê. Depois, quando percebe o cartão sobre o qual se produziu a sugestão, reencontra nele a imagem que se ordenou que ele visse.

Quando olhamos para objetos exteriores colocando um prisma diante dos olhos, os objetos parecem duplos, e uma das imagens apresenta um desvio cujo sentido e grandeza podem ser calculados. Ora, é isso que se obtém durante o sono hipnótico. Se incutirmos no paciente a idéia de que sobre a mesa de cor escura que está diante dele há um retrato de perfil, ao despertar ele vê nitidamente o mesmo retrato. Se então, sem preveni-lo, lhe colocamos um prisma diante de um dos olhos, imediatamente o paciente se espanta por ver dois perfis, e sempre a falsa imagem está colocada segundo as leis da física. Dois de nossos pacientes podem responder identicamente no estado de catalepsia, eles não têm qualquer noção a respeito das propriedades do prisma. Aliás, podemos dissimular a posição precisa em que o colocamos, encobrindo-lhe as bordas. Se a base do prisma está voltada para cima, as duas imagens são colocadas uma em cima da outra; se a base do prisma é lateral, as duas imagens são dispostas lateralmente. Finalmente, pode-se aproximar a mesa o suficiente para que não fique duplicada, o que poderia servir de pista.

Quando se substitui o prisma por um pequeno binóculo, a imagem é aumentada, ou diminuída, conforme o paciente olhe pela lente. Tomamos a precaução de dissimular a extremidade do binóculo numa caixa quadrada, com duas aberturas correspondendo às lentes nas faces opostas. Evitamos, assim, que o paciente veja, no campo do binóculo, objetos cuja mudança de dimensões poderia dar-lhe alguma indicação. É necessário, também, que o binóculo seja regulado para a visão do alucinado.

Prosseguindo na aplicação das leis da refração, pode-se ampliar, com uma lupa, um retrato sugerido. Se inclinarmos a lupa, o retrato se deforma. Se colocarmos o retrato a duas vezes a distância focal da lente, o retrato é visto invertido. Certa vez, pudemos constatar, no microscópio, que a pata de uma aranha alucinatória ficara enorme.

Agora, coloquemos o retrato imaginário diante de um espelho. Se sugerimos que o perfil está voltado para a direita, no espelho ele está virado para a esquerda. Portanto, a imagem refletida está em simetria com a imagem alucinatória. Viremos o cartão, agindo atrás do paciente: no espelho, o retrato aparece de cabeça para baixo, e, detalhe a ser notado, com o perfil voltado para a direita, o que também está em conformidade com as leis da óptica.

Recapitulemos: o retrato imaginário está voltado para a direita, o espelho faz com que pareça voltado para a esquerda, mas, se invertemos o cartão, parece voltado para a direita. Aí estão combinações que não se inventam. Mas, vamos complicar ainda mais a experiência. Substituamos o retrato por um texto de várias linhas. No espelho, o texto imaginário é lido às avessas, ou seja, da direita para a esquerda; se virarmos o papel de cabeça para baixo, o texto é lido invertido, de alto para baixo. A primeira linha passa a ser a última, e, ao mesmo tempo, a inversão da direita para a esquerda cessa. Essa experiência não é bem sucedida sempre, mas o é com freqüência, com um resultado que afasta qualquer suspeita de fraude. "Há muitas pessoas que, sabendo que o texto é invertido no espelho da direita para a esquerda, percebem que, quando se vira a folha escrita de cabeça para baixo, o texto refletido fica invertido de cima para baixo, mas deixa de sê-lo da esquerda para a direita. O hipnótico ri dessas dificuldades, que para ele não existem, porque ele vê e não precisa raciocinar."[15]

Que interpretação devem ter esses fenômenos? Se se admite que a vontade do operador, agindo sobre os fluidos, cria momentaneamente uma imagem invisível para os assistentes, mas perceptível aos olhos do histérico hipnotizado, compreende-se tudo: o objeto invisível comporta-se exatamente como um objeto real o faria. Mas, passemos a palavra aos investigadores que não conhecem ou não acreditam em nossa teoria:

"Deve-se escolher, dizem eles, entre três suposições:

1º Fez-se a sugestão. O paciente soube que lhe estavam colocando diante dos olhos um prisma tendo a propriedade de duplicar os objetos, um binóculo ampliando-os etc. Mas essa primeira hipótese deve ser descartada, porque é evidente que o paciente ignora as complexas propriedades da lupa, do prisma simples, do prisma birrefringente e do prisma de reflexão total. E, quanto aos outros instrumentos que o paciente talvez conheça, como o binóculo, teve-se o cuidado de disfarçá-lo. Portanto, a menos que se suponha que o operador tenha cometido a imprudência de anunciar o resultado antecipadamente, deve-se ter como certo que a sugestão, assim compreendida, não desempenhou papel algum.

2º Os instrumentos de ótica utilizados modificaram os objetos reais que se achavam no campo de visão do paciente, e essas modificações serviram-lhe de pistas para admitir modificações semelhantes no objeto imaginário.

Esta segunda explicação, embora melhor do que a precedente, parece-nos insuficiente; tem contra si numerosos fatos já citados: a localização exata da alucinação num ponto que o operador só encontra por meio de múltiplas mensurações; o reconhecimento do retrato imaginário num cartão em branco, misturado a seis outros para nós perfeitamente iguais; a inversão do retrato imaginário pela inversão do cartão, sem que o paciente saiba etc. Adotaremos uma terceira hipótese, já indicada:

3º A imagem alucinatória sugerida associa-se a um ponto de referência exterior e material, e são as modificações impressas pelos instrumentos de óptica a esse ponto material que, por efeito indireto, modificam a alucinação."

A hipótese do ponto de referência, diremos, é absolutamente incompreensível, dada a precaução que os operadores têm de empregar ora uma mesa de cor escura, ora uma tela ou cartões exatamente iguais. Mas, suponhamos que haja efetivamente um ponto de referência, que os instrumentos desviam esse ponto de referência segundo as leis da óptica, e que esse desvio se reproduz no espírito do paciente; não será menos verdadeiro que as relações que ligam a alucinação a esse ponto de referência sofrem todos os desvios, todas as refrações que os instrumentos lhes imprimem, ou seja, a imagem ideal se reflete, se deforma, se duplica como uma imagem real; ela tem, portanto, uma existência objetiva.

Quer o fenômeno seja objetivo, quer outras pessoas não

possam constatá-lo, ele, contudo, é inegável, e sua verdadeira natureza se revela pelos mesmos resultados que qualquer objeto material submetido às mesmas experiências forneceria.

Voltamos a repetir que, se se pode chamar esse fenômeno de alucinação, ela é verídica, no sentido de que, como dizem os srs. Binet e Ferré, o paciente vê. O que ele vê não é uma idéia fugaz, sem consistência, algo insubstancial; é uma imagem em todos os pontos semelhante à que seus olhos diariamente lhe mostram, e essa imagem, associada no seu espírito a um elemento exterior sobre o qual os instrumentos podem atuar, comporta-se como se comporta na realidade. Ela é, portanto, algo inquestionável, cuja existência se deve à vontade do operador.

Se a hipótese do ponto de referência for exata, o fenômeno é subjetivo; se, ao contrário, não houver necessidade de ponto de referência, ele é objetivo; a visão se opera pelos olhos, num estado especial determinado pela hipnose. Seja qual for o ângulo sob o qual encaremos a questão, cremos que somos levados a constatar que a criação fluídica é um fato inegável, e, mais uma vez, o ensinamento dos espíritos se confirma, através de fenômenos que não se conheciam no momento em que essas verdades nos foram reveladas.

Os antigos magnetizadores anteciparam-se aos modernos hipnotizadores na maioria das experiências a respeito das quais hoje se faz tanto estardalhaço, e que são novas somente para quem quer ignorar as experiências primitivas. Eis um caso de criação fluídica pela vontade, onde não há sugestão ao paciente, e, conseqüentemente, não existe ponto de referência. No seu livro *Le Magnétisme Animal*, o dr. Teste relata a seguinte experiência, que realizou publicamente:

"Sentado no meio da minha sala, imagino, da maneira mais nítida que me é possível, uma barreira de madeira pintada, que se levantaria a um metro de altura diante de mim. Quando essa imagem está bem fixada no meu cérebro, eu a construo mentalmente por meio de alguns gestos. Henriette H., jovem sonâmbula com tamanha impressionabilidade que a adormeço em alguns segundos, está acordada na sala ao lado. Peço-lhe que me traga um livro que deve estar perto dela. A srta. Henriette vem, realmente, com o livro na mão; chegando, porém, ao ponto

onde se levantou minha barreira imaginária, ela pára de repente. Pergunto-lhe o que a impede de aproximar-se mais.
– O senhor não está vendo? Há uma barreira ao seu redor – diz ela.
– Que bobagem! Aproxime-se.
– Não posso, já lhe disse.
– Como está vendo essa barreira?
– Tal como provavelmente é... em madeira vermelha... estou tocando nela. Que idéia estranha pôr isto na sala.
Tento convencer a srta. Henriette de que está sendo vítima de uma ilusão, e, para convencê-la, pego-a pelas mãos e puxo-a na minha direção, mas seus pés estão grudados no assoalho; só a parte superior do corpo vem para frente; finalmente se queixa de que lhe machuquei o estômago contra o obstáculo!"

Aqui não houve sugestão verbal, e, no entanto, para a paciente a barreira realmente existe.

Cremos, mesmo, que em todas as alucinações, naturais ou provocadas, sempre há formação de uma imagem fluídica que pode ser determinada, na doença, pelo estado mórbido do paciente, ou pela vontade do operador, no caso da sugestão. Quem estuda atentamente um número expressivo de observações, como as relatadas por Brierre de Boismont, não pode deixar de impressionar-se pelo caráter de realidade que as perturbações dos sentidos têm para os pacientes. Estes descrevem minuciosamente suas visões, vêem-nas com uma intensidade que denota perfeitamente que não são apenas idéias que imaginam, que há algo mais, que esse algo existe, porque é a negação dessa realidade que os exaspera.

Um estudo completo precisaria ser feito a respeito da distinção estabelecida entre uma alucinação propriamente dita, isto é, uma criação fluídica anormal que se segue a perturbações cerebrais, e o que os espíritos chamam de obsessões.

Depois que este artigo foi escrito (julho de 1895), conseguimos obter provas objetivas da realidade da criação fluídica pela vontade.

Possuímos provas fotográficas de formas mentais, radiografadas numa placa sensível pela ação voluntária e consciente do pensamento do operador. Em duas ocasiões diferentes,

A Alma é Imortal 309

o Comandante Darget conseguiu exteriorizar seu pensamento, fixado numa garrafa, de modo a produzir-lhe a imagem numa placa fotográfica, sem aparelho, simplesmente tocando-a com a mão.[17] Temos, pois, uma prova física, segura e intacável, do poder criador da vontade, que estudamos nas manifestações precedentes.

Um americano, o sr. Ingles Roggers, olhando demoradamente para uma moeda e, em seguida, fixando uma placa fotográfica com o máximo de atenção de que foi capaz, afirma ter obtido um clichê onde a forma da moeda está reproduzida.[18]

Edison filho, por sua vez, declara[19] ter criado um aparelho por meio do qual a fotografia do pensamento se transforma numa realidade inquestionável. "Ainda não posso – diz o jovem Edison a esse respeito – ter esperanças de fazer com que todo mundo creia que esta sombra é a fotografia de um pensamento; ela ainda é muito indistinta, faltam-lhe condições para ser uma prova convincente. Mas estou persuadido de que, em certa medida, fotografei o pensamento."

Observemos, ainda, que as imagens criadas pelos srs. Binet e Ferré provavelmente poderiam ter sido fotografadas, uma vez que tinham suficiente objetividade para serem vistas pelos pacientes, e obedecerem a todas as leis da óptica. Esta última observação deve ser da maior importância para todo espírito imparcial.

Conclusão

O problema da imortalidade, que outrora era da alçada da filosofia, pode, atualmente, ser abordado pelo método positivo. Já assistimos a uma nova orientação, que foi criada pela pesquisa experimental. O hipnotismo prestou imensos serviços à psicologia ao permitir-lhe, por assim dizer, dissecar a alma humana, e seu emprego foi profícuo para revelar o princípio pensante nas suas modalidades conscientes e subconscientes. Seu papel, aliás, não se limitou a isso. Ele permitiu esclarecer fenômenos pouco conhecidos, como a sugestão mental à distância, a exteriorização da sensibilidade e da motricidade, que nos conduzem diretamente à telepatia e ao espiritismo.

Essa evolução lógica mostra que a natureza opera por transições imperceptíveis. Há certos fenômenos em que a ação extracorporal da alma humana pode ser explicada por uma simples radiação dinâmica, que produz os fenômenos telepáticos propriamente ditos, enquanto outros, para serem compreendidos, exigem positivamente, a exteriorização da inteligência, da sensibilidade e da vontade, isto é, a exteriorização da própria alma.

Assinalamos, de passagem, essa sucessão de manifestações anímicas, e, embora tenhamos sido forçados a resumir muito os fatos, achamos que o leitor deva ter ficado impressionado com a continuidade, que se revela de maneira ainda mais surpreendente quando chegamos às manifestações extraterrenas. As observações dos sábios da Sociedade de Pesquisas Psíquicas são preciosas, no sentido de que permitem perceber, ao vivo, a notável semelhança entre as aparições dos mortos e dos vivos. Então compreendemos melhor os relatos de que os anais de todos os povos nos mostram exemplos. Chegamos a convencernos de que, se a vida de além-túmulo foi negada com tanto empenho por muitos bons espíritos, é porque era incompreensível, quer fazendo-se da alma uma resultante do organismo, quer supondo-a formada por uma essência puramente espiritual.

Conseguimos realmente convencer-nos de que a alma humana não é, como acreditavam os materialistas, uma função do sistema nervoso; é um ser que tem uma existência independente do organismo e que se afirma categoricamente com todas as suas faculdades: sensitivas, inteligentes e volitivas, enquanto o corpo está inerte, insensível, completamente aniquilado. A alma tampouco é, como afirmam os espiritualistas, uma entidade imaterial, mas é formada de uma matéria especial infinitamente sutil, cujo grau de rarefação ultrapassa muito o dos gases até então conhecidos.

Embora a partir do nascimento a alma e o corpo estejam intimamente unidos, de modo a formar um todo harmonioso, essa união não é tão profunda, tão indissolúvel quanto até agora se pensava; sabemos, como resultado da observação e da experiência, que o princípio pensante às vezes se evade da prisão carnal e pode apreciar a natureza sem a intervenção dos sentidos. Os casos de Varley, do dr. Britten, do jovem gravador citado pelo dr.

A Alma é Imortal 311

Gibier são convincentes quanto a isso. O desligamento anímico pode ser provocado artificialmente, como vimos pelas pesquisas do sr. de Rochas. Neles acompanhamos, ao vivo, o processo de desintegração que, quando se completa, resulta na formação de um fantasma que é a exata reprodução do corpo físico. Além do mais, as experiências dos magnetizadores levam ao mesmo resultado; os casos do negro Lewis e da sra. Morgan estabelecem, com certeza, que é possível separar voluntariamente a alma do corpo. Foi sempre experimentalmente que se conseguiu observar que esse corpo da alma tem uma realidade física, já que se pode vê-lo (caso de Lewis, do dr. Britten) e às vezes fotografá-lo, como o demonstramos várias vezes (caso do Capitão Volpi, do sr. Stead, do dr. Hasdeu etc.). Finalmente, a realidade física do desdobramento está totalmente provada pelas experiências realizadas com a sra. Fay e o médium Eglinton, nos quais a materialização do duplo tornou-se incontestável através de um molde em parafina.

Esse duplo, sósia do ser vivo, não é, portanto, uma miragem, uma imagem virtual ou uma alucinação; é a própria alma que se revela não somente por sua aparição, mas também intelectualmente, por mensagens que lhe estabelecem a individualidade. O que reproduzimos experimentalmente acontece naturalmente e foi observado inúmeras vezes, já que os sábios da Sociedade de Pesquisas Psíquicas reuniram uma quantidade considerável de documentos sobre este assunto tão eminentemente instrutivo e interessante. Diante dos dois mil casos bem comprovados, o cepticismo faz realmente um triste papel. Não há dúvida de que a incredulidade se mostra aqui como uma tara cerebral, um caso patológico que não convém levar em consideração.

A identidade física e intelectual das manifestações de fantasmas provenientes de indivíduos vivos, ou mortos há mais ou menos tempo, mostra a sobrevivência da atividade anímica após a morte corporal. Os fenômenos extraordinariamente numerosos e variados do espiritismo confirmam os resultados da observação; possuímos provas de todo tipo que nos afirmam que o ser pensante resistiu a uma desagregação física e que persiste com a integralidade das suas faculdades intelectuais e morais. Aqui, também, os documentos são abundantes e precisos.

A fotografia permite afirmar com segurança que as almas daqueles a quem tão impropriamente chamamos mortos estão, ao contrário, perfeitamente vivas. Os testemunhos de Wallace, do dr. Thomson, de Bromson Murray, de Beattie não nos deixam dúvidas; embora o momento da sua desencarnação às vezes remonte a uma época longínqua, o ser que vem deixar seu retrato não apresenta qualquer traço de decrepitude; geralmente, até se mostra rejuvenescido, o que significa que ele gosta de ser retratado na fase da existência em que estava no auge da sua atividade física. Temos também, pelas descrições de médiuns videntes, excelentes meios de convicção, e bastará lembrarmos o caso de Violette, citado por Robert Dale Owen, para evidenciarmos todos os recursos que se podem encontrar nesse gênero de investigações.

Vimos, igualmente, que o grau de objetividade do espírito podia chegar até a uma verdadeira materialização.

Então acontece esse magnífico fenômeno que, por assim dizer, permite ressuscitar um ser desaparecido do mundo dos vivos há muitos anos. Sabemos de quantas precauções cercam-se os pesquisadores para não serem vítimas de médiuns, ou dos próprios sentidos. Apesar do considerável número de relatos, a despeito da autoridade dos sábios que os verificam, faltavam-nos provas materiais da sua realidade para que pudéssemos acreditar em tão estranhos relatos. Foi só depois das fotografias de Katie King que ficamos convencidos de que os espectadores, embora acordados, não tinham sido vítimas de sugestões, e essa convicção firmou-se ainda mais quando pudemos ter certeza, por moldes como os obtidos pelos srs. Reimers e Oxley, de que nisso havia uma esplêndida realidade, uma evidência grandiosa.

Depois disso, surgiram todas as teorias possíveis para combater essa demonstração, tão incômoda para os incrédulos. Não conseguindo mais negar os fatos, tentaram desacreditá-los, atribuindo-os ao desdobramento do médium, a criações do seu cérebro objetivadas diante dos espectadores, a intervenções de elementais ou de elementares etc. Nós, porém, sabemos o quanto essas hipóteses são inadmissíveis, e então impõe-se a convição de que a morte não é o fim do ser humano, mas uma etapa da sua vida imortal.

A Alma é Imortal 313

A conservação do perispírito após a morte permite compreender como a integridade da vida psíquica não é destruída, apesar do desaparecimento do cérebro material que parecia indispensável à sua manifestação. Sabemos, a ponto de não poder mais duvidar, que durante a vida o perispírito existe. Ele desempenha um papel importante na vida fisiológica e psíquica do ser, e, como sobrevive ao organismo, é porque era absolutamente diferente dele. O ser humano mostra, então, o que realmente é, ou seja **uma forma** dentro da qual circula matéria. Quando a energia que fazia essa máquina funcionar está desgastada, isto é, quando a força vital se transformou completamente, a matéria não pode mais incorporar-se, o corpo físico se desagrega, seus elementos retornam à terra, e a alma, sempre revestida da sua forma espiritual, continua no espaço sua evolução sem fim.

As materializações suficientemente objetivas para deixar traços materiais da sua existência, através de marcas ou moldes, nos mostram que o perispírito é o molde ideal segundo o qual o corpo físico é construído. Ele contém todas as leis organogênicas do ser humano, e, se estão em estado latente no espaço, subsistem contudo integralmente, sempre a postos para exercerem sua ação quando se lhes fornece matéria e a forma de energia chamada força nervosa ou vital.

A existência desse corpo espiritual já era conhecida na antiguidade, mas possuía-se apenas noções vagas e incompletas sobre sua verdadeira natureza. Não temos a pretensão de afirmar que tudo está claro quanto a este assunto; mas já começamos a colocar melhor os termos do problema. As novas descobertas da ciência nos permitem acreditar, mesmo, que a solução talvez esteja mais próxima do que se imagina.

Tentamos mostrar que a existência de uma substancialidade etérea não é incompatível com nossos conhecimentos atuais sobre a matéria e a energia. Achamos que essa tentativa não parecerá demasiado temerária, uma vez que a ciência positiva se encaminha para o domínio do imponderável, que lhe reserva muitas surpresas. Diremos então, com Léonce Ribert, que hoje temos em mãos todos os elementos para a resolução do grande problema dos nossos destinos.

Depois dos lúcidos trabalhos de Helmholtz, de *sir* William

Thomson (mais tarde Lorde Kelvin), de Crookes, de Cornu sobre a constituição da matéria ponderável e do éter imponderável; de Kirkof e Bunsen, de Lockyer, de Higgins, de Deslandes sobre as revelações do espectroscópio; de Faye, de Wolff e de Croll sobre a constituição, o movimento e a conjunção dos gigantes celestes; de Claude Bernard, de Berthelot, de Lewes, de Preyer em química orgânica e em fisiologia; de Pasteur sobre os microrganismos; de seus discípulos e continuadores, como Huckley, na Inglaterra, Hoeckel, na Alemanha, Perrier, na França; de Broca e de Ferrier sobre as localizações cerebrais; de Herbert Spencer, de Bain, de Ribot em psicologia; de Taine sobre a inteligência; finalmente, as grandes descobertas de Mayer, de Joule, de Hirn sobre a conservação da energia nos permitem constatar, mais exatamente do que outrora, fatos novos que as pesquisas contemporâneas nos revelam.

Quem não percebe a afinidade existente entre a sugestão mental à distância e a telegrafia sem fio? Como não compreender que enxergar sem o auxílio dos olhos deixou de ser incompreensível depois da descoberta dos raios X? E quem não vê a estreita analogia entre o corpo perispiritual e a matéria ultraradiante? Sem dúvida, ainda são somente comparações, mas o caminho está traçado e a ciência do amanhã necessariamente entrará nele, seguindo o exemplo dos Crookes, Wallaces, Hodges, Barretts e de Rochas, que levantaram o véu da grande Ísis.

Então, certamente, a lei evolutiva que nos conduz a destinos cada vez mais altos se revelará em toda a sua grandeza. Assim como o planeta elevou-se lentamente da matéria bruta à vida organizada, para culminar na inteligência humana, nós também compreenderemos que nossa passagem por este mundo é somente um degrau da eterna ascensão. Saberemos que devemos desenvolver-nos sempre e que nosso planeta representa apenas uma etapa no caminho sem fim. O infinito e a eternidade são nosso patrimônio. Tão certo como é impossível destruir a energia, é certo também que uma alma não poderá extinguir-se. Semeemos em profusão, em todas as inteligências, essas consoladoras verdades que nos abrem os maravilhosos horizontes do futuro, mostremos que, para todos os seres, existe uma igualdade absoluta de origem e destino, e então veremos completar-se a evolução moral e espiritual que deve promover o grandioso início da regeneração humana pela prática da verdadeira fraternidade.

Notas

1. Estritamente falando, deve-se dizer que a vontade atua sobre os gânglios incitadores de onde nascem os nervos motores dos músculos.
2. Tuke, Hack, *Le Corps et l'Esprit.*
3. Cross, Andrew, *Mémoires.*
4. Beaunis, *Le Somnambulisme Provoqué*, pág. 45.
5. Bourru e Burot, *La Suggestion Mentale et l'Action à Distance des Substances Toxiques et Médicamenteuses.*
6. Bourru e Burot, *La Suggestion Mentale et les Variations de la Peronnalité*, pág. 120.
7. *The lire of Edward Irving*, citado por Hack Tuke.
8. Boismont, Brierre de, *Les Hallucinations.*
9. Janet, Pierre, *l'Automatisme Psychologique.* (O exemplo que citamos foi extraído do artigo *Les Phases Intermédiaires de l'Hypnotisme.*) Ver também as experiências do Barão du Potet no Hôtel-Dieu.
10. Ochorowicz, *La Suggestion Mentale*, pág. 119 e segs.; cap. IV: *Les Expériences du Havre.*
11. Tuke, Hack, *Le Corps et l'Esprit.*
12. A nota do sr. Galton está em *Nature* de 15 de janeiro de 1880.
13. Binet e Ferré, *Le Magnetisme Animal.*
14. Idem, pág. 139.
15. *Magnetisme Animal*, pág. 174.
16. Boismont, Brierre de, *Les Hallucinations.*
17. Ver *Revue Scientifique et Morale du Spiritisme*, janeiro de 1897.
18. Vitoux, G. *Les Rayons X*, págs. 184-185.
19. *Revue des Revues*, 15 de fevereiro de 1898, pág. 438.

A Alma é Imortal

O grande projeto de despertamento da consciência planetária começou a tomar forma em meados do século dezenove, com a eclosão de notáveis fenômenos mediúnicos que se alastraram por toda parte, e de onde viria a brotar o espiritismo. Esta obra do sábio francês Gabriel Delanne é um precioso documentário dessa fenomenologia que foi registrada na época por pesquisadores idôneos, constituindo o que se pode chamar de provas irrefutáveis da comunicação com o mundo dos espíritos.

Entre dezenas de casos apresentados por Delanne em *Pesquisas sobre Mediunidade*, salientam-se as biografias de Joana d'Arc e de Luis XI, ditadas a uma jovem de apenas quatorze anos e sancionadas por Kardec, a conclusão de um romance do escritor Charles Dickens por um médium de quinze, a revelação dos dois satélites de Marte, dezoito anos antes de sua descoberta, bem como soluções de problemas científicos e apresentação de remédios eficazes. Há casos curiosos e raros, como a psicografia de bebês e de médiuns analfabetos, mensagens em línguas estrangeiras e por código Morse (do espírito de um telegrafista para outro) e de um ex-surdo-mudo por linguagem de sinais; tudo de absoluto desconhecimento dos médiuns.

Mas o criterioso espírito científico de Delanne vai mais além e faz questão de analisar e conceituar separadamente a mediunidade mecânica e outros fenômenos anímicos, como a telepatia, a clarividência, o sonambulismo e a autossugestão. Assim, neutralizando críticas, faz ressaltar de forma lúcida a autenticidade da verdadeira intervenção dos espíritos, compondo um precioso documento para compreender-se as origens do espiritismo.

Pesquisas sobre Mediunidade
GABRIEL DELANNE
Formato 14 x 21 cm • 576 p.

Ectoplasma é, sem sombra de dúvida, um livro ímpar por relatar a experiência de um médico psiquiatra ao descobrir, após anos de observações e estudos, que a origem de diversos sintomas apresentados por seus pacientes eram decorrentes da influência de uma substância fluídica ainda desconhecida pela medicina clássica, denominada ectoplasma. Mais que um ousado e competente cientista do corpo e da alma, Luciano Munari disponibiliza nesta obra uma efetiva contribuição em favor do estabelecimento de novas fronteiras etiológicas para as doenças, bem como pretende suscitar discussões mais amplas a respeito da bioquímica do ectoplasma, sua origem, produção e influência na saúde do corpo físico, dando continuidade a estudos iniciados por Charles Richet, cientista francês do início do século 20, e interrompidos por seus sucessores há mais de oito décadas.

O autor descreve e analisa patologias como úlcera, artrite, enxaqueca, labirintite, fibromialgia, TPM, depressão, síndrome do pânico, transtorno da somatização (a "bola" na garganta), entre outras, esclarecendo ao leitor de forma clara e objetiva de que maneira o ectoplasma e sua produção excessiva pelo fígado colabora para a formação desses sintomas físicos e psíquicos tão comuns nos dias de hoje.

E mais: como a alimentação adequada, o exercício da paranormalidade direcionado para o bem, e uma reformulação do comportamento psíquico podem colaborar para o controle dos sintomas ectoplasmáticos e conseqüente cura de enfermidades.

Com quase 30 anos de estudos, que incluem experiências em Terapia de Vida Passada, Luciano Munari nos oferece o que há de mais interessante na área. Seu livro trará nova luz à ciência médica, ampliando os horizontes da terapêutica e a mente dos mais ortodoxos, além de esclarecer e orientar pessoas predestinadas a trabalhar com cura espiritual.

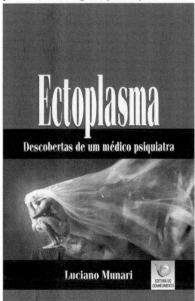

Ectoplasma
LUCIANO MUNARI
Formato 14 x 21 cm • 168 p.

O espiritismo constitui-se de um conjunto de doutrinas filosóficas reveladas por inteligências desencarnadas que habitaram a Terra. Esses conhecimentos nos ajudaram a desvendar e a compreender uma série de fenômenos psicológicos e psíquicos antes contestados. Portanto, o espiritismo chegou em boa hora, e trouxe consigo a convicção da sobrevivência da alma, mostrando sua composição, ao tornar tangível sua porção fluídica. Assim, projetou viva luz sobre a impossibilidade da compreensão humana a respeito da "imortalidade", e, numa vasta síntese, abrangeu todos os fatos da vida corporal e intectual, e explicou suas mútuas relações. Em *Evolução Anímica*, Gabriel Delanne nos apresenta um generoso estudo sobre o espírito durante a encarnação terrestre, levando em consideração os ensinamentos lógicos do espiritismo e as descobertas da ciência de seu tempo sobre temas como: a vida (entendida organicamente), a memória, as personalidades múltiplas, a loucura, a hereditariedade e o Universo. E nos afirma categoricamente que ela (a ciência), embora ampla, não basta para explicar o que se manifesta em território etéreo, mas terá de se render cedo ou tarde.

Embora antiga, *Evolução Anímica* é indiscutivelmente uma obra tão atual que subsistiu ao tempo e à própria ciência, tornando-se uma pérola que vale a pena ser reapresentada ao público através desta série Memórias do Espiritismo.

Evolução Anímica
GABRIEL DELANNE
Formato 14 x 21 cm • 240 p.

A ALMA É IMORTAL
foi confeccionado em impressão digital, em outubro de 2024
Conhecimento Editorial Ltda
(19) 3451-5440 — conhecimento@edconhecimento.com.br
Impresso em Luxcream 70g – StoraEnso